21世纪中等职业教育特色精品课程规划教材
中等职业教育课程改革项目研究成果

数　学

(基础模块·全一册)

主　编　康道德　徐一先　陈秀波　王海斌
副主编　吴国华　周　梅　王建鹏　赵德涛
编　委　王清华　龙再嘉　王泽德

北京理工大学出版社
BEIJING INSTITUTE OF TECHNOLOGY PRESS

内容简介

本书按照教育部最新颁布的《中等职业学校数学教学大纲》规定的课程教学目标和内容，根据大纲规定的3个模块的教学内容和要求编写而成。

本书突出中等职业学校教学特色，着眼于实际，具有可读性，是辅导中等职业院校学生学习和提高能力的一本教材。

版权专有　侵权必究

图书在版编目（CIP）数据

数学：基础模块：全一册／康道德等主编．—北京：北京理工大学出版社，2019.6重印

ISBN 978-7-5640-3317-0

Ⅰ.①数… Ⅱ.①康… Ⅲ.①数学课-专业学校-教材 Ⅳ.①G634.601

中国版本图书馆CIP数据核字（2010）第124080号

出版发行／北京理工大学出版社有限责任公司
社　　址／北京市海淀区中关村南大街5号
邮　　编／100081
电　　话／（010）68914775（总编室）
　　　　　（010）82562903（教材售后服务热线）
　　　　　（010）68948351（其他图书服务热线）
网　　址／http：//www.bitpress.com.cn
经　　销／全国各地新华书店
印　　刷／定州市新华印刷有限公司
开　　本／787毫米×1092毫米　1/16
印　　张／11
字　　数／288千字
版　　次／2019年6月第1版第11次印刷　　　　　责任校对／周瑞红
定　　价／27.00元　　　　　　　　　　　　　　责任印制／边心超

图书出现印装质量问题，请拨打售后服务热线，本社负责调换

前　言

　　中等职业教育课程改革国家规划新教材《数学》按照教育部2009年颁布的《中等职业学校数学教学大纲》规定的课程教学目标和教学内容，根据大纲规定的3个模块的教学内容和要求编写而成，紧密结合中等职业学校教学实际和学生实际。

　　基础模块是教学大纲中规定的各专业学生必修的基础性内容和应达到的基本要求，基于基础模块的教学内容要求及中职数学教学实际，本教材的编写特色体现在以下几个方面。

　　（1）从中职数学教学的特点出发

　　新教材适用于不同地区、不同类型的职业学校，为不同专业、不同水平、不同发展需求的学生提供适宜的学习平台。根据新大纲的教学要求，教材的编写更加突出知识的基础性、应用性以及学生获取知识手段的多样性，体现了"实用为主、够用为度"的编写理念。

　　（2）着眼于中职数学教学的实际

　　教材编写遵循学生认知发展的规律，降低知识的起点，由已知到未知，由浅入深，由具体到抽象。本教材既关注与初中数学知识的衔接，又兼顾与专业课程内容的衔接。例题的讲解深入浅出，并尽量将"步子"迈得小一些，使学生接受起来容易一些。

　　（3）注重教材的可读性

　　在保证科学性的基础上，教材尽量运用贴近学生的语言，增加趣味性。教材中的"小锦囊""知识纵横"等栏目的设置，意在让学生直观简捷地进行学习，提高学习效率。

　　衷心希望广大中等职业学校的老师、同学在教材使用过程中将意见与建议及时反馈，我们愿意和您一道，为提高中等职业教育数学教学水平而努力。

编者

目 录

第1章 集合与命题 ································ 1
   第一节 集合 ································· 1
   第二节 集合的运算 ························· 7
   第三节 命题 ································ 10

第2章 不等式 ···································· 14
   第一节 不等式的基本性质 ················ 14
   第二节 区间 ································ 16
   第三节 一元二次不等式 ··················· 17
   第四节 含绝对值的不等式 ················ 19

第3章 函数 ······································· 22
   第一节 认识函数 ··························· 22
   第二节 函数的性质 ························ 26
   第三节 函数的实际应用举例 ·············· 31

第4章 指数函数与对数函数 ···················· 37
   第一节 实数指数幂 ························ 37
   第二节 指数函数 ··························· 43
   第三节 对数与对数函数 ··················· 47

第5章 三解函数 ································· 57
   第一节 角的概念推广 ······················ 58
   第二节 弧度制 ······························ 60
   第三节 任意角的正弦函数、余弦函数和正切函数 ··· 63
   第四节 同角三角函数的基本关系 ········ 66
   第五节 诱导公式 ··························· 68
   第六节 三角函数的图像和性质 ··········· 71
   第七节 已知三角函数值求角 ············· 75

第6章 平面向量 ································· 81
   第一节 向量 ································ 81

	第二节	数乘向量	84
	第三节	向量的内积及其坐标运算	85
	第四节	正弦、余弦定理及其应用	93

第 7 章　解析几何 … 100

	第一节	两点间距离公式和中点公式	100
	第二节	曲线与方程	102
	第三节	直线方程	103
	第四节	直线与直线的位置关系	106
	第五节	两条直线的夹角	107
	第六节	点到直线的距离	108
	第七节	圆的方程	109
	第八节	椭圆的标准方程	111
	第九节	双曲线	114
	第十节	抛物线	118

第 8 章　立体几何 … 123

	第一节	平面及其性质	123
	第二节	空间两直线的位置关系	125
	第三节	直线和平面的位置关系	127
	第四节	两个平面的位置关系	132

第 9 章　排列、组合与二项式定理 … 140

	第一节	计数的基本原理	140
	第二节	排列问题	142
	第三节	组合问题	144
	第四节	排列组合的应用	145
	第五节	二项式定理	147

第 10 章　概率 … 151

	第一节	古典概率	151
	第二节	概率的加法公式	153
	第三节	相互独立事件同时发生的概率	157

第 11 章　数列 … 161

	第一节	数列	161
	第二节	等差数列及其通项公式	163
	第三节	等差中项	164
	第四节	等差数列的前 n 项和	164
	第五节	等比数列和等比中项	166
	第六节	等比数列的前 n 项和	167

集合与命题

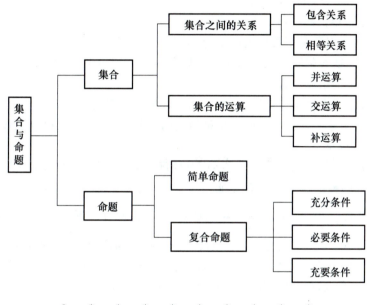

第一节 集 合

一、集合的概念

1. 集合与元素

通常把某些对象组成的整体叫做集合(简称集).组成集合的对象叫做这个集合的元素.一般用大写英文字母 $A,B,C,\cdots$ 表示集合,用小写英文字母 $a,b,c,\cdots$ 表示集合中的元素.

观察你的文具是否由铅笔、橡皮、学生用尺、水笔、圆珠笔所组成.这时,我们就说,铅笔、橡皮、学生用尺、水笔、圆珠笔组成了你的文具集合,并把铅笔、橡皮、学生用尺、水笔、圆珠笔叫做文具集合中的元素.

元素 a 是集合 A 中的元素,记作 $a \in A$(读作"a 属于 A"),元素 a 不是集合 A 中的元素,记

作 $a\notin A$(读作"a 不属于 A").

例如,设字母 A 表示由小于 10 的所有自然数组成的集合,则集合 A 的元素为 0,1,2,3,4,5,6,7,8,9. 显然 $2\in A$,$9\in A$,而 $10\notin A$,$-1\notin A$.

组成集合的对象(元素)都是能够确定的,对于任何一个对象,或者属于这个集合,或者不属于这个集合,二者必居其一. 不能确定的对象,不能组成集合. 例如,某班性格开朗的同学,就不能组成集合.

例 1.1 判断下列对象是否可以组成集合:

(1)天津市机电工业学校数控专业的全体学生;

(2)$x^2-1=0$ 的所有实数解;

(3)不等式 $3x-2>0$ 的所有解;

(4)平面内与点 O 的距离等于 2cm 的所有点.

分析 判断一些对象是否可以组成集合,关键是判断这些对象是否具有确定性. 也就是对于任何的一个对象,能否判断它或者属于这个集合,或者不属于这个集合,二者必居其一. 不具备确定性的对象,不能组成集合.

解 (1)对任意一个学生,都可以判断出他是否为天津市机电工业学校数控专业的学生,因此天津市机电工业学校数控专业的学生是确定的对象. 所以天津市机电工业学校数控专业的全体学生可以组成集合.

(2)解方程 $x^2-1=0$ 得 $x_1=-1$,$x_2=1$. 对任意一个数,都可以判断出它是否为方程 $x^2-1=0$ 的解,即方程的解是确定的对象. 因此 $x^2-1=0$ 的所有实数解,可以组成集合.

(3)解不等式 $3x-2>0$ 得 $x>\dfrac{2}{3}$. 对任意一个实数,都可以判断出它是否为不等式 $3x-2>0$ 的解,即不等式 $3x-2>0$ 的解是确定的对象. 因此它的所有解可以组成集合.

(4)平面内与点 O 的距离为 2cm 的点,是以点 O 为圆心、以 2cm 为半径的圆周上的点. 对于平面内的任意一个点,都可以判断这个点是否为圆周上的点,即这些点是确定的对象. 因此平面内与点 O 的距离为 2cm 的所有点可以组成集合.

方程的所有解组成的集合叫做这个方程的解集.

不等式的所有解组成的集合叫做这个不等式的解集.

平面内的点组成的集合叫做平面点集.

例 1.2 方程 $x^2-4=0$ 的解集是由哪些元素组成的?

解 解方程 $x^2=4$,得 $x_1=-2$、$x_2=2$. 所以方程 $x^2-4=0$ 的解集由 -2 和 2 这两个元素组成.

例 1.3 由大于 2 并且小于 5 的自然数组成的集合由哪些元素组成?

分析 依次找出集合中的各个元素.

解 大于 2 并且小于 5 的自然数只有 3 和 4,因此,这个集合由 3 和 4 这两个元素组成.

2. 有限集与无限集

由有限个元素组成的集合叫做有限集;由无限个元素组成的集合叫做无限集. 如例 1 中 (1),(2)是有限集,(3),(4)是无限集.

由数组成的集合叫做数集.下面几个常用的数集,分别使用固定的大写英文字母表示:

所有自然数组成的集合叫做自然数集,记作 **N**,请注意:0 是自然数.

所有正整数组成的集合叫做正整数集,记作 **N*** 或 **Z**$^+$.

所有整数组成的集合叫做整数集,记作 **Z**.

所有有理数组成的集合叫做有理数集,记作 **Q**.

所有实数组成的集合叫做实数集,记作 **R**.

在符号的右上方加"+"(或"—"),表示相应的正数(或负数)的集合.例如,**Z**$^+$ 表示正整数集合,**R**$^-$ 表示负实数集合.

为了讨论问题方便,把不含任何元素的集合叫做空集,记作 ∅(读作空集).

例如,大于 2 并且小于 3 的自然数组成的集合是空集.

二、集合的表示法

1. 列举法

把集合的元素一一列举出来,写在大括号内,元素之间用逗号隔开,这种表示集合的方法叫做列举法.例如,由元素 a,b,c,d 组成的集合可以表示为

$$\{a,b,c,d\}$$

集合中元素的个数很多或无限时,在不发生误解的情况下,可以采用省略的写法.例如,小于 100 的自然数集可以表示为 $\{0,1,2,\cdots,99\}$,正偶数集可以表示为 $\{2,4,6,\cdots,2n,\cdots\}(n\in \mathbf{N}^*)$.

例 1.4 如何表示不大于 5 的自然数的集合?

考虑到这个集合的元素是不大于 5 的自然数,只有 0,1,2,3,4,5 这 6 个数,是可以一一列举出来的,所以采用 $\{0,1,2,3,4,5\}$ 来表示这个集合.

用列举法表示集合,不必考虑元素的排列顺序,但是列举的元素不能出现重复.

例如,集合 $\{0,1,2,3,4,5\}$ 与集合 $\{0,2,4,1,5,3\}$ 表示的是同一个集合;而用 $\{0,1,2,3,4,5,0,2,4,1,5,3\}$ 表示集合是错误的,因为所列举的元素出现了重复.

例 1.5 用列举法表示下列集合:

(1) 大于 −4 且小于 12 的全体偶数;

(2) 方程 $x^2-5x-6=0$ 的解集.

分析 两个集合的元素都是有限的.(1)题中集合的元素可以直接列举出来;(2)题中集合的元素需要通过解方程 $x^2-5x-6=0$ 得到.

解 (1) $\{-2,0,2,4,6,8,10\}$;

(2) 解方程 $x^2-5x-6=0$ 得 $x_1=-1,x_2=6$,所以方程的解集为 $\{-1,6\}$.

2. 描述法

利用描述集合中元素所具有的特征性质来表示集合的方法叫做描述法.元素 x 具有特征 $p(x)$ 的集合 M 可以表示为

$$M = \{x \mid p(x)\}$$

例 1.6 如何表示小于 5 的实数的集合?

由于小于 5 的实数有无穷多个,而且无法一一列举出来,因此这个集合不能用列举法表示. 容易看出,这个集合中的元素具有如下特征:

(1) 集合中的元素都小于 5;
(2) 集合中的元素都是实数.

可以通过描述元素的特征来表示这个集合,将其写作 $\{x \mid x < 5, x \in \mathbf{R}\}$.

大括号内竖线的左侧为集合的元素,竖线右侧为元素所具有的特征性质.

例如,不等式 $3x - 2 > 0$ 的解集,用描述法表示为 $\{x \mid 3x - 2 > 0, x \in \mathbf{R}\}$.

约定,如果从上下文看 $x \in \mathbf{R}$ 是明确的,那么可以省略 $x \in \mathbf{R}$. 将上述集合写成 $\{x \mid 3x - 2 > 0\}$.

解不等式 $3x - 2 > 0$ 可以得到 $x > \dfrac{2}{3}$. 因为利用 $x > \dfrac{2}{3}$ 来描述元素的特征比利用 $3x - 2 > 0$ 更简明,所以本教材中,要求将不等式 $3x - 2 > 0$ 的解集写作

$$\left\{x \mid x > \dfrac{2}{3}\right\}.$$

例 1.7 用描述法表示下列集合:

不等式 $2x + 1 \leqslant 0$ 的解集.

分析 解题关键是要找出元素所具有的特征.

解 解不等式 $2x + 1 \leqslant 0$ 得 $x \leqslant -\dfrac{1}{2}$,所以不等式 $2x + 1 \leqslant 0$ 的解集为 $\left\{x \mid x \leqslant -\dfrac{1}{2}\right\}$.

例 1.8 用描述法表示下列集合:

轴上由坐标不小于 0,不大于 2 的点所对应的实数组成的集合.

分析 数轴上的点与实数是一一对应的,平面直角坐标系内的点与实数对 (x, y) 是一一对应的. 平面点集中的元素是点,用有序实数对 (x, y) 来表示,其中 x 表示点的横坐标,y 表示点的纵坐标.

解 首先画出图形(如图 1-1 所示). 坐标既不小于 0 又不大于 2 的点是数轴中的加粗线段部分,对应实数的特征是:既不小于 0 又不大于 2,所以集合用描述法表述为 $\{x \mid 0 \leqslant x \leqslant 2\}$.

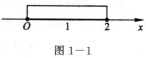

图 1-1

图 1-1 所示的集合 $\{x \mid 0 \leqslant x \leqslant 2\}$ 可以简单记作 $[0, 2]$,为一闭区间.

一般的,集合 $\{x \mid a \leqslant x \leqslant b\}$ $(a < b)$ 简单记作 $[a, b]$,叫做闭区间(数轴表示如图 1-2(a) 所示);集合 $\{x \mid a < x < b\}$ 简单记作 (a, b),叫做开区间(数轴表示如图 1-2(b) 所示);集合 $\{x \mid a \leqslant x < b\}$ 与集合 $\{x \mid a < x \leqslant b\}$ 分别简单记作 $[a, b)$ 和 $(a, b]$,叫做半开半闭区间(数轴表示如图 1-2(c) 和 (d) 所示).

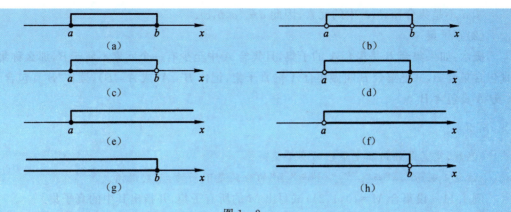

图 1-2

实数集 **R** 表示为 $(-\infty,+\infty)$(符号 ∞ 读作无穷大),集合 $\{x|x\geqslant a\}$,$\{x|x>a\}$,$\{x|x\leqslant b\}$,$\{x|x<b\}$ 分别表示为 $[a,+\infty)$,$(a,+\infty)$,$(-\infty,b]$,$(-\infty,b)$(数轴表示如图 1-2(e),(f),(g),(h)所示).

三、集合间的关系

1. 包含关系

(1)子集

概念:一般的,如果集合 B 的元素都是集合 A 的元素,那么称集合 A 包含集合 B,并把集合 B 叫做集合 A 的子集,记作 $A\supseteq B$ 或 $B\subseteq A$(读作"A 包含 B"或"B 包含于 A").

例 1.9 设 A 表示某班级全体学生的集合,B 表示该班级全体男学生的集合,那么,A 与 B 之间存在什么关系呢?

显然该班级男学生肯定是该班级的学生,这时称集合 A 包含集合 B.两个集合之间的这种关系叫做包含关系.

可以用图 1-3 表示出这两个集合间的包含关系.

集合 A 不包含集合 B 记作 $A\not\supseteq B$ 或 $B\not\subseteq A$(读作"A 不包含 B"或"B 不包含于 A").

由子集的定义可知,任何一个集合 A 都是它自身的子集.即 $A\subseteq A$.

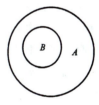

图 1-3

 小锦囊

规定:空集 $\varnothing$ 是任何集合的子集,即 $\varnothing\subseteq A$.

例 1.10 用符号"$\subseteq$","$\supseteq$","$\in$"或"$\notin$"填空:

① $\{a,b,c,d\}$___$\{a,b\}$; ② $\varnothing$___$\{1,3,5,7\}$;
③ 0___**R**; ④ d___$\{a,b,c\}$.

分析 符号"$\subseteq$"、"$\supseteq$"用来表示集合与集合之间的关系;而符号"$\in$"与"$\notin$"用来表示元素与集合之间的关系,解题时首先要分清是哪种关系,再正确选用符号.本题中,(3),(4)表示的是元素与集合的关系,其余题表示的是集合与集合之间的关系.

解 ①集合 $\{a,b\}$ 的元素都是集合 $\{a,b,c,d\}$ 的元素,因此 $\{a,b,c,d\}\supseteq\{a,b\}$;

②空集是任何集合的子集,因此 $\varnothing\subseteq\{1,3,5,7\}$;

③ 0 是实数,因此 $0\in$ **R**;

④ d 不是集合 $\{a,b,c\}$ 中的元素,因此 $d\notin\{a,b,c\}$.

(2) 真子集

概念:如果集合 B 是集合 A 的子集,且集合 A 中至少有一个元素不属于 B,那么称集合 A 真包含集合 B,并把集合 B 叫做集合 A 的真子集,记作 $B\subsetneqq A$(或 $A\supsetneqq B$),读作"B 真包含于 A"(或"A 真包含 B").

显然,空集是任何非空集合的真子集.

注意 符号"$\subsetneqq$"与"$\in$","$\supsetneqq$"与"$\ni$"的含义是不同的,不要混淆.

例 1.11 设集合 $M=\{0,1,2\}$,试写出 M 的所有子集,并指出其中的真子集.

分析 集合 M 中有 3 个元素,依次列出空集、含 1 个元素的集合、含 2 个元素的集合、含 3 个元素的集合.

解 M 的所有子集为

$$\varnothing,\{0\},\{1\},\{2\},\{0,1\},\{0,2\},\{1,2\},\{0,1,2\}$$

除集合 $\{0,1,2\}$ 外,所有集合都是集合 M 的真子集.

2. 相等关系

概念:两个集合 A,B,如果 $A\supseteq B$,同时 $B\supseteq A$,那么称集合 A 与集合 B 相等,记作 $A=B$.

集合 A 与集合 B 相等的实质是这两个集合的元素完全相同.

例 1.12 判断集合 $\{x\mid |x|=2\}$ 与集合 $\{x\mid x^2-4=0\}$ 的关系.

分析 要通过两个集合所含的元素来判断集合间的关系.

解 由 $|x|=2$ 知 $x=-2$ 或 $x=2$,故集合 $\{x\mid |x|=2\}$ 中只含有 -2 和 2 这两个元素.解方程 $x^2-4=0$ 得 $x=-2$ 或 $x=2$,故集合 $\{x\mid x^2-4=0\}$ 中也只含有 -2 和 2 这两个元素.所以,两个集合相等,即 $\{x\mid |x|=2\}=\{x\mid x^2-4=0\}$.

注意 $\{x\mid |x|=2\}=\{x\mid x^2-4=0\}=\{-2,2\}$.本教材中,方程的解集要求用列举法表示.

例 1.13 选用适当的符号($\in,\notin,\subsetneqq,\supsetneqq,=$)填入空格:

(1) $\{1,3,5\}$____$\{1,2,3,4,5,6\}$;   (2) $\{x\mid x^2=9\}$____$\{3,-3\}$;

(3) $\{2\}$____$\{x\mid |x|=2\}$;   (4) a____$\{a\}$;

(5) $\{-1,1\}$____$\{x\mid x^2+1=0\}$;   (6) $\{2,4\}$____$[2,4]$.

分析 使用这些符号时,要搞清楚要表示的是哪种关系.本题中,(4)表示的是元素与集合的关系,其余题表示的是集合与集合之间的关系.

解 (1) 集合 $\{1,3,5\}$ 的元素都是集合 $\{1,2,3,4,5,6\}$ 的元素,而 $6\notin\{1,3,5\}$,所以 $\{1,3,5\}\subsetneqq\{1,2,3,4,5,6\}$;

(2) 方程 $x^2=9$ 的解为 $x_1=-3,x_2=3$,所以解集为 $\{-3,3\}$.因此 $\{x\mid x^2=9\}=\{3,-3\}$;

(3) 绝对值为 2 的数有 -2 和 2,所以 $\{x\mid |x|=2\}=\{-2,2\}$,因此 $\{2\}\subsetneqq\{x\mid |x|=2\}$;

(4) 元素 a 是集合 $\{a\}$ 的元素,所以 $a\in\{a\}$;

(5) 方程 $x^2+1=0$ 没有实数解,所以集合 $\{x\mid x^2+1=0\}=\varnothing$,而 $\{-1,1\}$ 含有两个元素,是非空集合,因此 $\{-1,1\}\supsetneqq\{x\mid x^2+1=0\}$;

(6) 集合 {2,4} 中只含有元素 2 和 4，闭区间 [2,4] 除了含有 2 和 4 外，还含有 2 与 4 之间的全体实数，所以 {2,4} $\subsetneq$ [2,4].

第二节　集合的运算

一、并运算

概念：由属于集合 A 或属于集合 B 的所有元素组成的集合叫做集合 A 与集合 B 的并集，记作 $A \cup B$（读作"A 并 B"）. 即

$$A \cup B = \{x \mid x \in A \text{ 或 } x \in B\}$$

表示集合 A 与集合 B 并集的图形如图 1—4 中阴影所示.

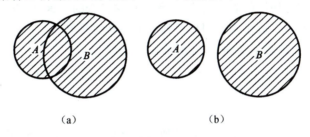

图 1—4

求两个集合并集的运算叫做并运算.

例 1.14 某小区居民中有 86 户订阅晚报，35 户订阅经济日报，其中订阅了两种报纸的有 11 户，问该小区内订阅报纸的居民共有多少户？

将订阅晚报的居民户数与订阅经济日报的居民户数相加得 121. 能说小区内订阅报纸的居民共有 121 户吗？

显然不行. 因为订阅了两种报纸的 11 户居民重复计算了. 从 121 户中减去重复计算的 11 户，就得到订阅报纸的居民共有 110 户. 即小区内订阅报纸的居民户的集合共有 110 个元素. 如图 1—5 所示，86 户居民组成订阅晚报的居民户集合，35 户居民组成订阅经济日报的居民户集合.

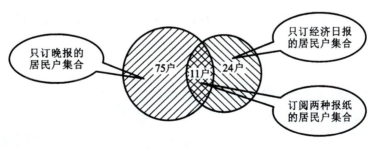

图 1—5

小区订阅报纸的居民户的集合叫做订阅晚报居民户的集合与订阅经济日报居民户的集合的并集.

由定义可以知道,对于任意的两个集合 A,B,有
(1) $A \cup B = B \cup A$.
(2) $A \cup A = A$, $A \cup \varnothing = A$.
(3) $A \subseteq A \cup B$, $B \subseteq A \cup B$.
(4) 如果 $B \subseteq A$,那么 $A \cup B = A$.

例 1.15 设 $A=\{2,3,5\}$, $B=\{-1,0,1,2\}$,求 $A \cup B$.

分析 这两个集合都是用列举法来表示的.通过列举这两个集合的元素,可以得到这两个集合的并集,需要注意相同的元素只列举一次.

解 $A \cup B = \{2,3,5\} \cup \{-1,0,1,2\} = \{-1,0,1,2,3,5\}$.

例 1.16 设 $A=(0,2]$, $B=(1,3]$,求 $A \cup B$.

分析 两个集合都是用区间表示的集合,无法列举集合的元素.可以通过画出各区间的数轴来表示(如图 1—6 所示),通过观察图形得到两个集合的并集.

解 集合 A,B 的数轴表示如图 1—6 所示,故
$$A \cup B = (0,2] \cup (1,3] = (0,3]$$

图 1—6

二、交运算

概念:由既属于集合 A,又属于集合 B 的所有元素组成的集合叫做集合 A 与集合 B 的交集,记作 $A \cap B$(读作"A 交 B"). 即
$$A \cap B = \{x \mid x \in A \text{ 且 } x \in B\}$$

表示集合 A 与集合 B 交集的图形,如图 1—7 中阴影所示. 求两个集合交集的运算叫做交运算.

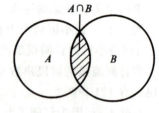

图 1—7

例 1.17 某小区共有 110 户居民订阅了报纸,其中有 86 户订阅晚报,35 户订阅经济日报,问该小区内有多少户居民订阅了两种报纸?

将订阅晚报的居民户数与订阅经济日报的居民户数相加得 121. 由于小区共有 110 户居民订阅了报纸,故用 121 减去 110 得 11,即重复计算了 11 户. 这就说明有 11 户居民订阅了两种报纸.

小区内订阅两种报纸的居民户的集合叫做订阅晚报居民户的集合与订阅经济日报居民户的集合的交集.

由定义可以知道,对于任意两个集合 A、B,有
(1) $A \cap B = B \cap A$.
(2) $A \cap A = A$, $A \cap \varnothing = \varnothing$.
(3) $A \cap B \subseteq A$, $A \cap B \subseteq B$.
(4) 如果 $A \subseteq B$,那么 $A \cap B = A$.

例 1.18 设 $A=\{2,3,5\}$, $B=\{-1,0,1,2\}$,求 $A \cap B$.

分析 两个集合都是用列举法来表示的.通过列举这两个集合的所有公共元素可以得到

这两个集合的交集.

解　$A\cap B=\{2,3,5\}\cap\{-1,0,1,2\}=\{2\}$.

例 1.19　$A=\{p\mid p$ 是等腰三角形$\}$，$B=\{p\mid p$ 是直角三角形$\}$，求 $A\cap B$.

解　$A\cap B=\{p\mid p$ 是等腰三角形$\}\cap\{p\mid p$ 是直角三角形$\}$
$=\{p\mid p$ 是等腰直角三角形$\}$.

三、补运算

概念：在研究某些集合时，这些集合常常是一个给定集合的子集，这个给定的集合叫做全集，一般用 U 来表示. 用图形表示集合时，习惯上用矩形表示全集. 在研究数集时，常把实数集 $\mathbf{R}$ 作为全集.

注意　全集是相对的. 一个集合在研究某个问题时是全集，而在研究另一个问题时可能就不是全集.

如果 A 是全集 U 的一个子集，那么，由 U 中所有不属于 A 的元素组成的集合，叫做 A 在 U 中的补集，记作 $\complement_U A$，读作"A 在 U 中的补集". 即

$$\complement_U A=\{x\mid x\in U \text{ 且 } x\notin A\}$$

集合 A 在全集 U 中的补集用图形表示，如图 1-8 阴影所示. 求集合 A 在全集 U 中的补集的运算叫做补运算.

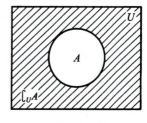

图 1-8

例 1.20　某小区共有 150 户居民，有 86 户订阅晚报，35 户订阅经济日报，其中 11 户订阅了两种报纸，问该小区内有多少户居民没有订阅报纸？

容易计算，小区内共有 110 户居民订阅报纸，40 户居民没有订阅报纸.

研究的对象是小区的 150 户居民. 他们所组成的集合叫做全集，用字母 U 表示. 设集合 A 表示订阅报纸的 110 户居民组成的集合，集合 B 表示没有订阅报纸的 40 户居民组成的集合，则集合 A 与集合 B 都是全集的子集. 集合 B 叫做集合 A 在全集 U 中的补集. 同样集合 A 叫做集合 B 在全集 U 中的补集.

由补集的定义可知，对于任意集合 A，都有
(1) $A\cup(\complement_U A)=U$.
(2) $A\cap(\complement_U A)=\varnothing$.
(3) $\complement_U(\complement_U A)=A$.

例 1.21　设 $U=\{0,1,2,3,4,5,6,7,8,9\}$，$A=\{1,3,4,5\}$，$B=\{3,5,7,8\}$，求 $\complement_U A$，$\complement_U B$，$(\complement_U A)\cap(\complement_U B)$，$(\complement_U A)\cup(\complement_U B)$，$\complement_U(A\cap B)$，$\complement_U(A\cup B)$.

分析　这些集合都是用列举法来表示的，可以通过列举集合的元素分别得到所求的补集.

解　$\complement_U A=\{0,2,6,7,8,9\}$；$\complement_U B=\{0,1,2,4,6,9\}$；
$(\complement_U A)\cap(\complement_U B)=\{0,2,6,9\}$；$(\complement_U A)\cup(\complement_U B)=\{0,1,2,4,6,7,8,9\}$.

因为　　　　　　$A\cap B=\{3,5\}$，$A\cup B=\{1,3,4,5,7,8\}$，

所以　　　　　　$\complement_U(A\cap B)=\{0,1,2,4,6,7,8,9\}$，

故　　　　　　　$\complement_U(A\cup B)=\{0,2,6,9\}$.

如果从上下文看全集 U 是明确的,那么全集 U 可以省略不写,将 $\complement_U A$ 简记为 $\complement A$,读作"A 的补集".

例 1.22 设 $U=\mathbf{R}, A=(-1,2]$,求 $\complement A$.

分析 这是用区间表示的集合.无法列举出集合的所有元素,可以首先画出数轴表示的区间 $(-1,2]$(图 1—9),然后通过观察图形得到所求的补集.

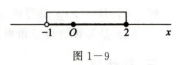

图 1—9

解 $\complement A=(-\infty,-1] \cup (2,+\infty)$.

注意 求用区间表示的集合的补集时,要特别注意区间端点的归属.例 1.22 中,区间端点 -1 不属于集合 A,则一定属于其补集 $\complement A$;区间端点 2 属于集合 A,则一定不属于其补集 $\complement A$.

第三节 命 题

一、命题

概念:叙述一件事情的语句叫做陈述句.一个陈述句如果是正确的,就说是真的;如果是错误的,就说是假的.

能够判断真假的陈述句叫做命题.

例 1.23 请判断下列语句是否正确:

(1) 0 不是自然数.

(2) 祝你好运!

(3) 至少存在一个实数 x,使得方程 $x^2-1=0$ 成立.

(4) 7 大于 5(或表示为 $7>5$).

容易判定,(1) 是错误的.(2) 是无法判断正确与错误的.(3) 与 (4) 是正确的.

上面四个语句中,(1)、(3)、(4) 都是命题,其中 (1) 是假命题,(3) 和 (4) 都是真命题,而 (2) 不是陈述句,所以不是命题.

例 1.24 判断下列语句是不是命题,如果是命题判断其真假.

(1) 9 不是质数.

(2) 集合 $\{0\}$ 是空集吗?

(3) 3 是集合 $\{1,2,5\}$ 中的元素.

分析 首先要判断语句是否为陈述句,不是陈述句的语句不是命题.然后看能否判断叙述内容的正确与否.

解 (1) 是陈述句.显然 9 能被 3 整除,因此"9 不是质数"为真.所以该语句是命题,并且是真命题.

(2) 这句话是疑问句,不是陈述句,故不是命题.

(3) 是陈述句,显然"3 不是集合 $\{1,2,5\}$ 中的元素",因此"3 是集合 $\{1,2,5\}$ 中的元素"是错误的.所以该语句是命题,并且是假命题.

数学中经常用小写字母来表示命题.例如

p:9 不是质数,q:$3=\{1,2,5\}$.

二、充分必要条件

概念：设 p 和 q 分别表示两个复合命题的条件和结论，由条件 p 为真出发，经过推理得到结论 q 为真，从而得出复合命题"如果 p，那么 q"为真命题，这时就说，"p 推出 q"，记作 $p \Rightarrow q$（或 $q \Leftarrow p$）．

> 由条件 p 为真，经过推理得到结论 q 为真的过程，就是数学中通常所说的证明．
> 当复合命题"如果 p，那么 q"为假命题时，我们就说，"p 不能推出 q，记作 $p \not\Rightarrow q$ 或 $q \not\Leftarrow p$"．
> 例如，设 p：两条直线都和第三条直线平行，q：这两条直线垂直，那么 $p \not\Rightarrow q$．

概念：如果 $p \Rightarrow q$（或 $q \Leftarrow p$），那么 p 是 q 的充分条件（或 q 是 p 的必要条件）．

例 1.25 初中平面几何中的定理："如果两条直线都与第三条直线平行，那么这两条直线平行"．请问这个定理是不是命题？

这个定理是陈述句，并且可以判断是正确的，所以它是命题．

这个命题和前面的命题不同．"两条直线都和第三条直线平行"是命题，"这两条直线平行"也是命题．定理是用"如果…那么…"连接两个命题组成了新的命题．这样的命题叫做复合命题．"如果…那么…"叫做连接词（还有一些连接词，将在专业模块进行介绍）．数学课程中的许多定理都采用这样的模式来描述．

不含连接词的命题叫做简单命题．

命题"两条直线都和第三条直线平行"叫做定理（复合命题）的条件，命题"这两条直线平行"叫做定理（复合命题）的结论．

例 1.26 指出下列各组命题中，p 是 q 的什么条件．

(1) p：$x=y$，q：$|x|=|y|$；

(2) p：$x^2=1$，q：$x=1$．

分析 判定 p 是 q 的什么条件，就是要判定 $p \Rightarrow q$ 或 $p \Leftarrow q$ 是否成立．

解 (1) 因为由 $x=y$ 能够推出 $|x|=|y|$，而由 $|x|=|y|$ 不能够推出 $x=y$，即 $p \Rightarrow q$ 而 $p \not\Leftarrow q$，所以 p 是 q 的充分条件，但不是必要条件．

(2) 因为由 $x^2=1$ 不能够推出 $x=1$，而由 $x=1$ 能够推出 $x^2=1$，即 $p \not\Rightarrow q$ 而 $p \Leftarrow q$，所以 p 是 q 的必要条件，但不是充分条件．

概念：如果 $p \Rightarrow q$，并且 $q \Rightarrow p$，那么 p 是 q 的充分且必要条件，简称充要条件．记作 $p \Leftrightarrow q$．

> p 是 q 的充要条件时，显然 q 也是 p 的充要条件．此时称"p 等价于 q"或"p 与 q 等价"．

例 1.27 指出下列各组命题中，p 是 q 的什么条件．

(1) p：$x>3$，q：$x>5$．

(2) p：$x-2=0$，q：$(x-2)(x+5)=0$．

(3) p：$-6x>3$，q：$x<-\dfrac{1}{2}$．

分析 本题关键是要判定 $p \Rightarrow q$ 或 $p \Leftarrow q$ 是否成立．

解 (1) 因为由 $x>3$ 不能推出 $x>5$，但是由 $x>5$ 能够推出 $x>3$，即 $p \not\Rightarrow q$ 而 $p \Leftarrow q$，所以

p 是 q 的必要不充分条件.

(2)因为由 $x-2=0$ 能够推出 $(x-2)(x+5)=0$,但是由 $(x-2)(x+5)=0$ 不能推出 $x-2=0$,即 $p \Rightarrow q$ 但 $p \not\Leftarrow q$,所以 p 是 q 的充分不必要条件.

(3)因为由 $-6x>3$ 能够推出 $x<-\dfrac{1}{2}$,并且由 $x<-\dfrac{1}{2}$ 能够推出 $-6x>3$,即 $p \Rightarrow q$ 且 $p \Leftarrow q$,所以 p 与 q 等价,即 p 是 q 的充要条件.

1.简答题:
(1)有几种表示集合的方法,各种方法的基本特点是什么?
(2)元素与集合之间的关系有几种?如何表示?
(3)集合与集合之间的关系有几种?如何表示?
(4)什么是集合的并运算?如何用图形表示?
(5)什么是集合的交运算?如何用图形表示?
(6)什么是全集?什么是集合 A 在全集中的补集?什么是补运算?如何用图形表示?
(7)什么是命题,什么是真命题?
(8)什么是简单命题?什么是复合命题?
(9)什么是"充分条件"?什么是"必要条件"?什么是充要条件?

2.用"$\in$","$\notin$","$\subsetneq$","$\supsetneq$","$=$"符号填空:

(1) -2.5 _____ $\mathbf{Z}$;   (2) 1 _____ $\{x \mid \sqrt{x}=1\}$;

(3) $\{-\sqrt{2}, \sqrt{2}\}$ _____ $\{x \mid x^2=2\}$;   (4) $\{a\}$ _____ $\{a,b,c\}$;

(5) $\{0\}$ _____ $\varnothing$;   (6) $\mathbf{Z}$ _____ $\mathbf{N}$;

(7) a _____ $\{a,b\}$;   (8) $\{(1,1)\}$ _____ $\{(x,y) \mid x=1$ 且 $y=1\}$.

3.用符号"$\Rightarrow$","$\Leftarrow$"或"$\Leftrightarrow$"填空:

(1) "$x=2$" _____ "$x^2-4=0$";

(2) "a 是整数" _____ "a 是自然数";

(3) "a 是有理数" _____ "a 是实数";

(4) "a 是 6 的倍数" _____ "a 是 3 的倍数";

(5) "$a-4$ 是实数" _____ "a 是实数";

(6) "$\triangle ABC$ 的每个内角都是 $60°$" _____ "$\triangle ABC$ 为等边三角形".

4.指出下列集合哪些是空集,哪些是有限集,哪些是无限集:

(1) $\{x \mid x+1=1\}$;   (2) $\{x \mid x^2+1=1\}$;

(3) $\{x \mid x^2+2=1\}$;   (4) $\{x \mid x+1=x\}$;

(5) $\{(x,y) \mid x=y, t \in \mathbf{R}\}$; (6) $\{(2,2)\}$①.

5.用区间表示下列集合:

(1) $\{x \mid -2<x \leqslant 4\}$;   (2) $\{x \mid x \leqslant -3\}$;

(3) $\{x \mid x \geqslant 5\}$;   (4) $\{x \mid -5 \leqslant x < 0\}$.

6.写出不等式 $5x+3>0$ 的解集.

---

① 这里 $(2,2)$ 表示点.

7. 设 $A=\{x\mid -2<x\leqslant 1\}$，$B=\{x\mid 1<x\leqslant 2\}$，求 $A\cup B$，$A\cap B$.

8. 设 $U=\{1,2,3,4,5,6,7,8\}$，$A=\{2,4,6\}$，$B=\{3,4,5\}$，求 $A\cup B$，$A\cap B$，$\complement_U A$，$\complement_U B$，$(\complement_U A)\cup(\complement_U B)$，$(\complement_U A)\cap(\complement_U B)$.

9. 设 $U=\{\alpha\mid 0°<\alpha<180°\}$，$A=\{\alpha\mid 0°<\alpha<90°\}$，$B=\{\alpha\mid 90°<\alpha<180°\}$，求 $\complement_U A$，$\complement_U B$，$(\complement_U A)\cup(\complement_U B)$，$(\complement_U A)\cap(\complement_U B)$.

10. 指出下列各组命题中，p 是 q 的什么条件．

(1) $p:a<-1$，$q:a<-2$；

(2) $p:a=3$，$q:a>-1$；

(3) $p:a>b>0$，$q:|a|>|b|$；

(4) p：整数 a 能够被 5 整除，q：整数 a 的末位数字为 5.

不等式

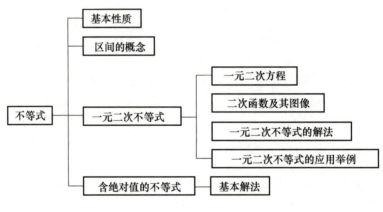

* * * * * * * * * *

第一节　不等式的基本性质

一、比较实数大小的方法

原理：对于两个任意的实数 a 和 b，有

$$a-b>0 \Leftrightarrow a>b;$$
$$a-b=0 \Leftrightarrow a=b;$$
$$a-b<0 \Leftrightarrow a<b.$$

因此，比较两个实数的大小，只需要考查它们的差即可。

例 2.1　2006 年 7 月 12 日，在国际田联超级大奖赛洛桑站男子 110 米栏比赛中，我国 110 米跨栏运动员刘翔以 12 秒 88 的成绩夺冠，并打破已经保持了 13 年的世界纪录 12 秒 91，为我国争得了荣誉．

通常利用观察两个数的差的符号，来比较它们的大小．因为

$$12.88-12.91=-0.03<0,$$

所以得到结论：刘翔打破了世界纪录并且比世界纪录快了 0.03 秒．

例2.2 比较 $\dfrac{2}{3}$ 与 $\dfrac{5}{8}$ 的大小.

解 $\dfrac{2}{3}-\dfrac{5}{8}=\dfrac{16-15}{24}=\dfrac{1}{24}>0$，因此 $\dfrac{2}{3}>\dfrac{5}{8}$.

二、不等式的基本性质

1. 不等式的传递性

测量三个人的身高,发现小李比小王高,小王比小张高,那么肯定能够得到"小李比小张高"的结论.

性质1：如果 $a>b$，且 $b>c$，那么 $a>c$.

证明
$$a>b \Rightarrow a-b>0,$$
$$b>c \Rightarrow b-c>0,$$

于是
$$a-c=(a-b)+(b-c)>0,$$

因此
$$a>c.$$

性质1叫做不等式的传递性.

初中阶段还学习过如下的几个不等式性质（a,b,c 均为实数）.

2. 不等式的加法性质

性质2：如果 $a>b$，那么 $a+c>b+c$.

性质2叫做不等式的加法性质.它表明,不等式两边加(或减)同一个数,不等号的方向不变.

利用性质2,可以由 $a+b>c$ 得到 $a>c-b$.这表明对不等式可以移项.

3. 不等式的乘法性质

性质3：如果 $a>b, c>0$，那么 $ac>bc$；如果 $a>b, c<0$，那么 $ac<bc$.

性质3叫做不等式的乘法性质.它表明,不等式两边同时乘(或除以)同一个正数,不等号的方向不变;不等式两边同时乘(或除以)同一个负数,不等号的方向改变.

例2.3 用符号">"或"<"填空,并说出应用了不等式的哪条性质.

(1) 设 $a>b$，$a-3$ _____ $b-3$；

(2) 设 $a>b$，$6a$ _____ $6b$；

(3) 设 $a<b$，$-4a$ _____ $-4b$；

(4) 设 $a<b$，$5-2a$ _____ $5-2b$.

解 (1) $a-3>b-3$，应用不等式性质2；

(2) $6a>6b$，应用不等式性质3；

(3) $-4a>-4b$，应用不等式性质3；

(4) $5-2a>5-2b$，应用不等式性质2与性质3.

例2.4 服装市场按每套90元的价格购进40套童装,应缴纳的税费为销售额的10%,如果要获得不低于900元的纯利润,每套童装的售价至少是多少?

解 设每套童装的售价至少是 x 元,则
$$40(x-90)-40 \cdot x \cdot 10\% \geqslant 900,$$

解得
$$x \geqslant 125.$$

答：每套童装的售价至少是125元.

第二节 区　间

一、有限区间

概念：由数轴上两点间的一切实数所组成的集合叫做区间，其中，这两个点叫做区间端点．

不含端点的区间叫做开区间，集合 $\{x|2<x<4\}$ 表示的是开区间，用记号 $(2,4)$ 表示．其中 2 为区间的左端点，4 为区间的右端点．

含有两个端点的区间叫做闭区间，如图 2-1 中，集合 $\{x|2\leqslant x\leqslant 4\}$ 表示的是闭区间，用记号 $[2,4]$ 表示．

图 2-1

只含左端点的区间叫做右半开区间，如集合 $\{x|2\leqslant x<4\}$ 表示的区间是右半开区间，用记号 $[2,4)$ 表示；只含右端点的区间叫做左半开区间，如集合 $\{x|2<x\leqslant 4\}$ 表示的区间是左半开区间，用记号 $(2,4]$ 表示．

例 2.5　已知集合 $A=(-1,4)$，集合 $B=[0,5]$，求 $A\cup B$，$A\cap B$．

解　两个集合的数轴表示如图 2-2 所示，观察图形知

$A\cup B=(-1,5]$，　$A\cap B=[0,4)$．

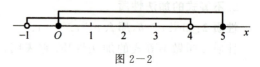

图 2-2

二、无限区间

集合 $\{x|x>2\}$ 可以用数轴上位于 2 右边的一段不包括端点的射线表示（如图 2-3）．

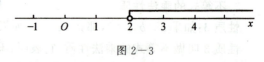

图 2-3

概念：集合 $\{x|x>2\}$ 表示的区间的左端点为 2，不存在右端点．这时将其用记号 $(2,+\infty)$ 表示，其中符号"$+\infty$"读作"正无穷大"，表示右端点可以任意大，但是写不出具体的数．类似地，集合 $\{x|x<2\}$ 表示的区间用 $(-\infty,2)$ 表示，其中符号"$-\infty$"读作"负无穷大"．

集合 $\{x|x\geqslant 2\}$ 与集合 $\{x|x\leqslant 2\}$ 表示的区间分别为 $[2,+\infty)$ 与 $(-\infty,2]$，分别是右半开区间与左半开区间．

设 a、b 为任意实数，且 $a<b$，则各种区间表示的集合见表 2-1．

表 2-1

区间	(a,b)	$[a,b]$	$(a,b]$	$[a,b)$	
集合	$\{x|a<x<b\}$	$\{x|a\leqslant x\leqslant b\}$	$\{x|a<x\leqslant b\}$	$\{x|a\leqslant x<b\}$	
区间	$(-\infty,b)$	$(-\infty,b]$	$(a,+\infty)$	$[a,+\infty)$	$(-\infty,+\infty)$
集合	$\{x|x<b\}$	$\{x|x\leqslant b\}$	$\{x|x>a\}$	$\{x|x\geqslant a\}$	**R**

可以看到，用区间表示集合，具有书写方便、简单、直观的特点．本教材中，凡是可以用区间表示的集合，一般都用区间表示．

例2.6 已知集合 $A=(-\infty,2)$,集合 $B=(-\infty,4]$,求 $A\cup B$,$A\cap B$.

解 观察集合 A、B 的数轴表示(如图2-4),得

(1) $A\cup B=(-\infty,4]=B$;

(2) $A\cap B=(-\infty,2)=A$.

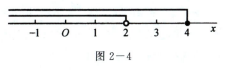

图 2-4

例2.7 设全集为 **R**,集合 $A=(0,3]$,集合 $B=(2,+\infty)$,

(1) 求 $\complement A$,$\complement B$;

(2) $A\cap \complement B$.

解 观察集合 A、B 的数轴表示(如图2-5),得

(1) $\complement A=(-\infty,0]\cup(3,+\infty)$,$\complement B=(-\infty,2]$;

(2) $A\cap \complement B=(2,3]$.

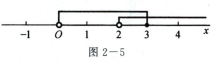

图 2-5

第三节 一元二次不等式

概念:含有一个未知数,并且未知数的最高次数为二次的不等式,叫做一元二次不等式.其一般形式为

$$ax^2+bx+c>(\geqslant)0 \quad 或 \quad ax^2+bx+c<(\leqslant)0(a\neq 0)$$

> 对于二次项系数是负数(即 $a<0$)的不等式,可以利用不等式的性质,两边同时乘 -1,将二次式系数化成正数,再求解.因此我们只就 $a>0$ 的情况研究一元二次不等式的解集.

下面先来研究函数 $y=x^2-4x+3$,方程 $x^2-4x+3=0$ 与不等式 $x^2-4x+3>0$ 及 $x^2-4x+3<0$ 之间的关系.

作出并观察函数 $y=x^2-4x+3$ 的图像(如图2-6所示).解方程 $x^2-4x+3=0$ 得其解 $x_1=1$,$x_2=3$.

观察图像可以看到,方程 $x^2-4x+3=0$ 的解,恰好为函数 $y=x^2-4x+3$ 图像与 x 轴交点的横坐标;在 x 轴上方的函数图像,所对应的自变量 x 的取值范围,即 $\{x|x<-1 \text{ 或 } x>3\}$ 内的值,使得了 $y=x^2-4x+3>0$;在 x 轴下方的函数图像所对应的自变量 x 的取值范围,即 $\{x|-1<x<3\}$ 内的值,使得了 $y=x^2-4x+3<0$.

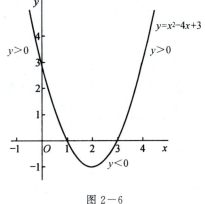

图 2-6

> 由以上分析得到,可以利用一元二次函数 $y=ax^2+bx+c(a>0)$ 的图像解一元二次不等式 $ax^2+bx+c>0$ 或 $ax^2+bx+c<0$.

① 当 $\Delta=b^2-4ac>0$ 时,方程 $ax^2+bx+c=0$ 有两个不相等的实数解 x_1 和 x_2($x_1<x_2$),一元二次函数 $y=ax^2+bx+c$ 的图像与 x 轴有两个交点$(x_1,0),(x_2,0)$(如图 2-7(a) 所示).此时不等式 $ax_2+bx+c>0$ 的解集是 $(-\infty,x_1)\cup(x_2,+\infty)$,不等式 $ax^2+bx+c<0$ 的解集是 (x_1,x_2).

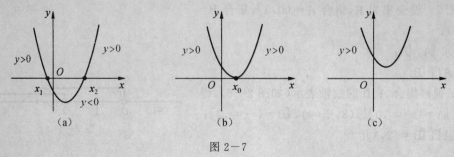

图 2-7

② 当 $\Delta=b^2-4ac=0$ 时,方程 $ax^2+bx+c=0$ 有两个相等的实数解 x_0,一元二次函数 $y=ax^2+bx+c$ 的图像与 x 轴只有一个交点$(x_0,0)$(如图 2-7(b)所示).此时不等式 $ax^2+bx+c>0$ 的解集是 $(-\infty,x_0)\cup(x_0,+\infty)$,不等式 $ax^2+bx+c<0$ 的解集是 $\varnothing$.

③ 当 $\Delta=b^2-4ac<0$ 时,方程 $ax^2+bx+c=0$ 没有实数解,一元二次函数 $y=ax^2+bx+c$ 的图像与 x 轴没有交点(如图 2-7(c)所示).此时,不等式 $ax_2+bx+c>0$ 的解集是 **R**;不等式 $ax^2+bx+c<0$ 的解集是 $\varnothing$.

综上所述,当 $a>0$ 时,一元二次不等式的解集见表 2-2.

表 2-2

方程或不等式	解集		
	$\Delta>0$	$\Delta=0$	$\Delta<0$
$ax^2+bx+c=0$	$\{x_1,x_2\}$	$\{x_0\}$	$\varnothing$
$ax^2+bx+c>0$	$(-\infty,x_1)\cup(x_2,+\infty)$	$(-\infty,x_0)\cup(x_0,+\infty)$	**R**
$ax^2+bx+c\geq 0$	$(-\infty,x_1]\cup[x_2,+\infty)$	**R**	**R**
$ax^2+bx+c<0$	(x_1,x_2)	$\varnothing$	$\varnothing$
$ax^2+bx+c\leq 0$	$[x_1,x_2]$	$\{x_0\}$	$\varnothing$
说明:$\Delta=b^2-4ac,x_1<x_2$.			

例 2.8 解下列各一元二次不等式:

(1) $x^2<9$;   (2) $-2x^2+4x-3\leq 0$.

分析 首先判定二次项系数是否为正数,再研究对应一元二次方程解的情况,最后对照表 2-2 写出不等式的解集.

解 (1) $x^2<9$ 可化为 $x^2-9<0$,因为二次项系数为 $1>0$,且方程 $x^2-9=0$ 的解为 $x_1=-3,x_2=3$,故 $x^2<9$ 的解集为 $(-3,3)$.

(2) 因为二次项系数为 $-2<0$,将不等式两边同乘 -1,得
$$2x^2-4x+3\geq 0.$$

由于判别式 $\Delta=(-4)^2-4\times 2\times 3=-8<0$,故方程 $2x^2-4x+3=0$ 没有实数解,所以不

等式 $2x^2-4x+3\geqslant 0$ 的解集为 **R**，即 $-2x^2+4x-3\leqslant 0$ 的解集为 **R**．

例 2.9 x 是什么实数时，$\sqrt{3x^2-x-2}$ 有意义？

解 根据题意需要解不等式 $3x^2-x-2\geqslant 0$．解方程 $3x^2-x-2=0$ 得
$$x_1=-\frac{2}{3}, x_2=1.$$

由于二次项系数为 $3>0$，所以不等式的解集为
$$\left(-\infty,-\frac{2}{3}\right]\cup[1,+\infty).$$

即当 $x\in\left(-\infty,-\frac{2}{3}\right]\cup[1,+\infty)$ 时，$\sqrt{3x^2-x-2}$ 有意义．

第四节　含绝对值的不等式

一、不等式 |x|＜a 或 |x|＞a

原理：一般地，不等式 $|x|<a(a>0)$ 的解集是 $(-a,a)$；不等式 $|x|>a(a>0)$ 的解集是 $(-\infty,-a)\cup(a,+\infty)$．

根据绝对值的意义可知，方程 $|x|=2$ 的解是 $x_1=2, x_2=-2$（如图 2-8(a)所示）；不等式 $|x|<2$ 的解集是 $(-2,2)$（如图 2-8(b)所示）；不等式 $|x|>2$ 的解集是 $(-\infty,-2)\cup(2,+\infty)$（如图 2-8(c)所示）．

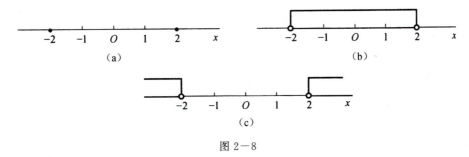

图 2-8

例 2.10 解下列各不等式：

(1) $3|x|-1>0$；　　　　　(2) $2|x|\leqslant 6$．

解 (1) 由不等式 $3|x|-1>0$，得 $|x|>\frac{1}{3}$，所以原不等式的解集为
$$\left(-\infty,-\frac{1}{3}\right)\cup\left(\frac{1}{3},+\infty\right).$$

(2) 由不等式 $2|x|\leqslant 6$，得 $|x|\leqslant 3$，所以，原不等式的解集为
$$[-3,3].$$

二、不等式 |ax＋b|＜c 或 |ax＋b|＞c

如何通过 $|x|<a(a>0)$ 求解不等式 $|2x+1|<3$？

在不等式 $|2x+1|<3$ 中，设 $m=2x+1$，则不等式 $|2x+1|<3$ 化为

其解集为
$$|m|<3,$$
$$-3<m<3,\text{即}-3<2x+1<3.$$

利用不等式的性质,可以求出解集.

由此可见,形如$|ax+b|<c$或$|ax+b|>c(c>0)$的不等式可以通过"变量替换"的方法求解.实际运算中,可以省略变量替换的书写过程.

例2.11 解不等式$|2x-1|\leqslant 3$.

解 由原不等式可得 $-3\leqslant 2x-1\leqslant 3$,
于是 $-2\leqslant 2x\leqslant 4$,
即 $-1\leqslant x\leqslant 2$,
所以原不等式的解集为 $[-1,2]$.

例2.12 解不等式$|2x+5|>7$.

解 由原不等式得$2x+5<-7$或$2x+5>7$,整理得
$$x<-6 \quad \text{或} \quad x>1,$$
所以,原不等式的解集为$(-\infty,-6)\cup(1,+\infty)$.

每章一练

1.用符号">"或"<"填空:

(1)$\dfrac{6}{7}$_____$\dfrac{7}{8}$,$\dfrac{6\pi}{7}$_____$\dfrac{7\pi}{8}$;

(2)$\dfrac{4}{31}$_____$\dfrac{1}{7}$,$-\dfrac{4}{31}$_____$-\dfrac{1}{7}$;

(3)设$a<b$,则$a+2$_____$b+2$,$a-1$_____$b-1$,$a-1$_____$b+1$;

(4)设$a<b$,则$2a$_____$2b$,$-2a$_____$-2b$,$3a-1$_____$3b-1$.

2.填空:

(1)设$x-2<7$,则$x<$_____;

(2)设$x+5<-3$,则$x<$_____;

(3)设$\dfrac{5-x}{2}>\dfrac{1}{3}$,则$x<$_____;

(4)$2x-3<7$,则$x<$_____.

3.解下列各不等式并指出应用了不等式的哪些性质:

(1)$\dfrac{2x-3}{7}\geqslant\dfrac{3x+2}{4}$; (2)$2-4x>3(3x-1)$.

4.当x为何值时,代数式$\dfrac{x-5}{3}$的值与代数式$\dfrac{2x-7}{2}$的值之差不小于2?

5.已知集合$A=(-2,3]$,集合$B=(0,5]$,求$A\cup B$,$A\cap B$.

6.已知集合$A=(-3,+\infty)$,集合$B=(-\infty,5]$,求$A\cup B$,$A\cap B$.

7.已知全集为$\mathbf{R}$,集合$A=(-1,3]$,集合$B=(0,4)$,求

(1)$A\cup B$,$A\cap B$; (2)$\complement_{\mathbf{R}}A$,$\complement_{\mathbf{R}}B$.

8. 解下列各一元二次不等式：

(1) $4x^2-1 \geq 0$；

(2) $x-x^2+6 < 0$；

(3) $x^2+x+3 \geq 0$；

(4) $x^2+x-6 < 0$；

(5) $2x^2+3x-6 < 3x^2+x-1$；

(6) $-x^2-3x+10 \geq 0$.

9. x 是什么实数时，$\sqrt{4x^2-16}$ 有意义？

10. 解下列各不等式：

(1) $\left|\dfrac{1}{3}x\right| \geq 7$；

(2) $|10x| < \dfrac{2}{5}$；

(3) $|x-6| < 0.1$；

(4) $3 \leq |8-x|$；

(5) $|2x+5| < 6$；

(6) $|4x-1| \geq 9$.

11. 解下列关于 x 的不等式：

(1) $|x-a| < b(b>0)$；

(2) $|x+a| \geq b(b>0)$.

函 数

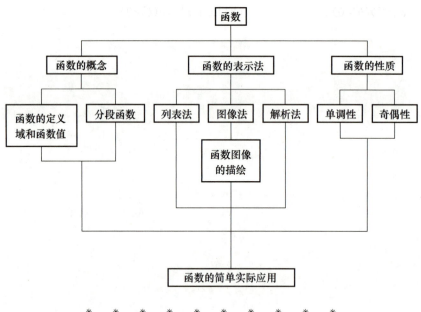

* * * * * * * * * * *

第一节 认识函数

一、函数的概念

概念：设 A,B 是非空的数集，如果按某个确定的对应关系 f，使对于集合 A 中的任意一个数 x，在集合 B 中都有唯一确定的数 y 和它对应，那么就称 f 为从集合 A 到集合 B 的一个函数，记做

$$y=f(x), x\in A.$$

其中，x 叫做自变量，x 的取值范围 A 叫做函数的定义域；与 x 的值相应的 y 的值叫做函数值，函数值的集 $\{f(x)|x\in A\}$ 叫做函数的值域．

值得注意的是，形如 $y=1(x\in \mathbf{R})$ 的等式也是函数，因为对于实数集 $\mathbf{R}$ 中的任何一个数 x，按照对应法则"函数值总是1",在 **R** 中 y 都有唯一确定的值1与它对应,所以 y 是 x 的函数.

对于函数 $y=f(x)$,当自变量 x 在定义域内取一个确定的值 a 时,其对应的函数值,我们记做 $f(a)$.

例如,函数 $f(x)=2x+1$,在 $x=3, x=-5$ 时的函数值分别为 $f(3)=7, f(-5)=-9$.

讲解:

(1)汽车以 60km/h 的速度匀速行驶,行驶里程为 $s$km,行驶时间为 th,先填写表3-1,再试用含有 t 的式子表示 s.

表 3-1

t/h	1	2	3	4	5
s/km					

(2)每张电影票的售价为50元,如果早场售出票50张,日场售出票105张,晚场售出票170张,三场电影的票房收入各为多少元?设一场电影售出票 x 张,票房收入为 y 元,怎样用含有 x 的式子表示 y?

(3)要画一个面积为 100cm² 的圆,圆的半径应取多少?圆面积为 20cm² 呢?怎样用含有圆面积 S 的式子表示圆半径 r?

这些问题反映了不同的事物的变化过程,其中有些量(例如时间 t,里程 s,售出票数 x,票房收入 y……)的值是按照某种规律变化的.在一个变化过程中,我们称数值发生变化的量为变量.有些量的数值始终不变,例如上面问题中的速度60(单位:km/h),票价50(单位:元),……称它们为常量.

具体指出上面各问题中,哪些量是变量,哪些量是常量?每个问题中是否各有两个变量?同一个问题中的变量之间有什么联系?

在问题(1)中,观察填出的表格,你会发现:每当行驶时间 t 取定一个值时,行驶里程 s 就随之确定一个值,例如 $t=1$,则 $s=60$;$t=2$,则 $s=120$;…;$t=5$,则 $s=300$.

问题(2)中,经计算可以发现:每当售票数量 x 取定一个值时,票房收入 y 就随之确定一个值,例如早场 $x=50$,则 $y=2500$;日场 $x=105$,则 $y=5250$;晚场 $x=170$,则 $y=8500$.

问题(3)中,容易算出:当 $S=100$cm² 时,$r=$_____ cm;当 $S=20$cm²,$r=$_____ cm,每当 S 取定一个值时,r 随之确定一个值.则能得出:两者的关系为 $r=$_____.

一般地,在一个变化过程中有两个变量 x 与 y,如果对于 x 的每一个值,y 都有唯一确定的值与它对应,那么就说 y 是 x 的函数,x 叫做自变量.

继续研究上面几个问题,还可以发现两个重要的事实:

①在每个例子中都指出了自变量的取值集合;

②都给出了对应法则.对自变量的一个值,只有唯一的一个函数值与之对应.对应法则可以通过公式、数表或图像给出.

可见,函数关系实质上表现的是两个数集的元素之间按照某种法则确定的一种对应关系.下面我们用集合语言,从对应的角度对函数概念作进一步描述.

例3.1 求下列函数的定义域:

(1)$f(x)=\dfrac{1}{x-3}$;

(2)$f(x)=\dfrac{\sqrt{x-2}}{x-3}$.

分析 (1)要使 $\dfrac{1}{x-3}$ 有意义,必须使分母 $x-3\neq 0$,即 $x\neq 3$;

(2)要使 $\dfrac{\sqrt{x-2}}{x-3}$ 有意义,必须使 $x\geqslant 2$ 与 $x\neq 3$ 同时成立.

解 (1)函数 $f(x)=\dfrac{1}{x-3}$ 的定义域是 $\{x\in \mathbf{R}|x\neq 3\}$;

(2)函数 $f(x)=\dfrac{\sqrt{x-2}}{x-3}$ 的定义域是 $\{x|x\geqslant 2$ 且 $x\neq 3\}$.

可以看出,在用数学式子表示的函数中,函数的定义域就是使这个式子有意义的 x 的取值范围.

在分式中,分母不能为零,否则分式没有意义;在 $\sqrt{a}$ 中,要求 $a\geqslant 0$.

例3.2 求函数 $f(x)=\dfrac{x+2}{2x-1}$,在 $x=-1,0,1$ 时的值.

解 $f(-1)=\dfrac{-1+2}{2\times (-1)-1}=-\dfrac{1}{3}$;

$f(0)=\dfrac{0+2}{2\times 0-1}=-2$;

$f(1)=\dfrac{1+2}{2\times 1-1}=3$.

例3.3 已知函数 $f(x)=4x+1, x\in \{0,1,2,3,4\}$,求这个函数的值域.

解 因为 $f(0)=4\times 0+1=1$,

$f(1)=4\times 1+1=5$,

$f(2)=4\times 2+1=9$,

$f(3)=4\times 3+1=13$,

$f(4)=4\times 4+1=17$,

所示函数 $f(x)=4x+1$ 的值域是 $\{1,5,9,13,17\}$.

用运算符号把数或表示数的字母连接而成的式子,叫做代数式.例如,$\dfrac{1}{3}(a^2+ab)$,$x^2+\sqrt{y}$.单独的一个数或者一个字母,如 $-3,a$ 也是代数式.

用数值代替代数式里的字母,计算后所得的结果叫做代数式的值.

二、函数的表示法

在初中已经接触过函数的三种表示法:解析法、列表法和图像法.

1. 解析法

概念:把两个变量之间的函数关系用一个等式来表示,这种表示函数的方法叫做解析法,这个等式叫做函数的解析表达式,简称解析式.

讲解:

例如,我们在初中学过的正比例函数、反比例函数、一次函数、二次函数的解析式分别为

$f(x)=kx$ （$k\neq 0$）;

$f(x)=\dfrac{k}{x}$ （$k\neq 0$）;

$f(x)=kx+b$ （$k\neq 0$）;

$f(x)=ax^2+bx+c$ （$a\neq 0$）.

这种方法能够简明准确地反映出事物变化过程中,两个变量之间的数量关系.

2. 列表法

概念:通过列出自变量与对应函数值的表格来表示函数关系的方法叫做列表法.

讲解:

例如,新中国成立后共进行了5次人口普查,每次普查得到的人口数据见表3-2.这张表清楚地表示了年份与当年普查总人口(单位:亿)的函数关系.根据这张表,我们可以从年份查出当年普查的人口总数.

表3-2

年份	1953	1964	1982	1990	2000
总人口数/亿	5.9	6.9	10.1	11.3	12.7

从表3-2中,我们能清楚地看出这个函数的定义域和值域:

定义域:$\{1953,1964,1982,1990,2000\}$;

值　域:$\{5.9,6.9,10.1,11.3,12.7\}$.

3. 图像法

概念:把自变量x的一个值和函数y的对应值分别作为点的横坐标和纵坐标,可以在直角坐标系中描出一个点,所有这些点的集合,叫做这个函数的图像.用图像来表示两个变量之间的函数关系的方法叫做图像法.

讲解:

例如,在初中学过:

一次函数 $y=kx+b(k\neq 0)$ 的图像是一条直线;

反比例函数 $y=\dfrac{k}{x}(k\neq 0)$ 的图像是双曲线;

二次函数 $y=ax^2+bx+c(a\neq 0)$ 的图像是抛物线.

又如图3-1所示,是我国人口出生率变化曲线,也是用图像法表示函数关系的.

图3-1

例3.4 某种笔记本的单价是 5 元,买 $x(x\in\{1,2,3,4,5\})$ 个笔记本需要 y 元,试用函数的三种表示法表示函数 $y=f(x)$.

解 这个函数的定义域是数集 $\{1,2,3,4,5\}$.

用解析法可将函数 $y=f(x)$ 表示为
$$y=5x, x\in\{1,2,3,4,5\}.$$

用列表法表示函数 $y=f(x)$,见表 3-3.

表 3-3

笔记本个数 x	1	2	3	4	5
钱数 y/元	5	10	15	20	25

用图像法可将函数 $y=f(x)$ 表示为图 3-2.

函数图像既可以是连续的曲线,也可以是直线、折线、离散的点等等.

例3.5 画出函数 $y=|x|$ 的图像.

解 由绝对值的概念,有
$$y=\begin{cases} x, x\geqslant 0, \\ -x, x<0. \end{cases}$$

所以,函数 $y=|x|$ 的图像如图 3-3 所示.

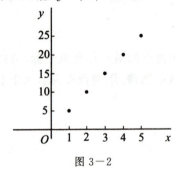

图 3-2

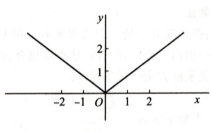

图 3-3

一个正数的绝对值是它本身,一个负数的绝对值是它的相反数,零的绝对值是零. 即
$$|a|=\begin{cases} a(a>0), \\ a(a=0), \\ -a(a<0). \end{cases}$$

从数轴上看,一个数的绝对值就是表示这个数的点离开原点的距离.

第二节 函数的性质

一、函数的单调性

概念:一般地,对于给定区间上的函数 $f(x)$:

(1)如果对于这个区间上的任意两个 x_1,x_2,当 $x_1<x_2$ 时,都有 $f(x_1)<f(x_2)$,那么就说 $f(x)$ 在这个区间上是增函数(或单调递增函数),如图 3—4(a)所示.

(2)如果对于这个区间上的任意两个 x_1,x_2,当 $x_1<x_2$ 时,都有 $f(x_1)>f(x_2)$,那么就说 $f(x)$ 在这个区间上是减函数(或单调递减函数),如图 3—4(b)所示.

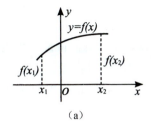
(a)

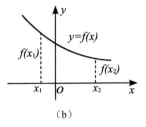
(b)

图 3—4

函数 $y=f(x)$ 在某个区间上单调递增或单调递减的性质,叫做 $f(x)$ 在这个区间上的单调性.这个区间叫做 $f(x)$ 的单调区间.

讲解:

在研究函数的过程中,经常要考虑函数值的增减变化.

在一次函数中,$f(x)=2x$ 的图像(如图 3—5(a)所示)是从左向右逐渐上升的;$f(x)=-2x$ 的图像(如图 3—5(b)所示)是从左向右逐渐下降的.二次函数 $f(x)=x^2$ 的图像(如图 3—5(c)所示)在整个定义域内有时上升,有时下降.如果将它的定义域分为两个区间$(-\infty,0)$ 和$[0,+\infty)$,那么在区间$(-\infty,0)$上,函数图像逐渐下降,在区间$[0,+\infty)$上,函数图像逐渐上升.

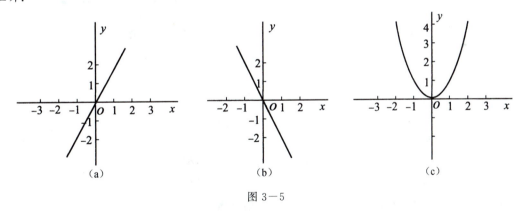

图 3—5

那么,如何描述函数图像的"上升""下降"呢?

以二次函数 $f(x)=x^2$ 为例,列出 x,y 的对应值,见表 3—4.

表 3—4

x	$\cdots$	-4	-3	-2	-1	0	1	2	3	4	$\cdots$
$f(x)=x^2$	$\cdots$	16	9	4	1	0	1	4	9	16	$\cdots$

对比图 3—5(c)和表 3—4,可以发现:

图像在 y 轴左侧"下降",也就是在区间$(-\infty,0)$上,随着 x 的增大,相应的函数值 $f(x)$ 反而减小;图像在 y 轴右侧"上升",也就是在区间$[0,+\infty)$上,随着 x 的增大,相应的函数值

$f(x)$ 也在增大.

对于二次函数 $f(x)=x^2$,"在区间 $[0,+\infty)$ 上,当 x 增大,相应的函数值 $f(x)$ 也随着增大",我们可以这样描述:在区间 $[0,+\infty)$ 上任取两个 x_1,x_2,得到 $f(x_1)=x_1^2, f(x_2)=x_2^2$,当 $x_1<x_2$ 时,有 $f(x_1)<f(x_2)$.这时,就说函数 $f(x)=x^2$ 在区间 $[0,+\infty)$ 上是增函数.

> 要判断一个函数在某个区间上的单调性,我们可以利用函数的图像直观地判断,也可以根据函数单调性的定义加以判断.

例3.6 图3-6是函数 $y=f(x)$ 的图像,定义域是 $[-4,5]$.试根据图像找出函数的单调区间并指明在每个单调区间上函数的单调性.

解 函数 $f(x)$ 的单调区间是 $[-4,-2), [-2,2), [2,4), [4,5]$;而且在区间 $[-4,-2), [2,4)$ 上 $f(x)$ 是减函数,在区间 $[-2,2), [4,5]$ 上 $f(x)$ 是增函数.

例3.7 证明函数 $f(x)=2x+1$ 在 $(-\infty,+\infty)$ 上是增函数,图3-7是 $f(x)=2x+1$ 的图像.

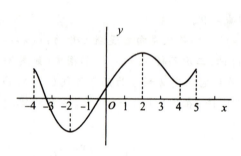

图3-6

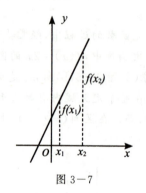

图3-7

证明 设 $x_1,x_2 \in (-\infty,+\infty)$,且 $x_1<x_2$,那么
$f(x_1)=2x_1+1$,
$f(x_2)=2x_2+1$,
$f(x_1)-f(x_2)=(2x_1+1)-(2x_2+1)=2(x_1-x_2)$.
因为 $x_1<x_2$,所以 $x_1-x_2<0$,
所以 $f(x_1)-f(x_2)=2(x_1-x_2)<0$,
即 $f(x_1)<f(x_2)$,
所以 $f(x)=2x+1$ 在区间 $(-\infty,+\infty)$ 上是增函数.

二、函数的奇偶性

1.偶函数

概念:一般地,如果对于函数 $f(x)$ 的定义域内任意一个 x,都有
$$f(-x)=f(x),$$
那么函数 $f(x)$ 就叫做偶函数.

讲解:

观察函数 $f(x)=x^2$ 和 $f(x)=|x|$ 的图像(图3-8),能发现这两个函数图像有什么共同特征吗?

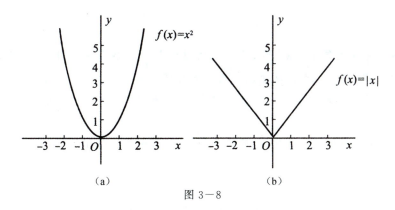

(a)　　　　　　　　(b)

图 3−8

小锦囊

如果函数图像上的任意一个点 P 关于 y 轴的对称点 P' 仍然在函数图像上,那么函数图像关于 y 轴对称. y 轴叫做这个函数图像的对称轴.

我们看到,这两个函数的图像都关于 y 轴对称.

如何利用函数解析式描述函数图像的这个特征呢?

对于函数 $f(x)=x^2$,有

$$f(-3)=9=f(3);$$
$$f(-2)=4=f(2);$$
$$f(-1)=1=f(1).$$

进一步,对于 **R** 内任意的一个 x,都有 $f(-x)=(-x)^2=x^2=f(x)$.

对于函数 $f(x)=|x|$,有

$$f(-3)=\underline{\quad}=\underline{\quad};$$
$$\underline{\quad}=\underline{\quad}=f(2);$$
$$\underline{\quad}=1=\underline{\quad}.$$

进一步,对于 **R** 内任意的一个 x,都有 $\underline{\qquad\qquad}$.

2. 奇函数

概念:一般地,如果对于函数 $f(x)$ 的定义域内任意一个 x,都有

$$f(-x)=-f(x),$$

那么 $f(x)$ 就叫做奇函数.

讲解:

观察函数 $f(x)=x$ 和 $f(x)=\dfrac{1}{x}$ 的图像(图 3−9),能发现这两个函数图像有什么共同特征吗?

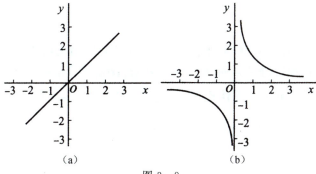

(a)　　　　　　　　(b)

图 3−9

> 如果函数图像上的任意一点 P 关于原点的对称点 P' 仍然在函数图像上，那么函数图像关于坐标原点对称. 原点 O 叫做这个函数图像的对称中心.

我们看到，这两个函数图像都关于原点对称. 函数图像的这个特征，反映在函数解析式上就是：

当自变量 x 取得一对相反数时，相应的函数值 $f(x)$ 也是一对相反数.

例如，对于函数 $f(x)=x$，有

$$f(-3)=-3=-f(3);$$
$$f(-2)=-2=-f(2);$$
$$f(-1)=-1=-f(1).$$

进一步，对于函数 $f(x)=x$ 定义域 **R** 内任意一个 x，都有 $f(-x)=-x=-f(x)$.

又如，对于函数 $f(x)=\dfrac{1}{x}$，有

$$f(-3)=\underline{\qquad}=\underline{\qquad};$$
$$\underline{\qquad}=\underline{\qquad}=-f(2);$$
$$\underline{\qquad}=-1=\underline{\qquad}.$$

进一步，对于函数 $f(x)=\dfrac{1}{x}$ 定义域 $(-\infty,0)\cup(0,+\infty)$ 内任意一个 x，都有 $\underline{\qquad\qquad\qquad}$.

例 3.8 判断下列函数的奇偶性：

(1) $f(x)=x^3$；　　　　　　(2) $f(x)=x^4-1$；

(3) $f(x)=\dfrac{x}{1+x^2}$；　　　　(4) $f(x)=x+2$.

解 这些函数的定义域都是 $(-\infty,+\infty)$，关于原点对称.

(1) 因为 $f(-x)=(-x)^3=-x^3=-f(x)$，所以 $f(x)=x^3$ 是奇函数；

(2) 因为 $f(-x)=(-x)^4-1=x^4-1=f(x)$，所以 $f(x)=x^4-1$ 是偶函数；

(3) 因为 $f(-x)=\dfrac{(-x)}{1+(-x)^2}=-\dfrac{x}{1+x^2}=-f(x)$，所以 $f(x)=\dfrac{x}{1+x^2}$ 是奇函数；

(4) 因为 $f(x)=x+2$，$f(-x)=-x+2$，当 $x\neq 0$ 时，$f(-x)\neq f(x)$，且 $f(-x)\neq -f(x)$，所以 $f(x)=x+2$ 既不是偶函数，也不是奇函数.

> 在奇函数与偶函数的定义中，都要求函数的定义域对应的区间关于坐标原点对称. 如果一个函数的定义域对应的区间关于坐标原点不对称，这就失去了讨论函数是奇函数或是偶函数的前提条件，函数也就无奇偶性可言.

例 3.9 判定函数 $y=\dfrac{1}{x}$ 的奇偶性和增减性.

解　函数 $f(x)=\dfrac{1}{x}$ 的定义域是 $x\neq 0$ 的实数,即 $x\in(-\infty,0)\cup(0,+\infty)$,关于原点对称.

因为 $f(-x)=-\dfrac{1}{x}=-f(x)$,所以函数 $y=\dfrac{1}{x}$ 是奇函数.

图 3-10 所示为 $f(x)=\dfrac{1}{x}$ 的图像.

观察图像知,$f(x)=\dfrac{1}{x}$ 在 $(-\infty,0)$ 上是减函数,在 $(0,+\infty)$ 上也是减函数.

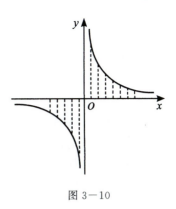

图 3-10

反比例函数的性质见表 3-5.

表 3-5

$y=\dfrac{k}{x}(k\neq 0)$	定义域	值域	图像	单调性	奇偶性
$k>0$	$x\neq 0$	$y\neq 0$		$x\in(-\infty,0)\cup x\in(0,+\infty)$ 上分别是减函数	奇函数
$k<0$	$x\neq 0$	$y\neq 0$		$x\in(-\infty,0)\cup x\in(0,+\infty)$ 上分别是增函数	奇函数

第三节　函数的实际应用举例

在实际生活以及生产和科学研究中,经常会遇到一些一次函数和二次函数的实例.如果我们观察实例中的一些量之间的关系,找出它们之间的函数表达式,便可进一步深入研究这些函数的性质,解决一些实际问题.

例 3.10　某商品的价格为 40 元时,月销售量为 10000 件,价格每提高 2 元,月销售量就会减少 400 件,在不考虑其他因素时:

(1)试求这种商品的月销售量与价格之间的函数关系;

(2)当价格提高到多少元时,这种商品就会卖不出去?

解　(1)设商品价格提高 n 个 2 元时,则商品价格 $x=40+2n$,销售量 $y=10000-400n$.

所以　$y=10000-400\times\dfrac{x-40}{2}$

$$= 10000 - 200x + 8000$$
$$= 18000 - 200x$$

(2)商品卖不出去时,销售量 $y=0$.

所以　　$18000 - 200x = 0$
　　　　　　$x = 90$

答:(1)这种商品销售量与价格函数表达式为 $y = 18000 - 200x, x \in [40, 90]$.

(2)当价格提高到 90 元时,这种商品就会卖不出去.

例 3.11　某工厂生产某产品的固定成本为 2000 元,每生产一件产品,成本增加 5 元.

(1)试求此产品的成本函数;

(2)试求产量 $Q = 100$ 件和 $Q = 200$ 件时的成本.

解　(1)因为每生产 1 件产品,成本增加 5 元,所以生产 Q 件产品的可变成本为 $C_1(Q) = 5Q$. 又因为 $C_0 = 2000$ 元,所以

$$C(Q) = C_0 + C_1(Q) = 2000 + 5Q \quad (Q \in \mathbf{N}^*)$$

(2)
$$C(100) = 2000 + 5 \times 100 = 2500$$
$$C(200) = 2000 + 5 \times 200 = 3000$$

答:(1)此产品的成本函数为 $C(Q) = 2000 + 5Q \quad (Q \in \mathbf{N}^*)$.

(2)产量为 100 件时的成本为 2500 元,产量为 200 件时的成本为 3000 元.

> 企业为生产产品和销售产品所支出的费用总和叫做成本.成本通常由两部分组成:不受产量变化影响的成本,叫做固定成本,如厂房、设备等;随产量变化而变化的成本,叫做可变成本.
>
> 通常用字母 Q 表示产量,用字母 C 表示成本,用字母 C_0 表示固定成本,用字母 C_1 表示可变成本.显然,可变成本 C_1 是产量 Q 的函数,记做 $C_1(Q)$,所以成本 C 也是产量 Q 的函数,记做 $C(Q)$,满足 $C(Q) = C_0 + C_1(Q)$,函数 $C(Q)$ 叫做成本函数.

例 3.12　某地长途汽车客运公司规定旅客可随身携带一定质量的行李,如果超过此规定,则需要购买行李票,行李票的费用 y(元)是行李质量 x(kg)的一次函数,其图像如图 3-11 所示,求:

(1)y 与 x 之间的函数解析式;

(2)旅客最多可以免费携带行李的质量.

分析　观察所绘图像,可知当 $x = 60$ 时,$y = 6$;当 $x = 80$ 时,$y = 10$. 可用待定系数法求函数表达式.当 $y = 0$ 时的自变量的值,就是旅客最多可免费携带行李的质量.

解　(1)设一次函数表达式为 $y = kx + b$.

因为　当 $x = 60$ 时,$y = 6$;当 $x = 80$ 时,$y = 10$,

所以　$\begin{cases} 6 = 60k + b \\ 10 = 80k + b \end{cases}$

解得　$\begin{cases} k = \dfrac{1}{5} \\ b = -6 \end{cases}$

所以所求函数表达式为 $y = \dfrac{1}{5}x - 6 \quad (x \geqslant 30)$.

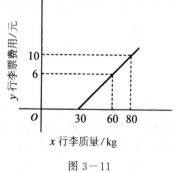

图 3-11

(2)当 $y=0$ 时,$\frac{1}{5}x-6=0$,解得 $x=30$.

答:旅客最多可免费携带 30 千克行李.

例 3.13 某市电力公司为了鼓励居民用电,采用分段计费的方法计算电费:每月用电不超过 100 度时,按每度 0.57 元计费;每月用电超过 100 度时,其中的 100 度仍按原标准收费,超过部分按每度 0.50 元计费.

(1)设月用电 x 度时,应交电费 y 元,当 $x \leqslant 100$ 和 $x>100$ 时,分别写出 y 关于 x 的函数关系式;

(2)小王家第一季度交纳电费情况见表 3-6.

表 3-6

月份	一月份	二月份	三月份	合 计
交费金额	76 元	63 元	45 元 6 角	184 元 6 角

问小王家第一季度共用电多少度?

分析 首先根据题意写出 y 关于 x 的分段函数关系式,再根据题中表格提供的信息,寻找相应的函数关系式,求出一、二、三月份的用电度数.

解 (1) $y = \begin{cases} 0.57x, & (0 < x \leqslant 100) \\ 0.5(x-100)+57, & (x>100) \end{cases}$

$= \begin{cases} 0.57x, & (0 < x \leqslant 100) \\ 0.5x+7, & (x>100) \end{cases}$

(2)当 $x=100$ 时,$y=0.57 \times 100=57$,由于 $76,63$ 均大于 57,根据 $y=0.5x+7$ 知:

当 $y=76$ 时,$x=138$;当 $y=63$ 时,$x=112$.

同理根据 $y=0.57x$ 知:

当 $y=45.6$ 时,$x=80$.

故小王家第一季度共用电:$138+112+80=330$(度).

答:小王家第一季度共用电 330 度。

从这个例题可以看出,有些函数在它的定义域中,对于自变量 x 的不同取值范围,对应的法则也不同,这样的函数通常称为分段函数.

分段函数是一个函数,而不是几个函数.分段函数是由各段上的解析式用符号"{"合并成的一个整体,定义域是各段自变量取值集合的并集,值域是各段函数值集合的并集.

生活中,有很多可以用分段函数描述的实际问题,如出租车的计费等.

例 3.14 某工厂生产一种产品的总利润 L(元)是产量 x(件)的二次函数

$$L=-x^2+2000x-10000, 0<x<1900.$$

试问:产量是多少时总利润最大?最大利润是多少?

解 由于 $a=-1<0$,因此上述二次函数在 $(-\infty,+\infty)$ 上有最大值.将函数的表达式配方得

$$L=-(x^2-2000x+1000^2-1000^2)-10000$$
$$=-(x-1000)^2+990000.$$

由此得出,当 $x=1000$ 时,总利润达到最大值 990000.

答:当产量为 1000 件时,总利润最大,最大利润为 99 万元.

小锦囊

二次函数的图像与性质(表 3—7)

表 3—7

定义	函数 $y=ax^2+bx+c(a\neq 0)$ 叫做二次函数	
	$a>0$	$a<0$
图像	开口向上的抛物线	开口向下的抛物线
	顶点坐标 $\left(-\dfrac{b}{2a}, \dfrac{4ac-b^2}{4a}\right)$,对称轴 $x=-\dfrac{b}{2a}$	
性质	在 $x\in\left(-\infty,-\dfrac{b}{2a}\right]$ 上是减函数;在 $x\in\left[-\dfrac{b}{2a},+\infty\right)$ 上是增函数	在 $x\in\left(-\infty,-\dfrac{b}{2a}\right]$ 上是增函数;在 $x\in\left[-\dfrac{b}{2a},+\infty\right)$ 上是减函数
	当 $x=-\dfrac{b}{2a}$ 时,y 有最小值 $\dfrac{4ac-b^2}{4a}$	当 $x=-\dfrac{b}{2a}$ 时,y 有最大值 $\dfrac{4ac-b^2}{4a}$

每章一练

1. 讨论圆的周长 l 与半径 r 之间的关系.

   (1) 写出该问题中的常量和变量;

   (2) 判断变量之间是否存在依赖关系,若存在,试用表达式表示;

   (3) 设半径 r 为自变量,写出函数的定义域及值域;

   (4) 当圆的半径为 3cm 时,求圆的周长.

2. 已知 $f(x)=\dfrac{1-2x}{2}$,求 $f(0)$,$f(1)$,$f(a)$.

3. 求下列函数的定义域:

   (1) $y=\dfrac{2}{3x+5}$;　　(2) $y=\sqrt{3x+5}$;　　(3) $y=\sqrt{x^2-2x-3}$;

   (4) $y=\sqrt{3x+4-x^2}$;　(5) $y=\dfrac{\sqrt{1-x}}{x}$;　　(6) $y=\sqrt{x-1}+\sqrt{2-x}$.

4. 已知 $f(x)=\dfrac{\sqrt{x+3}}{\sqrt{x}+1}$,求 $f(0)$,$f(1)$,$f(4)$.

5. 求下列函数的值域:

(1) $f(x)=\sqrt{x}-1, x\in\{0,1,4,9\}$;

(2) $f(x)=x+1, x\in[0,3]$;

(3) $f(x)=-x^2+1$.

6. 设函数 $f(x)=x^2+2x+3$, 在表 3-8 的第二行内填写相应的函数值:

表 3-8

x	...	-2	-1	0	1	2	3	...
y	...							...

7. 如图 3-12 所示, 把截面半径为 25cm 的圆形木头锯成矩形木料, 如果矩形的一边长为 $x$cm, 面积为 $y$cm^2, 把 y 表示为 x 的函数.

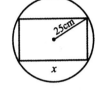

8. 图 3-13 中哪几个图像与下述三件事分别吻合得最好? 请你为剩下的那个图像写出与之吻合的一件事.

(1) 我离开家不久, 发现自己把作业本忘在家里了, 于是返回家里找到了作业本再上学;

图 3-12

(2) 我骑着车一路匀速行驶, 只是在途中遇到了一次交通堵塞, 耽搁了一些时间;

(3) 我出发后, 心情轻松, 缓缓行进, 后来为了赶时间开始加速.

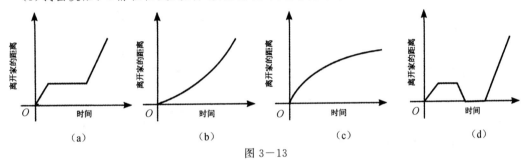

图 3-13

9. 北京市某路公共汽车共设 13 站, 乘车的收费标准为乘坐 7 站以内(含 7 站), 收费 1 元; 乘坐 7 站以上, 收费 2 元. 试用列表法表示这个函数.

10. 闰年的一年中, 月份构成的集合为 A, 每月天数构成的集合为 B, f 为月份与每月的天数的对应法则. 求 $f(1), f(2), f(7), f(8), f(12)$.

11. 已知函数 $y=f(x)$ 的图像(如图 3-14 所示), 根据图像找出函数的单调区间以及在每个单调区间上函数的增减性.

12. 分别画出下列函数的图像, 并判定它们的单调性:

(1) 函数 $f(x)=-3x+2, x\in(-\infty,+\infty)$;

(2) 函数 $f(x)=-\dfrac{2}{x}, x\in(0,+\infty)$;

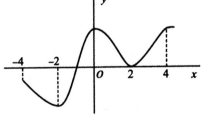

图 3-14

(3) 函数 $f(x)=x^2+1, x\in(-\infty,0)$.

13. (1) 函数 $y=-x^2$ 在 $[0,4]$ 上的单调性为_____;

(2) 函数 $y=-x^2$ 在 $[-4,0]$ 上的单调性为_____;

(3) 能说 $y=-x^2$ 在 $[-4,4]$ 上是增函数吗? 为什么?

(4)求函数 $y=-x^2$ 在 $[-5,5]$ 上的单调区间.

14.判断下列函数的奇偶性:
(1)$f(x)=3x$;　　　　(2)$f(x)=-3x+2$;
(3)$f(x)=3-x^2$;　　　(4)$f(x)=9-6x+x^2$;
(5)$f(x)=x+x^{-3}$;　　(6)$f(x)=x^4+x^{-2}$.

15.判断下列函数是否是偶函数:
(1)$f(x)=-x^2$;　　　(2)$f(x)=(x+1)(x-1)$;
(3)$f(x)=x^2+x$;　　 (4)$f(x)=\dfrac{1}{x^2-1}$.

16.已知函数 $f(x)=x^2-2$,试讨论它的奇偶性.若图像的右半部分如图3-15所示,请画出它的左半部分,并说明理由.

17.建筑一个容积为 8000m^3,深为 6m 的长方体蓄水池,池壁每平方米的造价为 a 元,池底每平方米的造价为 $2a$ 元,把总造价 y 表示为底的一边长 $x\text{m}$ 的函数.

18.图3-16表示近5年来某市的财政收入情况.图中 x 轴上 $1,2,\cdots,5$ 依次表示第1年,第2年,$\cdots$,第5年,即2004年,2005年,$\cdots$,2008年,可以看出,图中的折线近似抛物线的一部分.

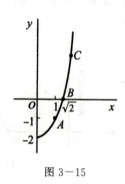

图3-15

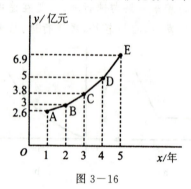

图3-16

(1)求出过 A,C,D 三点的二次函数的解析式;
(2)分别求出当 $x=2$ 和 $x=5$ 时(1)中的二次函数的函数值,并分别与 B,E 两点的纵坐标相比较;
(3)利用(1)中的二次函数的解析式预测2010年该市的财政收入.

19.为了鼓励居民节约用水,某地区水费按表3-9的规定收取:

表3-9

每户每月雨水量	不超过10吨(含10吨)	超过10吨的部分
水费单价/(元/吨)	1.30	2.00

(1)若某户用水量为 x 吨,需付水费为 y 元,则水费 y(元)与用水量 x(吨)之间的函数关系式是:
$$y=\begin{cases}\underline{\qquad\qquad}&(0\leqslant x\leqslant 10)\\ \underline{\qquad\qquad}&(x>10)\end{cases}$$

(2)若小华家四月份付水费17元,则他家四月份用水多少吨?
(3)已知某住宅小区100户居民五月份共交水费1682元,且该月每户用水量均不超过15吨(含15吨),那么该月用水量不超过10吨的居民最多可能有多少户?

指数函数与对数函数

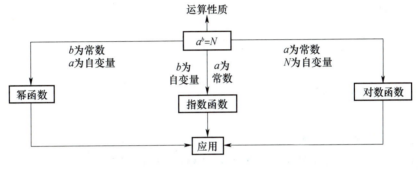

* * * * * * * * * *

第一节 实数指数幂

一、有理数指数幂

1. 整数指数幂

概念: 规定整数指数幂意义为

$$a^n = \underbrace{a \cdot a \cdot a \cdot \cdots \cdot a}_{n \uparrow a}(n \in \mathbf{N}^*), \quad a^0 = 1(a \neq 0),$$

$$a^{-n} = \frac{1}{a^n} \quad (a \neq 0, n \in \mathbf{N}^*)$$

原理: 整数指数幂的运算性质可归纳为

① $a^m \cdot a^n = a^{m+n}$; ② $(a^m)^n = a^{m \cdot n}$;

③ $(a \cdot b)^n = a^n \cdot b^n$.

其中 $a \neq 0, b \neq 0, m, n \in \mathbf{Z}$.

讲解:

在初中我们学习了正整数指数幂的运算性质($m, n \in \mathbf{N}^*$):

① $a^m \cdot a^n = a^{m+n}$; ② $(a^m)^n = a^{m \cdot n} = (a^n)^m$;

③ $(a \cdot b)^n = a^n \cdot b^n$;　　　　④ $a \neq 0$ 时, $\dfrac{a^m}{a^n} = \begin{cases} a^{m-n}, & m>n \\ 1, & m=0 \\ \dfrac{1}{a^{n-m}}, & m<n \end{cases}$;

⑤ $\left(\dfrac{a}{b}\right)^n = \dfrac{a^n}{b^n}$　$(b \neq 0)$.

那么, 当 m, n 是负整数或者零的时候, 以上运算性质还成立吗?

例 4.1　计算 $3^4 \times 3^{-6}$ 和 $3^{4+(-6)}$, 分析它们之间有什么关系.

解　　　　$3^4 \times 3^{-6} = \dfrac{3^4}{3^6} = \dfrac{3^4}{3^4 \times 3^2} = \dfrac{1}{3^2} = \dfrac{1}{9}$; $3^{4+(-6)} = 3^{-2} = \dfrac{1}{3^2} = \dfrac{1}{9}$.

由此得　　$3^4 \times 3^{-6} = 3^{4+(-6)}$.

一般地, 正整数指数幂的运算性质可以推广到整数.

例如, $3^0 = 1$, $10^{-3} = \dfrac{1}{10^3} = \dfrac{1}{1000}$, $5^2 \times 5^{-3} = 5^{2-3} = 5^{-1} = \dfrac{1}{5}$,

$(3^{-2})^2 = 3^{-4} = \dfrac{1}{3^4} = \dfrac{1}{81}$, $0.1^{-2} = (10^{-1})^{-2} = 10^2 = 100$.

2. 分数指数幂

原理: 规定正分数指数幂的意义为:

$a^{\frac{1}{n}} = \sqrt[n]{a}$　$(a>0)$;

$a^{\frac{m}{n}} = \sqrt[n]{a^m}$　$(a>0, m, n \in \mathbf{N}^*, n>1)$.

负分数指数幂的意义与负整数指数幂的意义相仿, 规定:

$a^{-\frac{m}{n}} = \dfrac{1}{a^{\frac{m}{n}}}$　$(a>0, m, n \in \mathbf{N}^*, n>1)$.

讲解:

我们知道, 如果 $b^2 = a$, 那么 b 就叫做 a 的平方根(或二次方根). 因为 $b^2 \geq 0$, 故当 $a<0$ 时, a 在实数范围内没有平方根; 当 $a>0$ 时, a 的平方根有两个, 它们互为相反数, 分别为 $\sqrt{a}$ 和 $-\sqrt{a}$; 当 $a=0$ 时, $\sqrt{0} = 0$. 例如, ± 3 就是 9 的平方根.

如果 $b^3 = a$, 那么 b 就叫做 a 的立方根(或三次方根). 在实数范围内 a 只有一个立方根, 记为 $\sqrt[3]{a}$. 例如, 2 就是 8 的立方根.

一般地, 给定实数 a, 如果存在实数 b, 使得 $b^n = a (n>1, n \in \mathbf{N})$, 那么, b 就叫做 a 的 n 次方根.

当 n 是奇数时, 正数的 n 次方根是一个正数, 负数的 n 次方根是一个负数, 这时, a 的 n 次方根记作 $\sqrt[n]{a}$. 例如, $\sqrt[5]{32} = 2$, $\sqrt[5]{-32} = -2$.

当 n 是偶数时, 正数的 n 次方根有两个, 这两个数互为相反数, 分别记作 $\sqrt[n]{a}$, $-\sqrt[n]{a}$. 可合并写成 $\pm\sqrt[n]{a} (a>0)$. 例如, 16 的 4 次方根可以表示为 $\pm\sqrt[4]{16} = \pm 2$.

负数没有偶次方根.

当 $\sqrt[n]{a}$ 有意义时, $\sqrt[n]{a}$ 叫做根式, n 叫做根指数, a 叫做被开方数.

0 的任何次方根都是 0, 记作 $\sqrt[n]{0} = 0$.

根据 n 次方根的定义, 根式具有下列性质:

① $(\sqrt[n]{a})^n = a$　$(n>1, n \in \mathbf{N}^*)$;

② 当 n 为奇数时,$\sqrt[n]{a^n}=a$;

当 n 为偶数时,$\sqrt[n]{a^n}=|a|=\begin{cases}a,a\geqslant 0,\\-a,a<0.\end{cases}$

例如,

$(\sqrt[4]{3})^4=3$,$(\sqrt[5]{-2})^5=-2$;

$(\sqrt[3]{3^2})^3=3^2=9$;

$\sqrt{2^2}$,$\sqrt[4]{(-2)^4}=|-2|=2$.

根据 n 次方根的定义和整数指数幂的运算,有

$\sqrt[3]{5^9}=5^{\frac{1}{3}\cdot 9}=5^{\frac{9}{3}}$,

那么,如 $\sqrt[5]{3^2}$,$\sqrt[4]{2^3}$ 能否也写成指数幂 $3^{\frac{2}{5}}$,$2^{\frac{3}{4}}$ 的形式呢?

为避免讨论,我们约定底数 $a>0$.

这时,根式都可以写成分数指数幂的形式.这样,指数的概念就从整数指数幂扩充到了有理数指数幂,整数指数幂的运算性质对有理数指数幂也同样适用.

0 的正分数指数幂等于 0,0 的负分数指数幂没有意义.

当 $a>0$,$b>0$ 时,有理数指数幂的运算性质为

① $a^m\cdot a^n=a^{m+n}$;　　② $(a^m)^n=a^{mn}$;

③ $(ab)^n=a^n b^n$.

其中,$m,n\in\mathbf{Q}$.

例题巩固

例 4.2　计算或化简下列各式:

(1) $8^{-\frac{1}{3}}$;　　(2) $\left(\dfrac{25}{9}\right)^{-\frac{3}{2}}$;　　(3) $a^{\frac{1}{2}}b\cdot(-a^{\frac{3}{2}}b^2)$ (a,b 为正实数).

解　(1) $8^{-\frac{1}{3}}=\dfrac{1}{8^{\frac{1}{3}}}=\dfrac{1}{(2^3)^{\frac{1}{3}}}=\dfrac{1}{2^{3\times\frac{1}{3}}}=\dfrac{1}{2}$,

或　　$8^{-\frac{1}{3}}=(2^3)^{-\frac{1}{3}}=2^{3\times(-\frac{1}{3})}=2^{-1}=\dfrac{1}{2}$;

(2) $\left(\dfrac{25}{9}\right)^{\frac{3}{2}}=\left[\left(\dfrac{5}{3}\right)^2\right]^{-\frac{3}{2}}=\left(\dfrac{5}{3}\right)^{2\times(-\frac{3}{2})}=\left(\dfrac{5}{3}\right)^{-3}=\dfrac{27}{125}$.

(3) $a^{\frac{1}{2}}b\cdot(-a^{\frac{3}{2}}b^2)=-a^{\frac{1}{2}+\frac{3}{2}}b^{1+2}=-a^2 b^3$ (a,b 为正实数).

例 4.3　用分数指数幂表示下列根式(式中字母均为正实数):

(1) $\sqrt[3]{3}$;　　(2) $\dfrac{1}{\sqrt[4]{2^5}}$;

(3) $\sqrt{a\sqrt{a}}$.

解 (1) $\sqrt[3]{3}=3^{\frac{1}{3}}$;　　(2) $\dfrac{1}{\sqrt[4]{2^5}}=\dfrac{1}{2^{\frac{5}{4}}}=2^{-\frac{5}{4}}$;

(3) $\sqrt{a\sqrt{a}}=(a\sqrt{a})^{\frac{1}{2}}=(a\cdot a^{\frac{1}{2}})^{\frac{1}{2}}=(a^{1+\frac{1}{2}})^{\frac{1}{2}}=a^{\frac{3}{2}\times\frac{1}{2}}=a^{\frac{3}{4}}$.

二、实数指数幂及运算性质

性质： 实数指数幂的运算性质为

$$a^\alpha \cdot a^\beta = a^{\alpha+\beta};$$
$$(a^\alpha)^\beta = a^{\alpha \cdot \beta};$$
$$(ab)^\alpha = a^\alpha \cdot b^\alpha.$$

其中，$a>0, b>0, \alpha, \beta$ 为实数.

讲解：

类似地，我们还可以把有理数指数幂扩充到实数指数幂. 当指数是无理数时，例如，$2^{\sqrt{3}}$，$\left(\dfrac{1}{4}\right)^{\sqrt{2}}$，其实都是确定的实数，只要给出了精确度要求，都可以利用科学计算器算出它的近似值.

电子计算器具有运算快、操作简便、体积小等特点. 在信息高速发展的时代，它已成为人们广泛使用的计算工具.

按照功能，计算器可分为简单计算器、科学计算器、图形计算器等几种类型. 计算器的面板由键盘和显示器两部分组成.

现在我们利用科学计算器来计算 $2^{\sqrt{3}}$，$\left(\dfrac{1}{4}\right)^{\sqrt{2}}$ 的近似值（精确到 0.01）.

首先根据要求进行精确度设置，其方法如下。

MODE键是模式选择键，依次按 MODE MODE MODE 1 键，使科学计算器进入计算结果的精确度设置状态.

计算器结果显示：

它表示我们可以在"0～9"中选择数字设置精确度. 我们继续按键 2 ：

计算器结果显示：

这就表示已经将计算器的精确度设置成了"0.01". 那么再进行任何计算，其结果显示都是以"0.01"为精确度了.

接下来的计算步骤及结果见表 4—1.

表 4—1 计算步骤及结果显示

计算任务	计算器操作	计算器结果显示	说明
精确度为 0.01 时 $2^{\sqrt{3}}$ 的近似值	再依次按下列各键： 	2^√3 3.32	精确度为 0.01 时 $2^{\sqrt{3}}$ 的近似值为 3.32
精确度为 0.01 时 $\left(\dfrac{1}{4}\right)^{\sqrt{2}}$ 的近似值	再依次按下列各键： 	(1÷4)^√2 0.14	精确度为 0.01 时 $\left(\dfrac{1}{4}\right)^{\sqrt{2}}$ 的近似值为 0.14

由此可见，$2^{\sqrt{3}}$，$\left(\dfrac{1}{4}\right)^{\sqrt{2}}$ 都是一个确定的实数.

因此，当 $a>0$，α 为任意实数时，实数指数幂 a^α 是一个实数. 自然地，$1^\alpha=1$，$a^{-\alpha}=\dfrac{1}{a^\alpha}(a>0)$.

这样，指数的概念就扩充到了实数，而且有理数指数幂的运算性质和规定对实数指数幂都适用.

利用科学计算器进行计算时的精确度处理通常有以下两种方法.

①根据要求，可先对计算器进行精确度设置，其后的计算结果显示直接达到精确度要求. 当精确度要求有改变时，就需要重新进行设置.

②未进行精确度设置的科学计算器，它的计算结果会自动地显示为 10 个数字，这时可根据精确度要求利用"四舍五入"的原则得出计算结果.

在生产实践中，若问题给出了计算精确度要求，利用科学计算器计算时，通常采用先设置精确度，再进行计算的方法.

例题巩固

例 4.4 计算 $2^{\frac{1}{2}}\times 4^{\frac{1}{3}}\times 8^{\frac{1}{4}}$ 的值.（精确到 0.01）

解 $2^{\frac{1}{2}}\times 4^{\frac{1}{3}}\times 8^{\frac{1}{4}}=2^{\frac{1}{2}}\times(2^2)^{\frac{1}{3}}\times(2^3)^{\frac{1}{4}}=2^{\frac{1}{2}}\times 2^{\frac{2}{3}}\times 2^{\frac{3}{4}}=2^{\frac{1}{2}+\frac{2}{3}+\frac{3}{4}}=2^{\frac{23}{12}}$.

利用科学计算器可以求出 $2^{\frac{23}{12}}$ 的近似值（精确到 0.01）.

在已设置精确度为 0.01 的状态下，依次按下列各键：

计算器结果显示：

所以 $2^{\frac{1}{2}}\times 4^{\frac{1}{3}}\times 8^{\frac{1}{4}}=2^{\frac{23}{12}}\approx 3.78$.

三、幂函数

概念：一般地，形如
$$y=x^\alpha$$
的函数叫做幂函数，其中 x 是自变量，α 是常数（$\alpha\neq 0$）. 如 $y=x$，$y=x^{-1}$，$y=x^2$，$y=x^5$，$y=x^{-2}$ 等都是幂函数.

讲解：

下面我们研究常见的幂函数 $y=x$，$y=x^2$，$y=x^3$，$y=x^{\frac{1}{2}}$，$y=x^{-1}$，画出它们的图像，并讨论它们的单调性.

首先分别作出函数 $y=x^3$ 和 $y=x^{\frac{1}{2}}$ 的图像.

第一步：利用科学计算器求值、列表（见表 4—2 和表 4—3）.

表 4-2　$y=x^3$ 取值表

x	...	-2	-1	$-\frac{1}{2}$	0	$\frac{1}{2}$	1	2	...
$y=x^3 (x\in \mathbf{R})$	...	-8	-1	$-\frac{1}{8}$	0	$\frac{1}{8}$	1	8	...

表 4-3　$y=x^{\frac{1}{2}}$ 取值表

x	0	1	2	3	4	5	6	...
$y=x^{\frac{1}{2}} (x\geqslant 0)$	0	1	1.41	1.73	2	2.24	2.45	...

第二步:描点,用光滑的曲线连接所描的点,即得到它们的图像(如图 4-1 和图 4-2 所示).

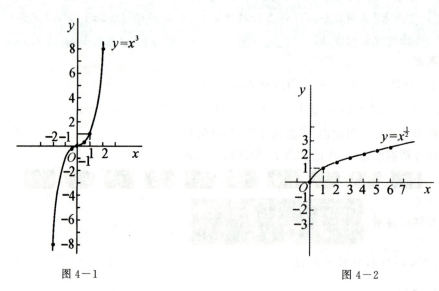

图 4-1　　　　　　　　　　图 4-2

然后,在同一直角坐标系中画出 $y=x, y=x^2, y=x^3, y=x^{\frac{1}{2}}, y=x^{-1}$ 的图像.(可以利用多媒体教学资源中的函数图像作图工具,绘制这 5 个幂函数图像.)

观察函数的图像,填写表 4-4,并与同学交流讨论.

表 4-4

函数	$y=x$	$y=x^2$	$y=x^3$	$y=x^{\frac{1}{2}}$	$y=x^{-1}$
定义域					
值域					
奇偶性					
单调性					
都经过的点					

通过上述作图和讨论,我们可以发现:
① 它们的图像都通过定点(1,1);
② 在 y 轴右边,函数 $y=x, y=x^2, y=x^3$ 和 $y=x^{\frac{1}{2}}$ 的图像从左到右是上升的;函数 $y=x^{-1}$ 的图像从左到右是下降的.

一般地,对于幂函数 $y=x^a (a \neq 0)$:
① 其图像都通过定点(1,1),即 $x=1$ 时,$y=1$;
② 当 $x>0$ 时,如果 $a>0$,则幂函数 $y=x^a$ 是增函数;如果 $a<0$,则幂函数 $y=x^a$ 是减函数.

(可以利用多媒体教学资源中的函数图像作图工具,帮助认识幂函数 $y=x^a$ 的两个特点.)

例题巩固

例 4.5 比较下列各组中两个数值的大小:

(1) $1.5^{\frac{3}{5}}$ 与 $1.6^{\frac{3}{5}}$; (2) $3.5^{-\frac{2}{3}}$ 与 $5.3^{-\frac{2}{3}}$.

解 方法 1:用科学计算器直接计算出数值,再对两个数值进行大小比较.

(1) 因为 $1.5^{\frac{3}{5}} \approx 1.275, 1.6^{\frac{3}{5}} \approx 1.326$,所以 $1.5^{\frac{3}{5}} < 1.6^{\frac{3}{5}}$;

(2) 因为 $3.5^{-\frac{2}{3}} \approx 0.434, 5.3^{-\frac{2}{3}} \approx 0.329$,所以 $3.5^{-\frac{2}{3}} > 5.3^{-\frac{2}{3}}$.

方法 2:比较两个同指数(或能化为同指数)幂的大小,一般可以利用幂函数的单调性.

(1) 由于 $1.5^{\frac{3}{5}}$ 与 $1.6^{\frac{3}{5}}$ 指数是相同的,所以它们可看做是幂函数 $y=x^{\frac{3}{5}}$ 在 $x=1.5$ 与 $x=1.6$ 处的函数值.

因为 $a=\frac{3}{5}>0$,所以幂函数 $y=x^{\frac{3}{5}}$ 在 $(0, +\infty)$ 上是增函数.

又 $1.5 < 1.6$,所以 $1.5^{\frac{3}{5}} < 1.6^{\frac{3}{5}}$.

(2) 考查幂函数 $y=x^{-\frac{2}{3}}$. 因为 $a=-\frac{2}{3}<0$,所以幂函数 $y=x^{-\frac{2}{3}}$ 在 $(0, +\infty)$ 上是减函数.

又 $3.5 < 5.3$,所以 $3.5^{-\frac{2}{3}} > 5.3^{-\frac{2}{3}}$.

第二节 指 数 函 数

一、指数函数的图像和性质

概念:一般地,形如
$$y = a^x (a > 0, \text{且} a \neq 1, x \in \mathbf{R})$$
的函数叫做指数函数.

例如,$y=\left(\frac{1}{2}\right)^x, y=\left(\frac{1}{3}\right)^x, y=2^x, y=3^x$ 都是指数函数.

1. 指数函数 $y=2^x$ 和 $y=\left(\frac{1}{2}\right)^x$ 的图像和性质

(1) 图像

讲解:

先作指数函数 $y=2^x, y=\left(\dfrac{1}{2}\right)^x$ 的图像.

第一步:利用科学计算器计算部分数值并列表(见表 4—5).

表 4—5

x	…	-3	-2	-1	0	1	2	3	…
$y=2^x$	…	$\dfrac{1}{8}$	$\dfrac{1}{4}$	$\dfrac{1}{2}$	1	2	4	8	…
$y=\left(\dfrac{1}{2}\right)^x$	…	8	4	2	1	$\dfrac{1}{2}$	$\dfrac{1}{4}$	$\dfrac{1}{8}$	…

第二步:描点,并且用光滑的曲线连接所描的点,画出它们的图像(如图 4—3 所示).

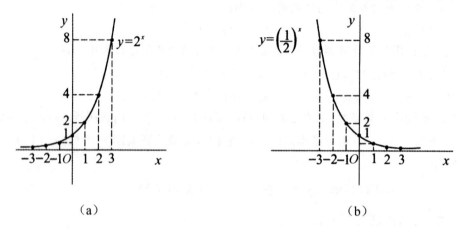

图 4—3

(2)性质

两个函数图像的共同点是函数的图像都位于 x 轴的上方,都经过点 $(0,1)$.

两个函数图像的不同点是函数 $y=2^x$ 的图像从左到右是上升的;函数 $y=\left(\dfrac{1}{2}\right)^x$ 的图像从左到右是下降的.

由此我们得到这两个函数的性质:定义域都是 $x\in \mathbf{R}$,函数值都大于 0;$2^0=\left(\dfrac{1}{2}\right)^0=1$;$y=2^x$ 是 $\mathbf{R}$ 上的增函数,$y=\left(\dfrac{1}{2}\right)^x$ 是 $\mathbf{R}$ 上的减函数.

2.指数函数的图像和性质

指数函数 $y=a^x(a>0,$ 且 $a\neq 1, x\in \mathbf{R})$,在 $a>1$ 及 $0<a<1$ 这两种情况下的图像和性质可以总结如下,见表 4—6.

表 4—6

$a>1$	$0<a<1$

图像	 $y=a^x$ $(a>1)$ $y=1$ $(0,1)$ 	 $y=a^x$ $(0<a<1)$ $y=1$ $(0,1)$
性质	①定义域：**R**	①定义域：**R**
	②值域：$(0,+\infty)$	②值域：$(0,+\infty)$
	③过点$(0,1)$，即$x=0$时，$y=1$	③过点$(0,1)$，即$x=0$时，$y=1$
	④是**R**上的增函数	④是**R**上的减函数
	⑤当$x>0$时，$y>1$； $x<0$时，$0<y<1$	⑤当$x>0$时，$0<y<1$； $x<0$时，$y>1$

例题巩固

例 4.6 已知指数函数 $f(x)=5^x$，求 $f(0),f(2),f(-2),f\left(\dfrac{1}{2}\right)$ 的值.

解 $f(0)=5^0=1$，$f(2)=5^2=25$，

$f(-2)=5^{-2}=\dfrac{1}{5^2}=\dfrac{1}{25}$，$f\left(\dfrac{1}{2}\right)=5^{\frac{1}{2}}$.

例 4.7 已知指数函数 $f(x)=a^x(a>0$，且 $a\neq 1)$ 的图像过点$(3,27)$，求 $f(0),f(1),f(-3)$ 的值.

解 图像过点$(3,27)$，即 $x=3$ 时，$f(x)=27$. 代入 $f(x)=a^x(a>0$，且 $a\neq 1)$，得
$$27=a^3\Rightarrow a=27^{\frac{1}{3}}=3^{3\times\frac{1}{3}}=3.$$

从而 $f(x)=3^x$.

所以 $f(0)=3^0=1, f(1)=3^1=3, f(-3)=3^{-3}=\dfrac{1}{3^3}=\dfrac{1}{27}$.

例 4.8 比较下列各题中两个值的大小：

(1) $1.8^{2.5}$ 与 1.8^3； (2) $0.9^{-0.2}$ 与 $0.9^{-0.3}$.

解 方法 1：用计算器直接计算出数值，再对两个数值比较大小.

(1) 因为 $1.8^{2.5}\approx 4.35$，$1.8^3\approx 5.83$，所以 $1.8^{2.5}<1.8^3$.

(2) 因为 $0.9^{-0.2}\approx 1.02$，$0.9^{-0.3}\approx 1.03$，所以 $0.9^{-0.2}<0.9^{-0.3}$.

方法 2：利用指数函数的性质对两个数值进行大小比较.

(1) 由于 $1.8^{2.5}$ 和 1.8^3 的底数都是 1.8，所以，它们可以看做指数函数 $y=1.8^x$ 在 $x=2.5$ 和 3 处的函数值. 因为指数函数 $y=1.8^x$ 的底数 $1.8>1$，所以 $y=1.8^x$ 是 **R** 上的增函数. 又因为指数 $2.5<3$，所以，$1.8^{2.5}<1.8^3$。

(2) 由于 $0.9^{-0.2}$ 和 $0.9^{-0.3}$ 的底数都是 0.9，所以它们可以看做指数函数 $y=0.9^x$ 在 $x=-0.2$ 和 -0.3 处的函数值. 因为指数函数 $y=0.9^x$ 的底数是 0.9，满足 $0<0.9<1$，所以 $y=0.9^x$ 是 **R** 上的减函数，又因为指数 $-0.2>-0.3$，所以 $0.9^{-0.2}<0.9^{-0.3}$.

二、指数函数的实际应用举例

例 4.9 截至 1999 年底,我国人口约 12.5786 亿(数据来源于国家统计局《2002 年中国统计年鉴》).如果今后能将人口年平均增长率控制在 1%,那么经过 20 年,我国人口数约为多少?(单位:亿.精确到 0.0001)

分析 先考虑一年一年增长的情况,再从中发现规律,最后解决问题.

1999 年底　人口约为 12.5786 亿;

2000 年底　人口约为 $12.5786(1+1\%)$ 亿;

2001 年底　人口约为 $12.5786(1+1\%)(1+1\%)=12.5786(1+1\%)^2$ 亿;

2002 年底　人口约为 $12.5786(1+1\%)^2(1+1\%)=12.5786(1+1\%)^3$ 亿;

……

2019 年底　人口约为 $12.5786(1+1\%)^{20}$ 亿.

解 设经过 x 年,我国人口数为 y 亿,依题意得

$$y=12.5786(1+1\%)^x.$$

当 $x=20$ 时,$y=12.5786(1+1\%)^{20}$.

利用科学计算器可求得

$$y\approx 15.3483(亿).$$

答:在平均增长率控制在 1% 的假设下,经过 20 年,我国人口数约为 15.3483 亿.

> 一般地,如 $y=N(1+p)^x$ 等形如 $y=ka^x(a>0,$ 且 $a\neq 1,k\in \mathbf{R})$ 的函数称为指数型函数,这是生活实际中常见的和实用的函数模型.

例 4.10 家用电器(如冰箱等)使用的氟化物的释放破坏了大气上层的臭氧层.臭氧体积分数 Q 呈指数函数型变化,满足关系式 $Q=Q_0 0.9975^t$,其中 Q_0 是臭氧的初始量.

(1)计算经过 20,40,60,80,100 年,臭氧体积分数 Q;

(2)假设 $Q_0=1$,把(1)题的计算结果在直角坐标系中表示出来;

(3)试分析随着时间的增加,臭氧体积分数的变化情况.

解 (1)使用科学计算器可算得,经过 20,40,60,80,100 年,臭氧体积分数 Q 分别是

$$Q_0 0.9975^{20}\approx 0.9512Q_0,$$
$$Q_0 0.9975^{40}\approx 0.9047Q_0,$$
$$Q_0 0.9975^{60}\approx 0.8605Q_0,$$
$$Q_0 0.9975^{80}\approx 0.8185Q_0,$$
$$Q_0 0.9975^{100}\approx 0.7786Q_0.$$

(2)当 $Q_0=1$ 时,以(1)的计算结果描点作图,每隔 20 年臭氧体积分数 Q 的变化情况如图 4-4 所示.

(3)由 $Q=Q_0 0.9975^t$ 及实际意义知 Q_0 为正,而 $0<0.9975<1$,因此,Q 为 t 的减函数,即随着时间的增加,臭氧的体积分数逐渐减少.

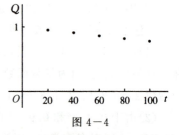

图 4-4

数学应用题的解题过程一般如下.

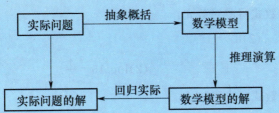

其中,关键是根据题意建立数学模型,将生活实际问题转化为数学问题.同时,要结合具体问题的实际意义确定函数的定义域.

第三节　对数与对数函数

一、对数的概念与计算

概念：一般地,如果 $a(a>0$,且 $a\neq 1)$ 的 x 次幂等于 N,即 $a^x = N$,那么数 x 叫做以 a 为底 N 的对数,记作

$$x = \log_a N.$$

其中 a 叫做对数的底数(简称底), N 叫做真数, $\log_a N$ 读作"以 a 为底 N 的对数".

讲解：

例如, $2^3 = 8$, 3 是以 2 为底 8 的对数,记作 $\log_2 8 = 3$;

$10^{-1} = 0.1$, -1 是以 10 为底 0.1 的对数,记作 $\log_{10} 0.1 = -1$;

$\left(\dfrac{1}{2}\right)^x = \dfrac{1}{4096}$, x 就是以 $\dfrac{1}{2}$ 为底 $\dfrac{1}{4096}$ 的对数,记作 $x = \log_{\frac{1}{2}} \dfrac{1}{4096}$.

我们把以 10 为底的对数叫做常用对数, N 的常用对数 $\log_{10} N$ 简记作 $\lg N$.例如, $\log_{10} 5$ 简记作 $\lg 5$.

e 是一个重要的常数,是无理数,它的值为 $2.71828\cdots$.科学技术中常以 e 作为对数的底数,以 e 为底的对数称为自然对数. N 的自然对数 $\log_e N$ 简记作 $\ln N$.例如, $\log_e 8$ 简记作 $\ln 8$.

这样,我们把 $a^b = N$ 叫做指数式, $\log_a N = b$ 叫做对数式.它们的关系如图 4-5 所示.

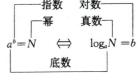

图 4-5

根据指数和对数的关系,我们可以知道：

① 零和负数没有对数.

② 因为 $a^0 = 1$,所以

$$\log_a 1 = 0;$$

因为 $a^1 = a$,所以

$$\log_a a = 1.$$

简称为"1 的对数是零,底数的对数是 1".

例如, $\lg 1 = 0$, $\ln 1 = 0$, $\lg 10 = 1$, $\ln e = 1$.

例题巩固

例 4.11 把下列指数式写成对数式:

(1) $5^4 = 625$;   (2) $8^{\frac{4}{3}} = 16$.

解 (1) $\log_5 625 = 4$;   (2) $\log_8 16 = \dfrac{4}{3}$.

例 4.12 把下列对数式写成指数式:

(1) $\log_3 243 = 5$;   (2) $\log_{\frac{1}{3}} \dfrac{1}{27} = 3$.

解 (1) $3^5 = 243$;   (2) $\left(\dfrac{1}{3}\right)^3 = \dfrac{1}{27}$.

例 4.13 求下列各式中真数 N 的值:

(1) $\lg N = -3$;   (2) $\log_8 N = \dfrac{2}{3}$.

解 (1) 根据对数的定义,得 $N = 10^{-3} = 0.001$;

(2) 根据对数的定义,得 $N = 8^{\frac{2}{3}} = (2^3)^{\frac{2}{3}} = 2^{3 \times \frac{2}{3}} = 4$.

例 4.14 求下列各式中对数 x 的值:

(1) $\log_9 27 = x$;   (2) $\log_4 4^5 = x$.

解 (1) 根据对数的定义,得

$$9^x = 27 \Rightarrow (3^2)^x = 3^3 \Rightarrow 3^{2x} = 3^3 \Rightarrow 2x = 3 \Rightarrow x = \dfrac{3}{2}.$$

即
$$\log_9 27 = \dfrac{3}{2};$$

(2) 根据对数的定义,得 $4^x = 4^5$,可得 $x = 5$,

即
$$\log_4 4^5 = 5.$$

二、积、商、幂的对数

两个正数的积、商、幂的对数运算性质:

①积的对数:两个正数的积的对数,等于同一底数的这两数的对数的和. 即

$$\log_a(MN) = \log_a M + \log_a N \,(a > 0, \text{且 } a \neq 1, M > 0, N > 0).$$

②商的对数:两个正数的商的对数,等于同一底数的被除数的对数减去除数的对数. 即

$$\log_a \dfrac{M}{N} = \log_a M - \log_a N \,(a > 0, \text{且 } a \neq 1, M > 0, N > 0).$$

③幂的对数:一个正数的幂的对数,等于幂指数乘以这个数的对数。即

$$\log_a M^a = a\log_a M \,(a > 0, \text{且 } a \neq 1, M > 0).$$

特别地,
$$\log_a a^b = b \,(a > 0, \text{且 } a \neq 1)$$

讲解:

我们以①为例进行证明.

设
$$\log_a M = p, \log_a N = q,$$

根据对数的定义,得

$$M = a^p, N = a^q;$$

所以
$$M \cdot N = a^p \cdot a^q = a^{p+q}.$$

把指数式化为对数式,得
$$\log_a(MN) = p + q = \log_a M + \log_a N.$$
请同学们尝试证明性质②和③,并与同学交流、讨论。

例题巩固

例 4.15 计算:
(1) $\log_3(9^3 \times 3^5)$；   (2) $\log_7 56 - \log_7 8$.

解 (1) $\log_3(9^3 \times 3^5) = \log_3 9^3 + \log_3 3^5 = \log_3 3^6 + \log_3 3^5 = 6 + 5 = 11$；

(2) $\log_7 56 - \log_7 8 = \log_7 \dfrac{56}{8} = \log_7 7 = 1$.

例 4.16 用 $\log_a x, \log_a y, \log_a z$ 表示下列各式:

(1) $\log_a(x^2 y z^3)$ (2) $\log_a \dfrac{x^2}{yz}$；   (3) $\log_a \dfrac{\sqrt{x}}{y^2 z}$

解 (1) $\log_a(x^2 y z^3) = \log_a x^2 + \log_a y + \log_a z^3 = 2\log_a x + \log_a y + 3\log_a z$；

(2) $\log_a \dfrac{x^2}{yz} = \log_a x^2 - \log_a(yz) = 2\log_a x - (\log_a y + \log_a z)$
$= 2\log_a x - \log_a y - \log_a z$；

(3) $\log_a \dfrac{\sqrt{x}}{y^2 z} = \log_a \sqrt{x} - \log_a(y^2 z) = \dfrac{1}{2}\log_a x - 2\log_a y - \log_a z$.

三、利用计算器求对数值

我们可以利用科学计算器求对数的值.

1. 常用对数

例 4.17 计算 lg1.2 的值.(精确到 0.0001)

解 首先将计算器的精确度设置为 0.0001,然后依次按下列各键:

计算器结果显示:

所以 lg1.2 ≈ 0.0792.

2. 自然对数

例 4.18 计算 ln73 的值.(精确到 0.0001)

解 在计算器的精确度设置为 0.0001 的状态下,依次按下列各键:

计算器结果显示:

所以 ln73 ≈ 4.2905.

3. 一般对数

科学计算器只能对常用对数和自然对数进行计算,要用科学计算器计算 $\log_a N = b$ 形式的对数,必须把它转化为求自然对数或常用对数.如何转化呢?

例 4.19 计算 $\log_2 3$ 的值.(精确到 0.0001)

解 设 $\log_2 3 = x$,写成指数式,得

$$2^x = 3. \qquad ①$$

由于两个相等正数的同底对数相等,所以对①式两边取常用对数,得

$$\lg 2^x = \lg 3 \Rightarrow x\lg 2 = \lg 3 \Rightarrow x = \frac{\lg 3}{\lg 2},$$

从而
$$\log_2 3 = \frac{\lg 3}{\lg 2}.$$

在精确度设置为 0.0001 的状态下,依次按下列各键:

计算器结果显示:

所以
$$\log_2 3 \approx 1.5850.$$

由此可以看出,只要把对数的底换成 10 或 e,就可以利用科学计算器求出值.
对数的底除了可以换成 10 或 e,还可以换成任意的不等于 1 的正数.

一般地,我们有对数的换底公式
$$\log_a N = \frac{\log_c N}{\log_c a}(a,c>0,\text{且 } a,c\neq 1, N>0).$$

特别地, $\log_a N = \frac{\lg N}{\lg a} = \frac{\ln N}{\ln a}$ $(a>0,\text{且 } a\neq 0, N>0)$.

例 4.20 计算 $2^{\log_2 3}$ 的值.

解 利用换底公式得

$$2^{\log_2 3} = 2^{(\lg 3 \div \lg 2)}.$$

依次按下列各键:

计算器结果显示:

所以
$$2^{\log_2 3} = 3.$$

一般地,有 $a^{\log_a N} = N (a>0, \text{且 } a \neq 1).$

四、对数函数的图像和性质

概念:一般地,形如
$$y = \log_a x \quad (a>0, \text{且 } a \neq 1)$$
的函数叫做对数函数.其中 x 是自变量,函数的定义域为 $(0, +\infty)$.

例如,$y = \log_2 x$,$y = \log_{\frac{1}{2}} x$,$y = \lg x$,$y = \ln x$ 都是对数函数.

例题巩固

例 4.21 作出对数函数 $y = \log_2 x$,$y = \log_{\frac{1}{2}} x$ 的图像.

解 第一步:计算部分数值并列表(见表 4-7).

表 4-7

x	$\cdots$	$\frac{1}{4}$	$\frac{1}{2}$	1	2	4	$\cdots$
$y=\log_2 x$	$\cdots$	-2	-1	0	1	2	$\cdots$
$y=\log_{\frac{1}{2}} x$	$\cdots$	2	1	0	-1	-2	$\cdots$

第二步:描点,并用光滑的曲线连接所描的点,画出它们的图像.如图 4-7 所示.

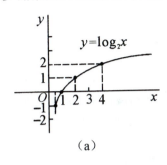
(a)

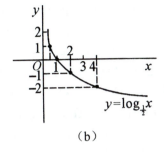
(b)

图 4-6

小锦囊

观察图 4-6,对数函数 $y=\log_a x(a>0,$ 且 $a\neq 1)$,在 $a>1$ 和 $0<a<1$ 这两种情况下的图像和性质可以总结如下,见表 4-8.

表 4-8

	$a>1$	$0<a<1$
图像	![y=log_a x (a>1)]	![y=log_a x (0<a<1)]
性质	①定义域:$(0,+\infty)$ ②值域:$\mathbf{R}$ ③过点$(1,0)$,即 $x=1$ 时,$y=0$ ④是$(0,+\infty)$上的增函数 ⑤当 $0<x<1$ 时,$y<0$; $x>1$ 时,$y>0$	①定义域:$(0,+\infty)$ ②值域:$\mathbf{R}$ ③过点$(1,0)$,即 $x=1$ 时,$y=0$ ④是$(0,+\infty)$上的减函数 ⑤当 $0<x<1$ 时,$y>0$; $x>1$ 时,$y<0$

例题巩固

例 4.22 已知对数函数 $f(x)=\log_a x(a>0,$ 且 $a\neq 1)$ 的图像过点$(9,2)$,求 $f(3)$,$f(1)$,$f\left(\dfrac{1}{27}\right)$ 的值。

解 函数的图像过点$(9,2)$,即 $x=9$ 时,$f(x)=2$.

代入 $f(x)=\log_a x$,得
$$2=\log_a 9.$$
于是 $\quad a^2=9=3^2 \Rightarrow a=3,$
从而 $\quad f(x)=\log_3 x.$

所以 $f(3)=\log_3 3=1, f(1)=\log_3 1=0, f\left(\dfrac{1}{27}\right)=\log_3 \dfrac{1}{27}=\log_3 3^{-3}=-3.$

例 4.23 比较下列各组中两个数值的大小：
(1) $\log_2 5.3$ 与 $\log_2 4.7$； (2) $\log_{0.2} 7$ 与 $\log_{0.2} 9$；
(3) $\log_a 3.1$ 与 $\log_a 5.2(a>0,$且 $a\neq 1).$

分析 题中所给的对数可以看做是对数函数 $y=\log_a x$ 当 $x=5.3, 4.7, 7, 9, 3.1, 5.2$ 时对应的函数值,从而可根据底数 a 的不同情况,利用对数函数的增减性来比较它们的大小.

解 (1) 考查对数函数 $y=\log_2 x$,因为 $a=2>1$,所以对数函数 $y=\log_2 x$ 是增函数.
又 $5.3>4.7$,所以 $\log_2 5.3 > \log_2 4.7.$
(2) 考查对数函数 $y=\log_{0.2} x$,因为 $a=0.2<1$,所以对数函数 $y=\log_{0.2} x$ 是减函数.
又 $7<9$,所以 $\log_{0.2} 7 > \log_{0.2} 9$；
(3) 考查对数函数 $y=\log_a x(a>0,$且 $a\neq 1).$ 对数函数的单调性取决于其底数 a 与 1 的大小,故需要对底数 a 进行讨论.
当 $a>1$ 时,对数函数 $y=\log_a x$ 在 $(0,+\infty)$ 内是增函数.
因为 $3.1<5.2$,所以 $\log_a 3.1 < \log_a 5.2$；
当 $0<a<1$ 时,对数函数 $y=\log_a x$ 在 $(0,+\infty)$ 内是减函数.
因为 $3.1<5.2$,所以 $\log_a 3.1 > \log_a 5.2.$

> 当对数的底数 a 是字母时,要分成 $0<a<1$ 和 $a>1$ 两种情况进行讨论.

五、对数函数的实际应用举例

对数是重要的数学工具,在科学、经济、社会等方面都有着广泛的应用.

例 4.24 某君原有存款 a 元,计划从工作后的第一年开始以每年 20% 的增长率递增存款,那么,从哪一年开始存款数额会超过 $4a$ 元？

解 设第 x 年的存款数额会超过 $4a$ 元,则第 x 年他应该存款
$$y=a(1+20\%)^x.$$
依题意,得 $\quad a(1+20\%)^x=4a \Rightarrow 1.2^x=4.$
两边取常用对数,得 $\quad x\lg 1.2=\lg 4,$
利用科学计算器求得 $\quad x=\dfrac{\lg 4}{\lg 1.2}\approx 7.6035.$

答：从第 8 年开始他的存款数额会超过 $4a$ 元.

例 4.25 2008 年奥运圣火在珠峰传递过程中,中国登山队员面对低压缺氧对身体的挑战,克服了种种艰难险阻,终于在 5 月 8 日高举圣火成功登上世界最高峰——珠穆朗玛峰. 已知海拔高度 $y(\mathrm{m})$ 与大气压强 $x(\mathrm{Pa})$ 之间的关系可用函数
$$y=k\ln x+c$$
近似描述,其中,c,k 可看成常量. 又知登顶过程中,海平面的大气压强为 $1.013\times 10^5 \mathrm{Pa}$,北坳

营地海拔 7028m,大气压强约为 $0.421×10^5$Pa. 问:

(1)当大气压强为 $0.381×10^5$Pa 时,海拔高度是多少?

(2)珠峰峰顶的海拔高度为 8844.43m,大气压强为多少?

解 海平面的高度为 0. 将
$$x_1 = 1.013×10^5, y_1 = 0,$$
$$x_2 = 0.421×10^5, y_2 = 7028$$

分别代入函数关系式 $y = k\ln x + c$,解得
$$k ≈ -8004.556, c ≈ 92259.245.$$

于是,大气压强与海拔高度的关系式近似为
$$y = -8004.556\ln x + 92259.245. \qquad ①$$

(1)当 $x = 0.381×10^5$ 时,
$$y = -8004.556 × \ln(0.381×10^5) + 92259.245$$
$$≈ 7827.432(\text{m}).$$

(2)把 $y = 8844.43$ 代入①式,
$$8844.43 = -8004.556\ln x + 92259.245,$$
$$\ln x = 10.421 \Rightarrow x = e^{10.421} ≈ 33556.974 ≈ 0.336×10^5(\text{Pa}).$$

答:当大气压强为 $0.381×10^5$Pa 时,海拔高度约为 7827.432m;珠峰峰顶的大气压强约为 $0.336×10^5$Pa,即约为海平面大气压强的 $\dfrac{1}{3}$.

1. 填空题:

$10^{-1} = $ _____,$0.1^{-1} = $ _____,$10^{-2} = $ _____,$0.1^2 = $ _____,

$2^{-1} = $ _____,$\left(\dfrac{2}{3}\right)^{-3} = $ _____,$\left(\dfrac{3}{4}\right)^{-2} = $ _____,$\left(\dfrac{4}{9}\right)^{-1} = $ _____.

2. 计算:

(1) $4^{-\frac{1}{2}}, 8^{-\frac{1}{2}}, 16^{\frac{3}{4}}, 27^{\frac{2}{3}}, \left(\dfrac{1}{25}\right)^{-\frac{1}{2}}, \left(\dfrac{1}{100}\right)^{-\frac{3}{2}}$;

(2) $\left(\dfrac{2}{3}\right)^{-1}, 100^{-\frac{1}{2}}, 0.001^{-\frac{1}{3}}, 8^{\frac{2}{3}}$.

3. 用分数指数幂表示下列根式(式中字母均为正实数):

(1) $\sqrt[4]{6}$;   (2) $\sqrt[5]{7^3}$;

(3) $\dfrac{1}{\sqrt[4]{3^3}}$;   (4) $\sqrt[3]{5^{-2}}$;

(5) $\sqrt{2\sqrt{2}}$;   (6) $\sqrt[3]{\dfrac{1}{a}}$;

(7) $\sqrt[4]{(a+b)^3}$.

4. 计算或化简:

(1) $27^{\frac{2}{3}}$;   (2) $32^{-\frac{3}{5}}$;

(3) $\left(6\dfrac{1}{4}\right)^{-\frac{1}{2}}$;   (4) $\left(2\dfrac{1}{4}\right)^{-\frac{1}{2}}$;

(5) $\left(6\dfrac{1}{4}\right)^{\frac{3}{2}}$;   (6) $\left(3\dfrac{3}{8}\right)^{-\frac{1}{3}}$;   (7) $\left(2\dfrac{10}{27}\right)^{\frac{2}{3}}$.

5. 设 $a>0, b>0$, 化简式子 $(a^3 b^{-3})^{\frac{1}{2}} \cdot (a^{-2} b^2)^{\frac{1}{3}} \cdot (ab^5)^{\frac{1}{6}}$ 的结果是(　　).

A. a B. $(ab)^{-1}$ C. ab^{-1} D. a^{-1}

6. 计算(式中字母均为正实数):

(1) $(5^{-2})^{-1}$;   (2) $(2x^3)^2 \cdot (3x^4)^3$;   (3) $(3^{\sqrt{3}-1})^{\sqrt{3}+1}$.

7. 计算:

(1) $(0.0081)^4$;   (2) $10 \times 0.027^{\frac{1}{3}}$;

(3) $\left[81^{-0.25} + \left(3\dfrac{3}{8}\right)^{-\frac{1}{3}}\right]^{-\frac{1}{2}}$;   (4) $\left[3 \times \left(\dfrac{5}{8}\right)^2\right]^{-2}$.

8. 用科学计算器计算:(精确到 0.01)

(1) $313^{\frac{2}{3}}$;   (2) $3.15^{-\frac{2}{3}}$;   (3) $0.65^{-2.1}$;   (4) $3^{\frac{1}{2}} \times 81^{\frac{1}{3}} \times 27^{\frac{1}{4}}$.

9. 函数 $y = \left(\dfrac{1}{a}\right)^x$ ($a>0$, 且 $a \neq 1$) 的图像必经过点(　　).

A. $(0,1)$ B. $(1,1)$ C. $(1,0)$ D. $(0,0)$

10. 利用指数函数的性质比较下列各题中两个数的大小, 并用科学计算器进行验证.

(1) $1.2^{0.3}$ 与 $1.2^{0.5}$;   (2) $\left(\dfrac{5}{7}\right)^3$ 与 $\left(\dfrac{5}{7}\right)^5$;

(3) $\left(-\dfrac{2}{3}\right)^4$ 与 $\left(\dfrac{2}{3}\right)^6$;   (4) 0.8^5 与 $\left(\dfrac{3}{2}\right)^2$.

11. 已知指数函数 $f(x) = a^x$ ($a>0$, 且 $a \neq 1$) 的图像过点 $(4, 64)$.

(1) 求函数的解析式;   (2) 画出函数的图像;

(3) 指出函数的单调区间;   (4) 判断函数的奇偶性;

(5) 求 $f(0), f(1), f\left(-\dfrac{1}{2}\right), f\left(\dfrac{3}{2}\right)$ 的值. (若结果是小数,则精确到 0.001)

12. 某工厂年产值为 a 万元, 计划从今年起年产值平均增长率为 25%. 写出年产值随年数变化的函数关系式, 并求经过 6 年产值是原来的多少倍(取整数).

13. 某产品的成本原来为 a 元, 经过技术革新后, 计划今后成本每年比上一年降低 $p\%$, 写出成本随年数变化的函数关系式.

14. 一种按复利计算的储蓄, 设本金为 a 元, 年利率为 r, 本利和为 y 元, 存期为 x 年. 写出本利和 y 随存期 x 变化的函数关系式. 如果存入本金 2000 元, 年利率为 2.25%, 求存满 4 年的本利和是多少.

15. 已知幂函数 $y = f(x)$ 的图像经过点 $(3, 27)$.

(1) 求这个函数的解析式;   (2) 画出函数的图像;

(3) 指出函数的单调性;   (4) 判断函数的奇偶性;

(5) 求 $f(-2), f(0.25), f(2)$ 的值.

16. 比较下列各组中两个数值的大小:

(1) $0.61^{1.3}$ 与 $0.7^{1.3}$;   (2) $0.18^{-0.3}$ 与 $0.15^{-0.3}$.

17. 把下列指数式写成对数式:

(1) $3^6 = 729$;   (2) $2^{10} = 1024$;

(3)$\left(\dfrac{27}{8}\right)^{\frac{1}{3}}=\dfrac{9}{4}$; (4)$64^{-\frac{1}{3}}=\dfrac{1}{4}$.

18. 把下列对数式写成指数式：

(1)$\log_2 512=9$; (2)$\log_{25}125=\dfrac{3}{2}$;

(3)$\lg 0.0001=-4$; (4)$\log_{\frac{1}{3}}4.2=m$.

19. 求下列各式中真数 N 的值：

(1)$\log_2 N=5$; (2)$\log_{\frac{1}{2}}N=-3$; (3)$\log_{10}N=-2$;

(4)$\log_9 N=3$; (5)$\log_{32}N=\dfrac{4}{5}$; (6)$\log_{36}N=-\dfrac{3}{2}$.

20. 求下列各对数的值($a>0$,且 $a\ne 1$)：

(1)$\lg 1000$; (2)$\log_9 \dfrac{1}{81}$; (3)$\log_{0.4}1$;

(4)$\log_{3.3}3.3$; (5)$\log_a a^5$; (6)$\log_a a^{-3}$;

(7)$\log_a \dfrac{1}{a}$; (8)$\log_5(25\times 5^3)$.

21. 填空题

$\lg 100=$ _____ ,$\lg 1000=$ _____ ,$\lg 0.1=$ _____ ,$\lg 0.01=$ _____ ,

$\log_2 4=$ _____ ,$\log_3 9=$ _____ ,$\log_2 \dfrac{1}{8}=$ _____ ,$\log_3 \dfrac{1}{9}=$ _____ ,

$\log_2 4-\log_2 8=$ _____ ,$\lg 2+\lg 5=$ _____ .

22. 计算：

(1)$\log_3(27\times 9^2)$; (2)$\lg 100^2$; (3)$\lg 0.00001$; (4)$\log_7 \sqrt[3]{49}$.

23. 用 $\lg x,\lg y,\lg z$ 表示下列各式：

(1)$\lg(x^2 yz^3)$; (2)$\lg(xy^{-\frac{1}{3}}z^{\frac{3}{2}})$; (3)$\lg \dfrac{x^2}{y^3\sqrt{z}}$.

24. 求下列各式的值：

(1)$\ln e^{-2}$ (2)$\log_3 36-\log_3 4$; (3)$\lg 5+\lg 20$;

(4)$\log_7 8+\log_7 \dfrac{1}{8}$; (5)$\log_6 \sqrt{216}$; (6)$\log_{0.5}1-\log_{0.5}4$.

25. 计算：(若结果为小数,则精确到 0.0001)

(1)$\log_2 3$; (2)$\log_2 4$; (3)$\log_2 2^3$;

(4)$\log_3 9$; (5)$\log_2 \dfrac{4}{3}$; (6)$12^{\log_{12}12}$.

26. 计算下列各式,验证 $\log_a a=1(a>0$,且 $a\ne 1)$,即"底数的对数等于1"的结论.

(1)$\log_3 3$; (2)$\log_4 4$; (3)$\log_{0.5}0.5$; (4)$\log_{\frac{4}{3}}\dfrac{4}{3}$.

27. 比较下列各题中两个数的大小：

(1)$\lg 6$ 与 $\lg 8$; (2)$\log_{0.3}5$ 与 $\log_{0.3}7$;

(3)$\log_a 2.5$ 与 $\log_a 3.8(a>0$,且 $a\ne 1)$.

28. 已知对数函数 $f(x)=\log_a x(a>0$,且 $a\ne 1)$ 的图像过点 $(9,-2)$.

(1)求函数的解析式； (2)画出函数的图像；

(3)指出函数的单调区间；　　(4)判断函数的奇偶性；

(5)求 $f(1), f\left(\dfrac{1}{27}\right), f\left(\dfrac{3}{2}\right)$ 的值(若结果是小数,则精确到 0.001).

29.一片树林中现有木材 30000m³,如果每年增长 5%,经过 x 年树林中有木材 y m³,写出 x,y 间的函数关系式,并求约经过多少年,木材可以增加到 40000m³.(精确到年)

30.用清水漂洗衣服,若每次能洗去污垢的 $\dfrac{3}{4}$,写出存留污垢 y 与漂洗次数 x 的函数关系式,若要使存留的污垢不超过原有的 $\dfrac{1}{64}$,则至少要漂洗几次?

31.我们知道,候鸟每年秋天都要从北方飞向南方过冬.假如某种候鸟的飞行速度 y(m/s)可以表示为函数 $y=5\log_2 \dfrac{x}{10}$,其中 x 表示这种候鸟的耗氧量的单位数.

(1)计算当一只这种候鸟的飞行速度为 15m/s 时,它的耗氧量是多少单位;

(2)当一只这种候鸟的耗氧量是 40 个单位时,它的飞行速度是多少?

三角函数

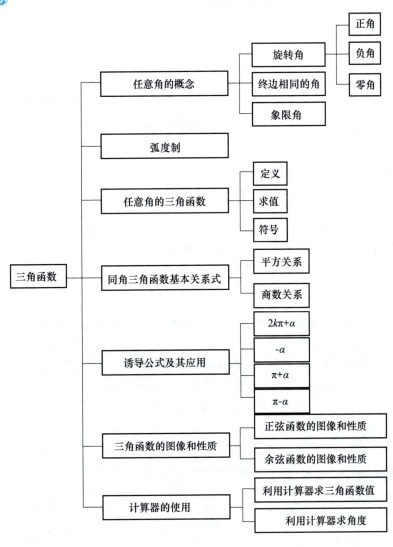

第一节 角的概念推广

一、任意角的概念

概念： 如图 5-1(a)所示，一条射线由位置 OA，绕着它的端点 O，按逆时针（或顺时针）方向旋转到另一位置 OB 形成的图形叫做角．旋转开始位置的射线 OA 叫做角的始边，终止位置的射线 OB 叫做角的终边，端点 O 叫做角的顶点．

讲解：

按逆时针方向旋转所形成的角叫做正角（如图 5-1(b)所示），按顺时针方向旋转所形成的角叫做负角（如图 5-1(c)所示）．当射线没有做任何旋转时，也认为形成了一个角，这个角 α 叫做零角．

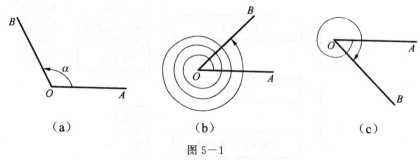

图 5-1

角的概念推广后，角可以是任意大小的正角、负角或零角．

以前使用角的顶点或顶点与边的字母表示角，如图 5-1(a)所示，将角记为"$\angle O$"或"$\angle AOB$"．目前经常使用小写希腊字母 $\alpha, \beta, \gamma, \cdots$ 来表示角．

为了研究的方便，经常在平面直角坐标系中研究角．将角的顶点与坐标原点重合，始边与 x 轴的正半轴重合．

此时，角的终边在第几象限，就把这个角叫做第几象限的角，或者说这个角在第几象限．

如图 5-2 所示，$30°,390°,-330°$ 角都是第一象限的角，$120°$ 角是第二象限的角，$-120°$ 角是第三象限的角，$-60°,300°$ 角都是第四象限的角．

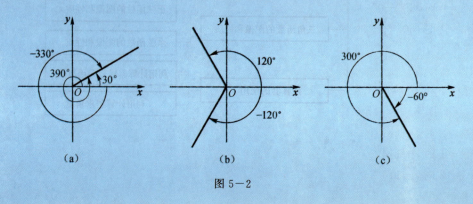

图 5-2

终边在坐标轴上的角 α 叫做界限角,例如,$0°$,$90°$,$180°$,$270°$,$360°$,$-90°$,$-270°$角都是界限角.

二、终边相同的角

概念:一般地,与角 α 终边相同的角(包括角 α 在内)都可以写成 $\alpha+k\cdot 360°(k\in\mathbf{Z})$ 的形式.可见与角 α 终边相同的角有无限多个,它们所组成的集合为

$$\{\beta|\beta=\alpha+k\cdot 360°,k\in\mathbf{Z}\} \tag{5.1}$$

讲解:

用图钉连接两根硬纸条,将其中一根固定在 OA 的位置,将另一根先转动到 OB 的位置(如图 5—3 所示),然后再按照顺时针方向或逆时针方向转动,观察木条重复转到 OB 的位置时所形成角的特征.

从图 5—2(1)可以看出,$390°$、$-330°$ 角都与 $30°$ 角的终边相同. $390°$ 与 $-330°$ 可以分别写成

$$390°=30°+1\times 360°;$$
$$-330°=30°+(-1)\times 360°.$$

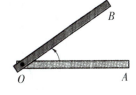

图 5—3

即 $390°$,$-330°$ 都可以表示成 $30°$ 与 $360°$ 的整数倍的和.它们是角的始边绕坐标原点旋转到 $30°$ 角的终边位置后,分别继续按逆时针或顺时针方向再旋转一周所形成的角.显然,这三个角的终边相同,叫做终边相同的角.与 $30°$ 角终边相同的角还有:

$$750°=30°+2\times 360°; \quad -690°=30°+(-2)\times 360°;$$
$$1110°=30°+3\times 360°; \quad -1050°=30°+(-3)\times 360°.$$

所有与 $30°$ 角终边相同的角(包括 $30°$ 角)都可以表示为 $30°$ 与 $360°$ 的整数倍的和,即都可以写成 $30°+k\cdot 360°(k\in\mathbf{Z})$ 的形式.因此,与 $30°$ 角终边相同的角的集合为

$$\{\beta|\beta=30°+k\cdot 360°,k\in\mathbf{Z}\}$$

例题巩固

例 5.1 写出与下列各角终边相同的角的集合,并把其中在 $-360°\sim 720°$ 范围内的角写出来:

(1) $60°$;   (2) $-114°26'$.

解 (1) 与 $60°$ 角终边相同的角的集合是

$$\{\beta|\beta=60°+k\cdot 360°,k\in\mathbf{Z}\}.$$

当 $k=-1$ 时,$60°+(-1)\times 360°=-300°$;

当 $k=0$ 时,$60°+0\times 360°=60°$;

当 $k=1$ 时,$60°+1\times 360°=420°$.

所以在 $-360°\sim 720°$ 范围内与 $60°$ 角终边相同的角为 $-300°$,$60°$ 和 $420°$(如图 5—4 所示).

(2) 与 $-114°26'$ 角终边相同的角的集合是

$$\{\beta|\beta=-114°26'+k\cdot 360°,k\in\mathbf{Z}\}.$$

当 $k=0$ 时,$-114°26'+0\times 360°=-114°26'$;

当 $k=1$ 时,$-114°26'+1\times 360°=245°34'$;

当 $k=2$ 时,$-114°26'+2\times 360°=605°34'$.

所以在 $-360°\sim 720°$ 范围内与 $-114°26'$ 角终边相同的角为 $-114°26'$、$245°34'$ 和 $605°34'$

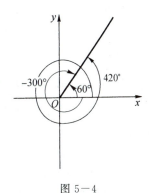

图 5—4

(如图5-5所示).

例 5.2 写出终边在 y 轴上的角的集合.

解 如图5-6所示,在 $0°\sim 360°$ 范围内,终边在 y 轴正半轴上的角为 $90°$,终边在 y 轴负半轴上的角为 $270°$,因此,终边在 y 轴正半轴、负半轴上的所有角分别是

$$90°+k\cdot 360°=90°+2k\cdot 180° \qquad ①$$
$$270°+k\cdot 360°=90°+(2k+1)\cdot 180° \qquad ②$$

其中 $k\in \mathbf{Z}$.

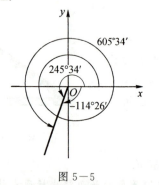

图 5-5

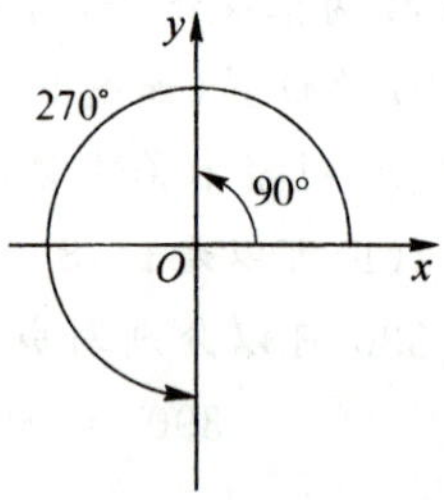

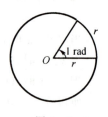

图 5-6

①式等号右边表示 $180°$ 的偶数倍再加上 $90°$;②式等号右边表示 $180°$ 的奇数倍再加上 $90°$. 偶数和奇数合并在一起正好是整数,故可以将它们合并为 $180°$ 的整数倍再加上 $90°$.

终边在 y 轴上的角的集合是

$$\{\beta|\beta=90°+n\cdot 180°, n\in \mathbf{Z}\}.$$

当 n 取偶数时,角的终边在 y 轴正半轴上;当 n 取奇数时,角的终边在 y 轴负半轴上.

第二节 弧度制

一、弧度制

概念:在数学和科学研究中,经常使用另一种方法来度量角.把等于半径长的圆弧所对的圆心角(如图5-7所示)叫做1弧度的角,记作1弧度或1rad. 以弧度为单位来度量角的单位制叫做弧度制.

讲解:

我们知道,将圆周的 $\dfrac{1}{360}$ 所对的圆心角叫做 $1°$ 角,记作 $1°$,$1°$ 等于 60 分 ($1°=60'$),1 分等于 60 秒 ($1'=60''$). 以度为单位来度量角的单位制叫做角度制.

图 5-7

因为度、分、秒采用的是60进位制,所以在角度制下,计算两个角的加、减运算时,经常会带来单位换算上的麻烦. 那么我们就可以用弧度制来进行。

若圆的半径为 r,则长为 $2r$ 的圆弧所对的圆心角为 2rad(如图5-8所示).

规定:正角的弧度为正数,负角的弧度为负数,零角的弧度为零.

由定义可以知道,当角 α 用弧度表示时,其绝对值等于圆弧长 l 与半径 r 的比,即

$$|\alpha| = \frac{l}{r} (\text{rad}) \quad (5.2)$$

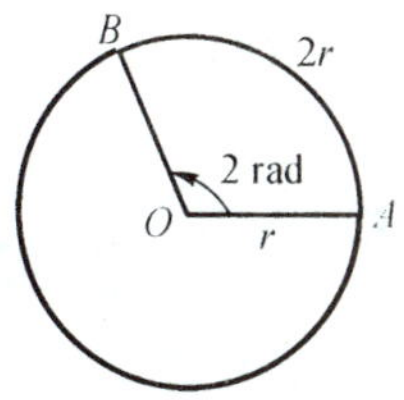

图 5-8

半径为 r 的圆的周长为 $2\pi r$,故周角的弧度为

$$\frac{2\pi r}{r}(\text{rad}) = 2\pi(\text{rad})$$

由此得到两种单位制之间的换算关系:

$$360° = 2\pi(\text{rad})$$

即

$$180° = \pi(\text{rad})$$

小锦囊

角度与弧度的换算公式为

$$1° = \frac{\pi}{180}(\text{rad}) \approx 0.01745(\text{rad}) \quad (5.3)$$

$$1(\text{rad}) = \left(\frac{180}{\pi}\right)° \approx 57.3° = 57°18' \quad (5.4)$$

用弧度制表示角的大小时,在不至于产生误解的情况下,通常可以省略单位"弧度"或"rad"的书写. 例如,$1(\text{rad}), 2(\text{rad}), \frac{\pi}{2}(\text{rad})$,可以分别写作 $1, 2, \frac{\pi}{2}$.

表 5-1 给出了一些特殊角的弧度与角度之间的换算.

表 5-1

度	0°	30°	45°	60°	90°	180°	270°	360°
弧度	0	$\frac{\pi}{6}$	$\frac{\pi}{4}$	$\frac{\pi}{3}$	$\frac{\pi}{2}$	π	$\frac{3\pi}{2}$	2π

采用弧度制以后,每一个角都对应唯一的一个实数;反之,每一个实数都对应唯一的一个角. 这样,角与实数之间就建立了一一对应关系.

例题巩固

例 5.3 把下列各角由角度换算为弧度:

(1) 15°;   (2) 8°30′;   (3) −100°.

解 (1) $15° = 15 \times \frac{\pi}{180} = \frac{\pi}{12}$;

(2) $8°30' = 8.5° = 8.5 \times \frac{\pi}{180} = \frac{17\pi}{360}$;

(3) $-100° = -100 \times \frac{\pi}{180} = -\frac{5\pi}{9}$.

例 5.4 把下列各角由弧度换算为角度:

(1) $\frac{3\pi}{5}$;   (2) 2.1;   (3) −3.5.

解 (1) $\frac{3\pi}{5} = \frac{3\pi}{5} \times \left(\frac{180}{\pi}\right)° = 108°$;

(2) $2.1 = 2.1 \times \left(\frac{180}{\pi}\right)° = \left(\frac{378}{\pi}\right)°$;

(3) $-3.5 = -3.5 \times \left(\dfrac{180}{\pi}\right)° = -\left(\dfrac{630}{\pi}\right)°.$

知识库

使用计算器进行三角计算

利用 CASIOfx-82ES PLUS 计算器进行三角计算时,除了要设定计算状态与精确度之外,还要设定角度计算模式或弧度计算模式.步骤为按键 SHIFT → 按键 MODE,继续按键 3 选择角度制,按键 4 选择弧度制.

角度单位的输入使用 °'" 键,如输入 5°2′3″ 时,依次按键 5, °'", 2, °'", 3, °'".

利用 °'" 键,还可以进行度与度、分、秒的换算.如前面输入 5°2′3″ 按键 =,显示 5°2′3″,再按 °'" 键,显示 5.0342,表示 5.0342°,再按 °'" 键,又显示 5°2′3″.

利用 Ans 键可以非常方便地进行角度制与弧度制的换算.

由角度换算成弧度时,首先将计算器设为弧度状态,设置精确度,并输入角度,然后依次按键 SHIFT, Ans, 1, =.如输入 55°18′46″,依步骤可换算为 0.9654 弧度(精确度设为 0.0001).

将弧度换算成角度时,首先将计算器设为角度状态,设置精确度,并输入弧度,然后依次按键 SHIFT, Ans, 2, =.如输入 $\dfrac{3\pi}{5}$,依步骤可换算为 108°.

二、应用举例

例题巩固

例 5.5 某机械采用带传动,由发动机的主动轴带着工作机的从动轮转动(如图 5-9 所示).设主动轮 A 的直径为 100mm,从动轮 B 的直径为 280mm.问主动轮 A 旋转 360°,从动轮 B 旋转的角是多少?(精确到 1′)

图 5-9

分析 假设传动带是紧绷在主动轮和从动轮上的,之间没有滑动.因此,在传动过程中,相同时间内主动轮与从动轮所转过的弧长是相等的,主动轮与从动轮之间联系的"纽带"就是传动带.所以,需要首先求出主动轮旋转 360° 时传动带转过的长度.这就需要应用公式(5.2).

解 主动轮 A 旋转 360° 就是一周,所以,传动带转过的长度为

$$\pi \times 100 = 100\pi \text{(mm)}.$$

再考虑从动轮,传动带紧贴着从动轮 B 转过 100π mm 的长度,那么,应用公式(5.2),从动轮 B 转过的角就等于

$$\dfrac{100\pi}{140} = \dfrac{5}{7}\pi = 128°34′.$$

答:主动轮旋转 360°,从动轮旋转 $\dfrac{5}{7}\pi$,用角度表示约为 128°34′.

例 5.6 求如图 5-10 所示的公路弯道部分 $\overset{\frown}{AB}$ 的长 l(单位 m,精确到 0.1m).

分析 由公式(5.2),可以得到 $l = |\alpha|r$.这样只要知道圆心角(用弧度表示)和半径,就可

以方便地求出弧长.

解 $60°$ 换算为 $\dfrac{\pi}{3}$ 弧度,因此

$$l=|\alpha|r=\dfrac{\pi}{3}\times 45\approx 3.142\times 15\approx 47.1\text{(m)}.$$

答:弯道部分 $\overset{\frown}{AB}$ 的长 l 约为 47.1m.

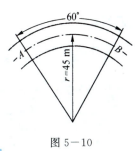

图 5－10

第三节 任意角的正弦函数、余弦函数和正切函数

一、任意角的正弦函数、余弦函数和正切函数

概念:一般地,设 α 是平面直角坐标系中的一个任意角,点 $P(x,y)$ 为角 α 终边上的任意一点,点 P 到原点的距离为 $r=\sqrt{x^2+y^2}>0$(如图 5－11 所示),那么角 α 的正弦、余弦、正切分别定义为

$$\sin\alpha=\dfrac{y}{r};\quad \cos\alpha=\dfrac{x}{r};\quad \tan\alpha=\dfrac{y}{x}. \qquad (5.5)$$

对每一个确定的 α 值,其正弦、余弦及正切(当 $x\ne 0$ 时)都分别对应一个确定的比值.因此,正弦、余弦及正切都是以 α 为变量的函数,分别叫做正弦函数、余弦函数及正切函数,它们都是三角函数.

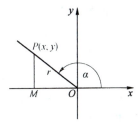

图 5－11

讲解:

在初中,我们学习了锐角三角函数,它们是在直角三角形中定义的.如图 5－12 所示,在直角 $\triangle ABC$ 中,定义

$$\sin\alpha=\dfrac{a}{c}=\dfrac{\text{角}\alpha\text{的对边}}{\text{角}\alpha\text{的斜边}},\quad \cos\alpha=\dfrac{b}{c}=\dfrac{\text{角}\alpha\text{的邻边}}{\text{角}\alpha\text{的斜边}},$$

$$\tan\alpha=\dfrac{a}{b}=\dfrac{\text{角}\alpha\text{的对边}}{\text{角}\alpha\text{的邻边}}.$$

将直角 $\triangle ABC$ 放在直角坐标系中,使得点 A 与坐标原点重合,AC 边在 x 轴的正半轴上(如图 5－13 所示).设点 P(即顶点 B)的坐标为 (x,y),r 为角终边上的点 P 到坐标原点的距离,则 $r=\sqrt{x^2+y^2}$,上面的三角函数定义可以写作

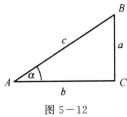

图 5－12

图 5－13

$$\sin\alpha=\dfrac{y}{r},\quad \cos\alpha=\dfrac{x}{r},\quad \tan\alpha=\dfrac{y}{x}.$$

从图 5－13 可以看出,当角 α 的终边在 y 轴上时,$\alpha=\dfrac{\pi}{2}+k\pi(k\in\mathbf{Z})$,终边上任意一点的横坐标 x 的值都等于 0,此时 $\tan\alpha=\dfrac{y}{x}$ 无意义.除此以外,对于每一个确定的角 α,三个函数都有意义.

正弦函数、余弦函数和正切函数的定义域见表5－2.

表 5－2

三角函数	定义域
$\sin\alpha$	$\mathbf{R}$
$\cos\alpha$	$\mathbf{R}$
$\tan\alpha$	$\{\alpha \mid \alpha \neq \frac{\pi}{2}+k\pi, k \in \mathbf{Z}\}$

在弧度制下，α 的度量值是一个实数，因此，三角函数是以实数为自变量的函数.

例题巩固

例 5.7 已知角 α 的终边经过点 $P(2,-3)$（如图 5－14 所示），求角 α 的正弦、余弦、正切值.

分析 已知角 α 终边上一点 P 的坐标，求角 α 的某个三角函数值时，首先要根据关系式 $r=\sqrt{x^2+y^2}$，求出点 P 到坐标原点的距离 r，然后根据三角函数的定义进行计算.

解 因为 $x=2, y=-3$，所以 $r=\sqrt{2^2+(-3)^2}=\sqrt{13}$，因此

$$\sin\alpha=\frac{y}{r}=\frac{-3}{\sqrt{13}}=-\frac{3\sqrt{13}}{13}, \cos\alpha=\frac{x}{r}=\frac{2}{\sqrt{13}}=\frac{2\sqrt{13}}{13},$$

$$\tan\alpha=\frac{y}{x}=-\frac{3}{2}.$$

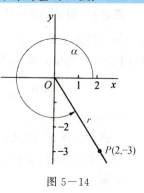

图 5－14

二、各象限角的三角函数值的正负号

原理：由于 $r>0$，所以三角函数值的正负号由终边上点 P 的坐标来决定，将点 $P(x,y)$ 的坐标与各象限角的三角函数值的正负号列于表 5－3 中。

表 5－3

α 所在的象限	点 P 的坐标		$\sin\alpha=\frac{y}{r}$	$\cos\alpha=\frac{x}{r}$	$\tan\alpha=\frac{y}{x}$
	x	y			
第一象限	＋	＋	＋	＋	＋
第二象限	－	＋	＋	－	－
第三象限	－	－	－	－	＋
第四象限	＋	－	－	＋	－

为了便于记忆，我们将 $\sin\alpha, \cos\alpha, \tan\alpha$ 的正负号标在各象限内，如图 5－15 所示.

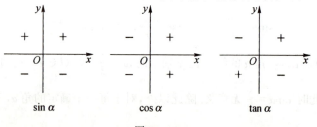

图 5－15

例题巩固

例 5.8 判断下列角的各三角函数值的正负号:

(1) $4327°$; (2) $\dfrac{27\pi}{5}$.

分析 判断任意角三角函数值的正负号时,首先要判断角所在的象限.

解 (1) 因为 $4327° = 7° + 12 \times 360°$,所以 $4327°$ 角为第一象限的角,故 $\sin 4327° > 0, \cos 4327° > 0, \tan 4327° > 0$.

(2) 因为 $\dfrac{27\pi}{5} = 2 \times 2\pi + \dfrac{7\pi}{5}$,所以 $\dfrac{27\pi}{5}$ 角为第三象限的角,故 $\sin\dfrac{27\pi}{5} < 0, \cos\dfrac{27\pi}{5} < 0, \tan\dfrac{27\pi}{5} > 0$.

例 5.9 根据 $\sin\theta < 0$ 且 $\tan\theta < 0$,确定 θ 是第几象限的角.

分析 分别由条件 $\sin\theta < 0$ 和条件 $\tan\theta < 0$ 确定角 θ 的取值范围,然后取公共部分.

解 由 $\sin\theta < 0$ 知,θ 可能是第三象限的角、第四象限的角或终边在 y 轴的负半轴上的界限角;由 $\tan\theta < 0$ 知,θ 可能是第二象限的角或第四象限的角. 所以,θ 为第四象限的角.

三、界限角的三角函数值

原理:由于零角的终边与 x 轴的正半轴重合,并且 r 为点 P 到原点的距离,所以对于角终边上的任意点 $P(x,y)$ 都有 $r=x, y=0$. 因此,利用三角函数的定义,有

$$\sin 0 = \dfrac{y}{r} = \dfrac{0}{r} = 0, \cos 0 = \dfrac{x}{r} = \dfrac{r}{r} = 1, \tan 0 = \dfrac{y}{x} = \dfrac{0}{x} = 0.$$

同样,还可以得到 $0, \dfrac{\pi}{2}, \pi, \dfrac{3\pi}{2}, 2\pi$ 等界限角的三角函数值的情况,见表 5—4.

表 5—4

三角函数	0	$\dfrac{\pi}{2}$	π	$\dfrac{3\pi}{2}$	2π
$\sin\alpha$	0	1	0	-1	0
$\cos\alpha$	1	0	-1	0	1
$\tan\alpha$	0	不存在	0	不存在	0

例题巩固

例 5.10 求值:$5\cos 180° - 3\sin 90° + 2\tan 0° - 6\sin 270°$.

解 $5\cos 180° - 3\sin 90° + 2\tan 0° - 6\sin 270°$
$= 5 \times (-1) - 3 \times 1 + 2 \times 0 - 6 \times (-1) = -2$.

四、利用计算器求任意角的三角函数值

> **计算器使用**
>
> 利用 CASIO fx-82 ES PLUS 计算器的 $\boxed{\sin}$,$\boxed{\cos}$,$\boxed{\tan}$ 键,可以方便地计算任意角的三角函数值.主要步骤是:设置模式(角度制或弧度制)→按键 $\boxed{\sin}$(或键 $\boxed{\cos}$,$\boxed{\tan}$)→输入角的大小→按键 $\boxed{=}$ 显示结果.

例题巩固

例 5.11 利用计算器,求下列各三角函数值(精确到 0.0001):

(1) $\sin\left(-\dfrac{5\pi}{7}\right)$; (2) $\tan 227.6°$; (3) $\cos\dfrac{3\pi}{5}$;

(4) $\tan 4.5$; (5) $\cos 27°22'11''$; (6) $\sin(-2008°)$.

解 利用计算器依照步骤计算,得

(1) $\sin\left(-\dfrac{5\pi}{7}\right) \approx -0.7818$; (2) $\tan 227.6° \approx 1.0951$;

(3) $\cos\dfrac{3\pi}{5} \approx -0.3090$; (4) $\tan 4.5 \approx 4.6373$;

(5) $\cos 27°22'11'' \approx 0.8881$; (6) $\sin(-2008°) \approx 0.4695$.

第四节　同角三角函数的基本关系

一、同角三角函数的基本关系式

原理:

$$\sin^2\alpha + \cos^2\alpha = 1$$
$$\tan\alpha = \dfrac{\sin\alpha}{\cos\alpha}$$

讲解:

在直角坐标系中,以原点为圆心,单位长度为半径的圆叫做单位圆.下面在单位圆中来研究同角三角函数的基本关系.

设角 α 的终边与单位圆的交点为点 $P(x,y)$,如图 5-16 所示,那么

$$\sin\alpha = \dfrac{y}{1} = y, \quad \cos\alpha = \dfrac{x}{1} = x.$$

上式说明:角 α 的正弦值等于它的终边与单位圆交点 P 的纵坐标;角 α 的余弦值等于它的终边与单位圆交点 P 的横坐标,因此,角 α 的终边与单位圆的交点 P 的坐标为 $(\cos\alpha, \sin\alpha)$.

例如,$\alpha = 30°$ 时,角 α 的终边与单位圆的交点坐标为 $(\cos 30°, \sin 30°)$;$\beta = -\dfrac{\pi}{4}$ 时,角 β 的终边与单位圆的交点坐标为 $\left(\cos\left(-\dfrac{\pi}{4}\right), \sin\left(-\dfrac{\pi}{4}\right)\right)$.

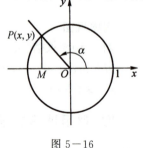

图 5-16

观察单位圆(如图 5-17)发现:由于角 α 的终边与单位圆的交点为 $P(\cos\alpha, \sin\alpha)$,由勾股定理得

$$\sin^2\alpha + \cos^2\alpha = 1 \qquad (5.6)$$

由正切的定义得

$$\tan\alpha = \frac{\sin\alpha}{\cos\alpha} \qquad (5.7)$$

公式(5.6)是同角的正弦函数与余弦函数之间的平方关系,公式(5.7)是同角的三角函数之间的商数关系.利用它们可以由一个已知的三角函数值,求出其他各三角函数值.

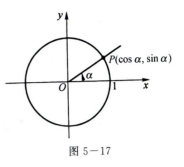

图 5-17

例题巩固

例 5.12 已知 $\sin\alpha = \dfrac{4}{5}$,且 α 是第二象限的角,求 $\cos\alpha$ 和 $\tan\alpha$.

分析 知道正弦函数值,可以利用平方关系,求出余弦函数值;然后利用商数关系,求出正切函数值.

解 由 $\sin^2\alpha + \cos^2\alpha = 1$,可得

$$\cos\alpha = \pm\sqrt{1-\sin^2\alpha}$$

又因为 α 是第二象限的角,故 $\cos\alpha < 0$,所以

$$\cos\alpha = -\sqrt{1-\sin^2\alpha} = -\sqrt{1-\left(\frac{4}{5}\right)^2} = -\frac{3}{5}$$

$$\tan\alpha = \frac{\sin\alpha}{\cos\alpha} = \frac{\frac{4}{5}}{-\frac{3}{5}} = -\frac{4}{3}$$

二、含有三角函数的式子的求值与化简

例题巩固

例 5.13 已知 $\tan\alpha = 2$,求 $\dfrac{3\sin\alpha + 4\cos\alpha}{2\sin\alpha - \cos\alpha}$ 的值.

分析 利用已知条件,求含有三角函数的式子的值,基本方法有两种:一种是将所求三角函数式用已知量 $\tan\alpha$ 来表示;另一种是由 $\tan\alpha = 2$ 得到 $\sin\alpha = 2\cos\alpha$,代入所求三角函数式进行化简求值.

解 方法 1 由已知 $\tan\alpha = 2$ 得 $\dfrac{\sin\alpha}{\cos\alpha} = 2$,即 $\sin\alpha = 2\cos\alpha$,所以

$$\frac{3\sin\alpha + 4\cos\alpha}{2\sin\alpha + \cos\alpha} = \frac{3(2\cos\alpha) + 4\cos\alpha}{2(2\cos\alpha) - \cos\alpha} = \frac{10\cos\alpha}{3\cos\alpha} = \frac{10}{3}.$$

解 方法 2 由 $\tan\alpha = 2$ 知 $\cos\alpha \neq 0$,所以

$$\frac{3\sin\alpha + 4\cos\alpha}{2\sin\alpha - \cos\alpha} = \frac{3\dfrac{\sin\alpha}{\cos\alpha} + 4}{2\dfrac{\sin\alpha}{\cos\alpha} - 1} = \frac{3\tan\alpha + 4}{2\tan\alpha - 1} = \frac{6+4}{4-1} = \frac{10}{3}.$$

例 5.14 已知 α 为第一象限的角,化简 $\sqrt{\dfrac{1}{\cos^2\alpha} - 1}$.

解 α 为第一象限的角,故 $\tan\alpha > 0$,所以

$$\text{原式} = \sqrt{\frac{1-\cos^2\alpha}{\cos^2\alpha}} = \sqrt{\frac{\sin^2\alpha}{\cos^2\alpha}} = \sqrt{\tan^2\alpha} = \tan\alpha.$$

第五节 诱导公式

一、$\alpha + k \cdot 360°(k \in \mathbf{Z})$的诱导公式

公式：
$$\sin(\alpha + k \cdot 360°) = \sin\alpha$$
$$\cos(\alpha + k \cdot 360°) = \cos\alpha$$
$$\tan(\alpha + k \cdot 360°) = \tan\alpha$$

讲解：

由于$30°$角与$390°$角的终边相同，根据任意角三角函数的定义可以得到$\sin 30° = \sin 390°$。

在单位圆中（如图5-18所示），可以看到，由于角α的终边与单位圆的交点为$P(\cos\alpha, \sin\alpha)$，当终边旋转$k \cdot 360°(k \in \mathbf{Z})$时，点$P(\cos\alpha, \sin\alpha)$又回到原来的位置，所以$\alpha$的各三角函数值并不发生变化．由此得到结论：终边相同的角的同名三角函数值相同．即当$k \in \mathbf{Z}$时，有

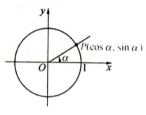

图 5-18

$$\sin(\alpha + k \cdot 360°) = \sin\alpha$$
$$\cos(\alpha + k \cdot 360°) = \cos\alpha \tag{5.8}$$
$$\tan(\alpha + k \cdot 360°) = \tan\alpha$$

利用公式(5.8)，可以把任意角的三角函数转化为$0° \sim 360°$范围内角的三角函数．

例题巩固

例5.15 求下列各三角函数值：

(1) $\cos\dfrac{9\pi}{4}$；　　(2) $\sin 780°$；　　(3) $\tan\left(-\dfrac{11\pi}{6}\right)$．

分析 利用公式(5.8)将任意角的三角函数转化为$[0, 2\pi]$内的角的三角函数．

解 (1) $\cos\dfrac{9\pi}{4} = \cos\left(\dfrac{\pi}{4} + 2\pi\right) = \cos\dfrac{\pi}{4} = \dfrac{\sqrt{2}}{2}$；

(2) $\sin 780° = \sin(60° + 2 \times 360°) = \sin 60° = \dfrac{\sqrt{3}}{2}$；

(3) $\tan\left(-\dfrac{11\pi}{6}\right) = \tan\left[\dfrac{\pi}{6} + (-1) \times 2\pi\right] = \tan\dfrac{\pi}{6} = \dfrac{\sqrt{3}}{3}$．

二、$-\alpha$的诱导公式

公式：
$$\sin(-\alpha) = -\sin\alpha$$
$$\cos(-\alpha) = \cos\alpha$$
$$\tan(-\alpha) = -\tan\alpha$$

讲解：

观察图形 5-19,点 P 与点 P' 的横坐标相同,纵坐标互为相反数.由此得到

$$\cos 30° = \cos(-30°),$$
$$\sin 30° = -\sin(-30°).$$

设单位圆与任意角 α,$-\alpha$ 的终边分别相交于点 P 和点 P'(如图 5-20 所示),则点 P 的坐标是 $(\cos\alpha, \sin\alpha)$,点 P' 的坐标是 $(\cos(-\alpha), \sin(-\alpha))$.由于点 P 与点 P' 关于 x 轴对称,它们的横坐标相同,纵坐标互为相反数,所以

$$\cos(-\alpha) = \cos\alpha, \sin(-\alpha) = -\sin\alpha$$

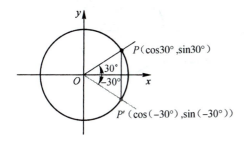

图 5-19

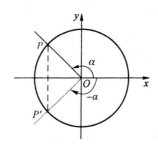

图 5-20

由同角三角函数的关系式知

$$\tan(-\alpha) = \frac{\sin(-\alpha)}{\cos(-\alpha)} = \frac{-\sin\alpha}{\cos\alpha} = -\tan\alpha$$

于是得到

$$\sin(-\alpha) = -\sin\alpha$$
$$\cos(-\alpha) = \cos\alpha \qquad\qquad (5.9)$$
$$\tan(-\alpha) = -\tan\alpha$$

利用这组公式,可以把负角的三角函数转化为正角的三角函数.

例题巩固

例 5.16 求下列三角函数值:

(1) $\sin(-60°)$;　　　(2) $\cos\left(-\dfrac{19\pi}{3}\right)$;　　　(3) $\tan(-30°)$.

解 (1) $\sin(-60°) = -\sin 60° = -\dfrac{\sqrt{3}}{2}$;

(2) $\cos\left(-\dfrac{19\pi}{3}\right) = \cos\dfrac{19\pi}{3} = \cos\left(\dfrac{\pi}{3} + 6\pi\right) = \cos\dfrac{\pi}{3} = \dfrac{1}{2}$;

(3) $\tan(-30°) = -\tan 30° = -\dfrac{\sqrt{3}}{3}$.

三、$180°\pm\alpha$ 的诱导公式

公式:

$$\sin(180°\pm\alpha) = \mp\sin\alpha$$
$$\cos(180°\pm\alpha) = -\cos\alpha$$
$$\tan(180°\pm\alpha) = \pm\tan\alpha$$

讲解:

如图 5-21 所示,可以看到,点 P 与点 P' 关于坐标原点中心对称,它们的横坐标与纵坐标

都互为相反数.由此得到 $\cos 30°=-\cos 210°,\sin 30°=-\sin 210°$.

设单位圆与任意角 $\alpha,\alpha+180°$ 的终边分别相交于点 P 和点 P'（如图 5-22 所示），则点 P 的坐标是 $(\cos\alpha,\sin\alpha)$，点 P' 的坐标是 $(\cos(\alpha+180°),\sin(\alpha+180°))$. 又由于点 P 和 P' 关于原点中心对称，它们的横坐标互为相反数，并且纵坐标也互为相反数，所以

$$\cos(\alpha+180°)=-\cos\alpha,\sin(\alpha+180°)=-\sin\alpha.$$

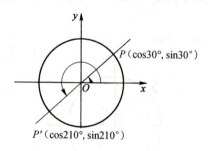

图 5-21

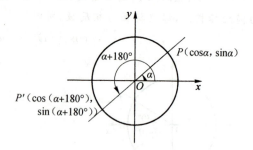

图 5-22

由同角三角函数的关系式知

$$\tan(\alpha+180°)=\frac{\sin(\alpha+180°)}{\cos(\alpha+180°)}=\frac{-\sin\alpha}{-\cos\alpha}=\tan\alpha.$$

于是得到

$$\sin(\alpha+180°)=-\sin\alpha$$
$$\cos(\alpha+180°)=-\cos\alpha \qquad\qquad (5.10)$$
$$\tan(\alpha+180°)=\tan\alpha$$

设单位圆与角 $\alpha,\alpha+180°,180°-\alpha$ 的终边分别相交于点 P,P' 和 P''（如图 5-23 所示）. 可以看到，点 P' 与点 P'' 关于 x 轴对称．它们的横坐标相同，纵坐标互为相反数．由此得到

$$\cos(180°-\alpha)=\cos(180°+\alpha)=-\cos\alpha,$$
$$\sin(180°-\alpha)=-\sin(180°+\alpha)=\sin\alpha.$$

由同角三角函数的关系式知

$$\tan(180°-\alpha)=\frac{\sin(180°-\alpha)}{\cos(180°-\alpha)}=\frac{\sin\alpha}{-\cos\alpha}=-\tan\alpha.$$

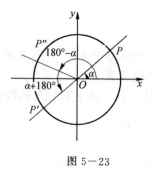

图 5-23

于是得到

$$\sin(180°-\alpha)=\sin\alpha$$
$$\cos(180°-\alpha)=-\cos\alpha \qquad\qquad (5.11)$$
$$\tan(180°-\alpha)=-\tan\alpha$$

公式(5.8)～式(5.11)统称为诱导公式（或简化公式）. 利用这些公式可以把任意角的三角函数转化为锐角的三角函数．

例题巩固

例 5.17 求下列各三角函数值：

(1) $\cos\dfrac{9\pi}{4}$； (2) $\tan\dfrac{8\pi}{3}$； (3) $\cos 930°$； (4) $\sin 690°$.

分析 求任意角三角函数值的一般步骤是，首先利用公式(5.8)将其转化为绝对值小于 $360°$（或 2π）的角的三角函数，然后利用公式(5.9)～式(5.11)将其转化为锐角三角函数，最后

求出这个锐角三角函数值.

解 (1) $\cos\dfrac{9\pi}{4} = \cos(\dfrac{\pi}{4}+2\pi) = \cos\dfrac{\pi}{4} = \dfrac{\sqrt{2}}{2}$;

(2) $\tan\dfrac{8\pi}{3} = \tan(\dfrac{2\pi}{3}+2\pi) = \tan(\dfrac{2\pi}{3}) = \tan(-\dfrac{\pi}{3}+\pi) = -\tan\dfrac{\pi}{3} = -\sqrt{3}$;

(3) $\cos 930° = \cos(210°+2\times 360°) = \cos 210°$
$= \cos(30°+180°) = -\cos 30° = -\dfrac{\sqrt{3}}{2}$;

(4) $\sin 690° = \sin(-30°+2\times 360°) = \sin(-30°) = -\sin 30° = -\dfrac{1}{2}$.

例 5.18 化简 $\dfrac{\sin(\pi-\alpha)\cos(\pi-\alpha)\sin(\pi-\alpha)\tan(2\pi-\alpha)}{\tan(\pi-\alpha)\sin(2\pi-\alpha)\cos(\pi-\alpha)}$.

分析 首先利用诱导公式将角化为相同的形式,然后利用三角公式或代数方法进行化简.

解 原式 $= \dfrac{\sin\alpha \cdot (1-\cos\alpha) \cdot \sin\alpha \cdot (-\tan\alpha)}{(-\tan\alpha) \cdot (-\sin\alpha) \cdot (-\cos\alpha)} = -\sin\alpha$

第六节 三角函数的图像和性质

一、正弦函数的图像和性质

1. 图像

正弦函数的图像如图 5—24 所示.

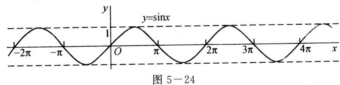

图 5—24

讲解:

一般地,对于函数 $y=f(x)$,如果存在一个不为零的常数 T,当 x 取定义域 D 内的每一个值时,都有 $x+T\in D$,并且等式 $f(x+T)=f(x)$ 成立,那么,函数 $y=f(x)$ 叫做周期函数,常数 T 叫做这个函数的一个周期.

由于正弦函数的定义域是实数集 $\mathbf{R}$, 对 $\alpha\in\mathbf{R}$, 恒有 $\alpha+2k\pi\in\mathbf{R}(k\in\mathbf{Z})$, 并且
$$\sin(\alpha+2k\pi)=\sin\alpha(k\in\mathbf{Z}),$$

因此正弦函数是周期函数,并且 $2\pi,4\pi,6\pi,\cdots$ 及 $-2\pi,-4\pi,\cdots$ 都是它的周期.

在所有的正周期中,如果存在一个最小的数,那么就把它叫做最小正周期,并直接把它叫做周期. 因此,正弦函数的周期是 2π.

由周期性的定义可知,在长度为 2π 的区间(如 $[-2\pi,0],[0,2\pi],[2\pi,4\pi]$)上,正弦函数的图像相同,可以通过平行移动 $[0,2\pi]$ 上的图像得到. 因此,本章主要研究正弦函数在一个周期 $[0,2\pi]$ 上的图像.

下面研究三角函数的时候,按照惯例采用字母 x 来表示角(自变量).

把区间$[0,2\pi]$分成8等份,分别求得函数$y=\sin x$在各分点及区间端点的函数值,列于表5-5中.

表5-5 $y=\sin x$的取值列表

x	0	$\dfrac{\pi}{4}$	$\dfrac{\pi}{2}$	$\dfrac{3\pi}{4}$	π	$\dfrac{5\pi}{4}$	$\dfrac{3\pi}{2}$	$\dfrac{7\pi}{4}$	2π
$y=\sin x$	0	0.71	1	0.71	0	-0.71	-1	-0.71	0

以上表中的x,y值为坐标,描出点(x,y),用光滑曲线依次连接各点,便得到了$y=\sin x$在$[0,2\pi]$上的图像(如图5-25所示).

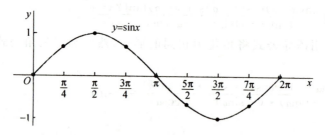

图5-25

由正弦函数的周期性,将函数$y=\sin x$在$[0,2\pi]$上的图像向左或向右平移$2\pi,4\pi,\cdots$,就得到了$y=\sin x$在$\mathbf{R}$上的图像(如图5-24所示),这个图像叫做正弦曲线.

2. 性质

正弦函数的性质如下.

① 有界性:正弦函数是有界函数,其值域为$[-1,1]$.当$x=\dfrac{\pi}{2}+2k\pi(k\in\mathbf{Z})$时,$y$取最大值,$y_{\max}=1$;当$x=-\dfrac{\pi}{2}+2k\pi(\pi\in\mathbf{Z})$时,$y$取最小值,$y_{\min}=-1$.

② 周期性:正弦函数是周期为2π的函数.

③ 奇偶性:正弦函数是奇函数.

④ 单调性:正弦函数在每一个区间$\left(-\dfrac{\pi}{2}+2k\pi,\dfrac{\pi}{2}+2k\pi\right)(k\in\mathbf{Z})$内都是增函数,其函数值由$-1$增大到1;正弦函数在每一个区间$\left(\dfrac{\pi}{2}+2k\pi,\dfrac{2\pi}{3}+2k\pi\right)(k\in\mathbf{Z})$内都是减函数,其函数值由1减小到$-1$.

讲解:

观察图5-24发现,正弦曲线夹在两条直线$y=-1$和$y=1$之间,即对任意的x,都有
$$|\sin x|\leqslant 1$$
成立,函数的这种性质叫做有界性.

一般地,设函数$y=f(x)$在区间(a,b)内有定义,如果存在一个正数M,对任意的$x\in(a,b)$都有$|f(x)|\leqslant M$,那么函数$y=f(x)$叫做区间(a,b)内的有界函数.如果这样的M不存在,函数$y=f(x)$叫做区间(a,b)内的无界函数.

显然,正弦函数是$\mathbf{R}$内的有界函数.

小锦囊

观察发现,正弦函数 $y=\sin x$ 在 $[0,2\pi]$ 上的图像中有五个关键点:
$$(0,0),\left(\frac{\pi}{2},1\right),(\pi,0),\left(\frac{3\pi}{2},-1\right),(2\pi,0).$$

在直角坐标系中,描出这五个点后,正弦函数 $y=\sin x$ 在 $[0,2\pi]$ 上的图像的大致形状就基本上确定了.因此,在精确度要求不高时,经常首先描出这关键的五个点,然后用光滑的曲线把它们连接起来,从而得到正弦函数在 $[0,2\pi]$ 上的简图.这种作图方法叫做"五点法".

例题巩固

例 5.19 利用"五点法"作函数 $y=1+\sin x$ 在 $[0,2\pi]$ 上的图像.

分析 $y=\sin x$ 图像中的五个关键点的横坐标分别是 $0,\frac{\pi}{2},\pi,\frac{3\pi}{2},2\pi$,这里首先要求出 $1+\sin x$ 在这五个关键点上的相应的函数值,从而得到五个点的坐标,然后用光滑的曲线连接这五个点,得到图像.

解 列表(见表 5-6).

表 5-6

x	$\frac{\pi}{2}$	0	π	$\frac{3\pi}{2}$	2π
$\sin x$	0	1	0	-1	0
$y=1+\sin x$	1	2	1	0	1

以表 5-6 中每组对应的 x,y 值为坐标,描出点 (x,y),用光滑的曲线顺次连接各点,得到函数 $y=1+\sin x$ 在 $[0,2\pi]$ 上的图像(如图 5-26 所示).

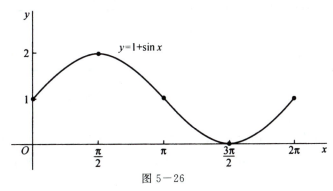

图 5-26

例 5.20 已知 $\sin x=a-4$,求 a 的取值范围.

解 因为 $|\sin x|\leqslant 1$,所以 $|a-4|\leqslant 1$,即
$$-1\leqslant a-4\leqslant 1$$
解得
$$3\leqslant a\leqslant 5.$$
故 a 的取值范围是 $[3,5]$.

例 5.21 求使函数 $y=\sin 2x$ 取得最大值的 x 的集合,并指出最大值是多少.

解 设 $u=2x$,则使函数 $y=\sin u$ 取得最大值 1 的集合是
$$\left\{u\,\Big|\,u=\frac{\pi}{2}+2k\pi,k\in \mathbf{Z}\right\},$$

由 $2x = u = \frac{\pi}{2} + 2k\pi$,

得 $x = \frac{\pi}{4} + k\pi$.

故所求集合为 $\left\{x \mid x = \frac{\pi}{4} + k\pi, k \in \mathbf{Z}\right\}$,函数 $y = \sin 2x$ 的最大值是 1.

二、余弦函数的图像和性质

1. 图像

余弦函数的图像如图 5-27 所示.

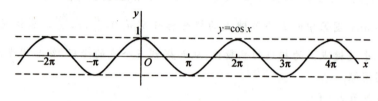

图 5-27

讲解:

余弦函数的定义域是 $\mathbf{R}$,由 $\cos(x + 2k\pi) = \cos x (x \in \mathbf{R}, k \in \mathbf{Z})$ 可知余弦函数是周期函数,其周期是 2π,

下面用"描点法"作出余弦函数 $y = \cos x$ 在 $[0, 2\pi]$ 上的图像.

把区间 $[0, 2\pi]$ 分成 8 等份,分别求得函数 $y = \cos x$ 在各分点及区间端点的函数值,列于表 5-7 中.

表 5-7 $y = \cos x$ 的取值列表

x	0	$\frac{\pi}{4}$	$\frac{\pi}{2}$	$\frac{3\pi}{4}$	π	$\frac{5\pi}{4}$	$\frac{3\pi}{2}$	$\frac{7\pi}{4}$	2π
$y = \cos x$	1	0.71	0	-0.71	-1	-0.71	0	0.71	1

以表 5-7 中的 x, y 值为坐标,描出点 (x, y),用光滑曲线顺次连接各点,得到函数 $y = \cos x$ 在 $[0, 2\pi]$ 上的图像(如图 5-28 所示).

由余弦函数的周期性,将函数 $y = \cos x$ 在 $[0, 2\pi]$ 上的图像向左或向右平行移动 $2\pi, 4\pi$,…,就得到余弦函数 $y = \cos x$ 在 $\mathbf{R}$ 上的图像(如图 5-27 所示),这个图像叫做余弦曲线.

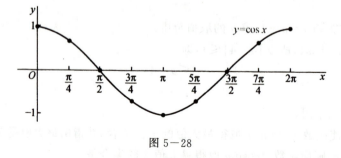

图 5-28

2. 性质

余弦函数 $y = \cos x$ 的定义域是实数集 $\mathbf{R}$.它的主要性质如下.

①有界性:余弦函数是有界函数,其值域为$[-1,1]$.当$x=2k\pi(k\in\mathbf{Z})$时,$y_{\max}=1$;当$x=(2k+1)\pi(k\in\mathbf{Z})$时,$y_{\min}=-1$.

②周期性:余弦函数是周期为2π的函数.

③奇偶性:余弦函数是偶函数.

④单调性:余弦函数在每一个区间$((2k-1)\pi,2k\pi)(k\in\mathbf{Z})$内都是增函数,函数值从$-1$增加到$1$;在每一个区间$(2k\pi,(2k+1)\pi)(k\in\mathbf{Z})$内都是减函数,函数值从$1$减少到$-1$.

思考 观察图 5-29 中的正弦函数的图像和余弦函数的图像,它们之间存在什么联系?

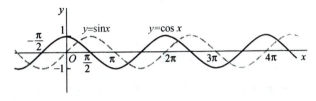

图 5-29

例题巩固

例 5.22 用"五点法"作出函数 $y=-\cos x$ 在$[0,2\pi]$上的图像.

分析 $y=\cos x$ 图像中的五个关键点的横坐标分别是$0,\dfrac{\pi}{2},\pi,\dfrac{3\pi}{2},2\pi$,这里首先要求出 $y=-\cos x$ 在这五个关键点上的相应函数值,从而得到五个点的坐标,然后用光滑的曲线连接这五个点,得到图像.

解 列表(见表 5-8).

表 5-8

x	0	$\dfrac{\pi}{2}$	π	$\dfrac{3\pi}{2}$	2π
$\cos x$	1	0	-1	0	1
$y=-\cos x$	-1	0	1	0	-1

以表 5-8 中的 x,y 值为坐标,描出点(x,y),然后用光滑的曲线顺次连接各点,得到函数 $y=-\cos x$ 在$[0,2\pi]$上的图像(如图 5-30 所示).

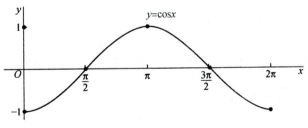

图 5-30

第七节 已知三角函数值求角

一、已知正弦函数值求角

原理：已知正弦函数值，求指定范围内的角的主要步骤是：

① 利用计算器求出 $-90°\sim 90°$（或 $-\dfrac{\pi}{2}\sim\dfrac{\pi}{2}$）的角；

② 利用诱导公式 $\sin(180°-\alpha)=\sin\alpha$ 求出 $90°\sim 270°$（或 $\dfrac{\pi}{2}\sim\dfrac{3\pi}{2}$）的角；

③ 利用公式 $\sin(\alpha+k\cdot 360°)=\sin\alpha$ 求出指定的角．

计算器应用

计算器的标准设置中，已知正弦函数值，只能显示 $-90°\sim 90°$（或 $-\dfrac{\pi}{2}\sim\dfrac{\pi}{2}$）的角．其步骤是：设定角度或弧度计算模式 → 按键 SHIFT → 按键 sin → 输入正弦函数值 → 按键 = 显示 $-90°\sim 90°$（或 $-\dfrac{\pi}{2}\sim\dfrac{\pi}{2}$）的角．

如果求指定范围内的角，那么还需要使用诱导公式．

例题巩固

例 5.23 已知 $\sin x=0.4$，利用计算器求 $0°\sim 360°$ 的角 x（精确到 $0.01°$）．

解 利用计算器得到锐角
$$x_1\approx 23.58°.$$

利用 $\sin(180°-\alpha)=\sin\alpha$，得到所求的钝角
$$x_2\approx 180°-23.58°=156.42°.$$

故在 $0°\sim 360°$，正弦函数值为 0.4 的角为 $23.58°$ 和 $156.42°$．

例 5.24 已知 $\sin x=-0.4$，求区间 $[0,2\pi]$ 上的角 x（精确到 0.0001）．

解 利用计算器得到 $\left[-\dfrac{\pi}{2},\dfrac{\pi}{2}\right]$ 上的角为 $x\approx -0.4115$．

利用 $\sin(\pi-\alpha)=\sin\alpha$，得到 $\left[\dfrac{\pi}{2},\dfrac{3\pi}{2}\right]$ 上的角为
$$x_1\approx \pi-(-0.4115)\approx 3.5531.$$

利用 $\sin(2\pi+\alpha)=\sin\alpha$，得到 $\left[\dfrac{3\pi}{2},2\pi\right]$ 上的角为
$$x_2\approx \pi+(-0.4115)\approx 5.8717.$$

所以在区间 $[0,2\pi]$ 上，正弦函数值为 -0.4 的角为 3.5531 和 5.8717．

二、已知余弦函数值求角

原理：已知余弦函数值，求指定范围内的角的主要步骤是：

① 利用计算器求出 $0°\sim 180°$（或 $0\sim\pi$）范围内的角；

② 利用诱导公式 $\cos(-\alpha)=\cos\alpha$ 求出 $-180°\sim 0°$（或 $-\pi\sim 0$）范围内的角；

③ 利用公式 $\cos(\alpha+k\cdot 360°)=\cos\alpha$ 求出指定范围内的角．

计算器应用

计算器的标准设置中,已知余弦函数值,只能显示出 $0°\sim180°$(或 $0\sim\pi$)的角.其步骤是:设定角度或弧度计算模式→按键 SHIFT →按键 cos →输入余弦函数值→按键 = 显示出 $0°\sim180°$(或 $0\sim\pi$)的角.

如果求指定范围内的角,那么还需要应用诱导公式.

例题巩固

例 5.25 已知 $\cos x=0.4$,求 $-180°\sim180°$ 的角 x(精确到 $0.01°$).

解 利用计算器得到在 $0°\sim180°$ 范围内的角为
$$x_1\approx 66.42°.$$
利用 $\cos(-\alpha)=\cos\alpha$,得到 $-180°\sim0°$ 范围内的角为
$$x_2\approx -66.42°.$$
因此在 $-180°\sim180°$,余弦函数值为 0.4 的角为 $\pm 66.42°$.

三、已知正切函数值求角

原理: 已知正切函数值,求指定范围内的角的主要步骤是:

①利用计算器求出 $-90°\sim90°$(或 $-\dfrac{\pi}{2}\sim\dfrac{\pi}{2}$)的角;

②利用公式 $\tan(\alpha+180°)=\tan\alpha$ 求出 $90°\sim270°$(或 $\dfrac{\pi}{2}\sim\dfrac{3\pi}{2}$)的角;

③利用公式 $\tan(\alpha+k\cdot360°)=\tan\alpha$ 求出指定范围内的角.

计算器应用

计算器的标准设置中,已知正切函数值,只能显示出 $-90°\sim90°\left(\text{或} -\dfrac{\pi}{2}\sim\dfrac{\pi}{2}\right)$的角.其步骤是:设定角度或弧度计算模式→按键 SHIFT →按键 tan →输入正切函数值→按键 = 显示 $-90°\sim90°\left(\text{或} -\dfrac{\pi}{2}\sim\dfrac{\pi}{2}\right)$范围内的角.

如果求指定范围内的角,那么还需要应用诱导公式.

例题巩固

例 5.26 已知 $\tan x=0.4$,求 $0°\sim360°$ 的角 x(精确到 $0.01°$).

解 利用计算器,由 $\tan x=0.4$ 得到锐角
$$x_1\approx 21.80°.$$
利用周期性得到第三象限的角
$$x_2\approx 180°+21.80°=201.80°.$$
所以在 $0°\sim360°$,正切函数值为 0.4 的角为 $21.80°$ 和 $201.80°$.

1.选择题:

(1)与 $330°$ 角终边相同的角为(　　).

A. $-60°$　　　　　　　　B. $390°$

C. $-390°$ D. $-45°$

(2)第二象限的角的集合可以表示为(   ).

A. $\{\alpha \mid 0°<\alpha<90°\}$

B. $\{\beta \mid 90°<\beta<180°\}$

C. $\{\alpha \mid k \cdot 360°<\alpha<90°+k \cdot 360°, k \in \mathbf{Z}\}$

D. $\{\alpha \mid 90°+k \cdot 360°<\alpha<180°+k \cdot 360°, k \in \mathbf{Z}\}$

2. 填空题：

(1)分针每分钟转过_____度；时针每小时转过_____度；时针一昼夜转过_____度.

(2)所有与角 α 终边相同的角组成一个集合,这个集合为_____.

(3) $k \cdot 360°-30°(k \in \mathbf{Z})$ 所表示的角是第_____象限的角.

3. 设 α 为第二象限的角,指出 $\dfrac{\alpha}{2}$ 是第几象限的角.

4. 写出与下列各角终边相同的角的集合,并把其中在 $0°\sim 360°$ 的角写出来：

(1) $420°$；   (2) $-135°$.

5. 填空题：

(1)填表(在表 5—9 的空格内填上适当的角度或弧度)：

表 5—9

角度	$0°$	$15°$				$90°$	$120°$	$135°$
弧度			$\dfrac{\pi}{6}$	$\dfrac{\pi}{4}$	$\dfrac{\pi}{3}$			
角度			$225°$	$240°$	$270°$			
弧度	$\dfrac{5\pi}{6}$	π				$\dfrac{5\pi}{3}$	$\dfrac{11\pi}{6}$	2π

(2)设半径为 2,圆心角 α 所对的弧长为 5,则 $\alpha=$ _____.

6. 把下列各角由角度换算为弧度：

(1) $-140°$；   (2) $735°$.

7. 把下列各角由弧度换算为角度：

(1) $\dfrac{5\pi}{8}$；   (2) 2.718.

8. 已知 $200°$ 的圆心角所对的圆弧长是 50cm,求圆的半径(精确到 0.1cm).

9. 电动机转子 1s 内旋转 100π 弧度,问转子每分钟旋转多少周？

10. 已知一段公路的弯道半径为 30m,转过的圆心角为 $120°$,求该弯道的长度(精确到 1m).

11. 选择题：

(1)已知角 α 的终边经过点 $\left(\dfrac{1}{2}, -\dfrac{\sqrt{2}}{2}\right)$,则 $\tan\alpha$ 的值是(   ).

A. $\dfrac{1}{2}$ B. $-\dfrac{\sqrt{2}}{2}$

C. $-\dfrac{\sqrt{3}}{2}$ D. $-\sqrt{2}$

(2)下列各三角函数值中为负值的是（　　）.

A. $\sin 1100°$ B. $\cos(-3000°)$

C. $\tan(-115°)$ D. $\tan\dfrac{5\pi}{4}$

(3)设 $\sin\alpha<0,\tan\alpha>0$，则角 α 是（　　）.

A. 第一象限的角   B. 第二象限的角

C. 第三象限的角   D. 第四象限的角

12. 计算：

(1) $3\sin 270°+2\cos 180°-\cos 90°+\sqrt{3}\tan 0°$；

(2) $5\sin\dfrac{\pi}{2}+2\cos 0-\dfrac{4}{5}\tan\pi-\dfrac{2}{3}\sin\dfrac{3\pi}{2}+4\tan 2\pi$.

13. 判断下列角的各三角函数值的正负号：

(1) $-\dfrac{5\pi}{7}$；   (2) $\dfrac{8\pi}{3}$；   (3) $-26°$；   (4) $850°$.

14. 根据下列条件确定 α 是第几象限的角：

(1) $\sin\alpha>0$ 且 $\cos\alpha<0$；

(2) $\tan\alpha<0$ 且 $\cos\alpha<0$.

15. 选择题：

(1)已知角的终边上一点的坐标为 $\left(-\dfrac{\sqrt{3}}{2},\dfrac{1}{2}\right)$，则 α 是（　　）.

A. 第一象限的角   B. 第二象限的角

C. 第三象限的角   D. 第四象限的角

(2)设 θ 是第三象限的角，则点 $P(\cos\theta,\tan\theta)$ 在（　　）.

A. 第一象限   B. 第二象限

C. 第三象限   D. 第四象限

(3)已知 $\sin\theta>0,\tan\theta<0$，则化简 $\sqrt{1-\sin^2\theta}$ 的结果为（　　）.

A. $\cos\theta$ B. $\tan\theta$

C. $-\cos\theta$ D. $\pm\cos\theta$

16. 已知 $\cos\alpha=-\dfrac{1}{2}$，且 α 是第三象限的角，求 $\sin\alpha$ 和 $\tan\alpha$.

17. 已知 $\tan\alpha=-1$，且 α 是第四象限的角，求 $\sin\alpha$ 和 $\cos\alpha$.

18. 已知 $\sin\alpha=\dfrac{4}{5}$，求 $\cos\alpha$ 和 $\tan\alpha$.

19. 求下列各三角函数值：

(1) $\sin 750°$；   (2) $\cos\dfrac{22\pi}{3}$；

(3) $\tan\left(-\dfrac{7\pi}{4}\right)$；   (4) $\sin 900°$.

20. 计算 $\dfrac{\cos(-45°)\cos 330°\tan 585°}{\tan(-120°)}$.

21. 已知 $\sin(-20°)=-0.3420$，求 $0°\sim 360°$ 正弦值为 -0.3420 的角.

22. 利用计算器，求下列各三角函数值（结果保留 4 位有效数字）：

(1) $\sin\dfrac{11\pi}{5}$; (2) $\tan 262°5'26''$;

(3) $\cos\left(-\dfrac{4\pi}{11}\right)$; (4) $\cos 2$.

23. 计算 $\sqrt{1-\cos^2 1540°}$.

24. (1) 指出在 $[0, 2\pi]$ 上,正弦函数 $y=\sin x$ 的增区间;

(2) 指出在 $[0, 2\pi]$ 上,余弦函数 $y=\cos x$ 的增区间;

(3) 指出在 $[0, 2\pi]$ 上,正弦函数、余弦函数同为增函数的区间.

25. 已知 $\sin x=\dfrac{a-1}{2}$,求 a 的取值范围.

26. 用"五点法"作下列函数的图像:

(1) $y=2+\sin x$; (2) $y=2\cos x$.

27. 求下列函数的最大值与最小值,并求出自变量 x 的相应的取值:

(1) $y=4-\dfrac{1}{3}\sin x$; (2) $y=2+3\cos x$.

28. 求函数 $y=\sqrt{\sin 2x}$ 的定义域.

29. 已知 $\sin x=0.34$,求 $[0, 2\pi]$ 内的角 x(精确到 0.0001).

30. 已知 $\cos x=-0.8013$,求 $0°\sim 360°$ 的角 x(精确到 $1'$).

31. 已知 $\tan x=2$,求 $0°\sim 360°$ 的角 x(精确到 $1'$).

32. 已知 $\sin x=-0.734$,求区间 $[0, 2\pi]$ 内的角 x(精确到 0.0001).

第 6 章 平面向量

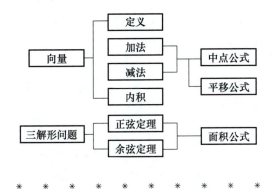

* * * * * * * * * *

第一节 向 量

一、向量的概念

概念：我们把一种既有大小又有方向的量称为向量．

讲解：

足球场上有三名球员 A,B,C（图 6-1），球员 A 将足球传给球员 B，球员 B 又将球传给球员 C，足球从 A 到 B 有一个位移，从 B 到 C 也有一个位移，从 A 到 C 仍存在一个位移．

位移和距离这两个量有什么不同？

在现实生活中，有些量，如距离、质量、时间、身高等．在取定单位后，只用一个实数就能表示，像这种只有大小的量，叫数量．而另外一些量，如位移、力、速度等，它们不仅有大小，还有方向，这就是向量．

同位移一样，向量常用一条有向线段表示，有向线段的长度表示向量大小，箭头所指方向表示向量的方向．以 A 为起点，B 为终点的向量，记为 $\overrightarrow{AB}$，向量也可用小写 $a,b,c\cdots$ 来表示（图 6-2）．

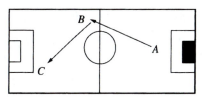

图 6-1

(a)

(b)

图 6－2

小锦囊

向量有大小、方向两个要素.我们用有向线段表示向量时,同向且等长的有向线段表示相等的向量(图 6－3),$\overrightarrow{AB}=\overrightarrow{DC}$.

向量 $\overrightarrow{AB}$ 的大小称为向量的长度(或称为模),记作 $|\overrightarrow{AB}|$.

长度为 0 的向量,称为零向量.

方向相同或相反的非零向量叫做平行向量或共线向量,如图 6－4 所示,向量 a,b,c 是一组平行向量,记做:$a/\!/b,b/\!/c$.我们规定,零向量与任一向量平行.

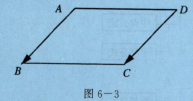

图 6－3

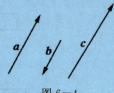

图 6－4

向量 a 和平面内一定点 O,过点 O 作有向线段 $\overrightarrow{OA}=a$,则点 A 相对于点 O 的位置被向量 a 所唯一确定,称向量 $\overrightarrow{OA}$ 为点 A 相对于 O 的位置向量.如图 6－5 所示.

我们把与向量 a 长度相等,方向相反的向量叫做 a 的相反向量,记做 $-a$.a 与 $-a$ 互为相反向量,规定零向量的相反向量仍是零向量.

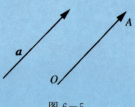

图 6－5

例题巩固

例 6.1 已知 D,E,F 是 $\triangle ABC$ 各边的中点(图 6－6),分别写出图中与 $\overrightarrow{DE},\overrightarrow{EF},\overrightarrow{FD}$ 相等的向量.

解 $\overrightarrow{DE}=\overrightarrow{AF}=\overrightarrow{FC}$
$\overrightarrow{EF}=\overrightarrow{DA}=\overrightarrow{BD}$
$\overrightarrow{FD}=\overrightarrow{CE}=\overrightarrow{EB}$

二、向量的加法

原理:已知向量 a 和 b(图 6－7),在平面内任取一点 A,作 $\overrightarrow{AB}=a,\overrightarrow{BC}=b$,则向量 $\overrightarrow{AC}$ 叫做向量 a 与 b 的和,记作
$$a+b=\overrightarrow{AB}+\overrightarrow{BC}=\overrightarrow{AC}$$

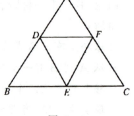

图 6－6

上述求向量和的方法,称为向量求和的三角形法则.图 6－8 表示求两个平行(或共线)向量和的特殊情况.

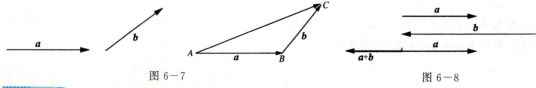

图 6－7　　　　　　　　图 6－8

讲解：

作 $\overrightarrow{AB}=a$，$\overrightarrow{AD}=b$，以 $\overrightarrow{AB}$，$\overrightarrow{AD}$ 为邻边作平行四边形 $ABCD$，则对角线上的向量 $\overrightarrow{AC}=a+b$，这个方法为向量求和的平行四边形法则. 如图 6－9 所示.

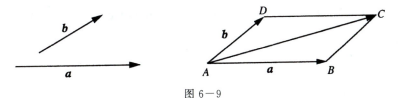

图 6－9

规定零向量与任一向量 a 的和仍为 a，即 $a+0=a$.

向量加法满足如下运算律：

① $a+b=b+a$；　　　　　　　　　　　　　　　　　　　　　　（交换律）

② $(a+b)+c=a+(b+c)$.　　　　　　　　　　　　　　　　　　（结合律）

已知向量 a,b,c,d 在同一平面上，作 $\overrightarrow{OA}=a$，$\overrightarrow{AB}=b$，$\overrightarrow{BC}=c$，$\overrightarrow{CD}=d$，如图 6－10 所示. 则 $\overrightarrow{OD}=\overrightarrow{OA}+\overrightarrow{AB}+\overrightarrow{BC}+\overrightarrow{CD}=a+b+c+d$.

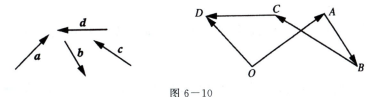

图 6－10

例题巩固：

例 6.2　一架飞机向北飞行 300km，然后改变方向向西飞行 300km，求飞机飞行路程及两次位移的和.

解　如图 6－11 所示，选择适当比例尺，作 $\overrightarrow{AB}=$ "向北飞行 300km"，$\overrightarrow{BC}=$ "向西飞行 300km"，$\overrightarrow{AC}=\overrightarrow{AB}+\overrightarrow{BC}$，则

$$|\overrightarrow{AC}|=\sqrt{300^2+300^2}=300\sqrt{2}\,(\text{km})$$

又 $\overrightarrow{AB}$ 与 $\overrightarrow{AC}$ 的夹角是 $45°$，所以两位移和是向西北飞行 $300\sqrt{2}$ km，飞机飞行路程是从 A 到 B 再到 C 的长度，即 600km.

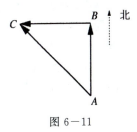

图 6－11

三、向量的减法

原理： 已知向量 a,b（图 6－12），在平面上任取一点 O，作 $\overrightarrow{OA}=a$，$\overrightarrow{OB}=b$，作 $\overrightarrow{BA}=a-b$，向量 $\overrightarrow{BA}$ 叫做向量 a 与 b 的差，记作 $a-b$，即 $a-b=\overrightarrow{OA}-\overrightarrow{OB}=\overrightarrow{BA}$.

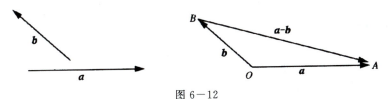

图 6－12

讲解：

平面内任一向量 $\overrightarrow{BA}$ 等于它的终点相对于点 O 的位置向量 $\overrightarrow{OA}$ 减去它的始点相对于点 O 的位置向量 $\overrightarrow{OB}$.

一个向量减去另一个向量等于加上这个向量的相反向量.如,$\overrightarrow{BA}=\boldsymbol{a}+(-\boldsymbol{b})$.

规定: $\boldsymbol{a}+(-\boldsymbol{a})=\boldsymbol{0}$.

例题巩固

例 6.3 已知平行四边形 $ABCD$,$\overrightarrow{AB}=\boldsymbol{a}$,$\overrightarrow{AD}=\boldsymbol{b}$,用 $\boldsymbol{a}$,$\boldsymbol{b}$ 表示 $\overrightarrow{CB}$,$\overrightarrow{CD}$,$\overrightarrow{AC}$,$\overrightarrow{BD}$.

解 $\overrightarrow{CB}=-\overrightarrow{AD}=-\boldsymbol{b}$,

$\overrightarrow{CD}=-\overrightarrow{AB}=-\boldsymbol{a}$,

$\overrightarrow{AC}=\overrightarrow{AB}+\overrightarrow{AD}=\boldsymbol{a}+\boldsymbol{b}$,

$\overrightarrow{BD}=\overrightarrow{AD}-\overrightarrow{AB}=\boldsymbol{b}-\boldsymbol{a}$.

第二节 数乘向量

概念:一般地,实数 λ 与向量 $\boldsymbol{a}$ 的积是一个向量,记作 $\lambda\boldsymbol{a}$,叫做数乘向量.它的长度和方向规定如下:

① $|\lambda\boldsymbol{a}|=|\lambda||\boldsymbol{a}|$;

② 当 $\lambda>0$ 时,$\lambda\boldsymbol{a}$ 与 $\boldsymbol{a}$ 方向相同;当 $\lambda<0$ 时,$\lambda\boldsymbol{a}$ 与 $\boldsymbol{a}$ 的方向相反;当 $\lambda=0$ 时,$\lambda\boldsymbol{a}=\boldsymbol{0}$.

> 根据数乘向量的定义,数乘向量满足如下运算律:
> ① $\lambda(m\boldsymbol{a})=(\lambda m)\boldsymbol{a}$;
> ② $(\lambda+m)\boldsymbol{a}=\lambda\boldsymbol{a}+m\boldsymbol{a}$;
> ③ $\lambda(\boldsymbol{a}+\boldsymbol{b})=\lambda\boldsymbol{a}+\lambda\boldsymbol{b}$.
> 向量的加法、减法与数乘向量的综合运算叫做向量的线性运算.

例题巩固

例 6.4 已知向量 $\boldsymbol{a}$ 与 $\boldsymbol{b}$,求作向量 $-1.5\boldsymbol{a}$ 和向量 $\boldsymbol{a}-2\boldsymbol{b}$.

解 作法如图 6-13 所示,向量 $-1.5\boldsymbol{a}$ 的长度是 $\boldsymbol{a}$ 的 1.5 倍,方向与 $\boldsymbol{a}$ 相反.以 O 为起点,分别作 $\overrightarrow{OA}=\boldsymbol{a}$,$\overrightarrow{OB}=2\boldsymbol{b}$,连接 BA,则 $\overrightarrow{BA}=\overrightarrow{OA}-\overrightarrow{OB}=\boldsymbol{a}-2\boldsymbol{b}$.

图 6-13

例 6.5 计算:

(1) $4(2\boldsymbol{a}-3\boldsymbol{b})+5(3\boldsymbol{a}-2\boldsymbol{b})$;

(2) $2(3\boldsymbol{a}-4\boldsymbol{b}+\boldsymbol{c})-3(2\boldsymbol{a}+\boldsymbol{b}-3\boldsymbol{c})$.

解 (1) $4(2\boldsymbol{a}-3\boldsymbol{b})+5(3\boldsymbol{a}-2\boldsymbol{b})$

$=8\boldsymbol{a}-12\boldsymbol{b}+15\boldsymbol{a}-10\boldsymbol{b}$

$=(8\boldsymbol{a}+15\boldsymbol{a})+(-12\boldsymbol{b}-10\boldsymbol{b})$

$=23\boldsymbol{a}-22\boldsymbol{b}$;

(2) $2(3\boldsymbol{a}-4\boldsymbol{b}+\boldsymbol{c})-3(2\boldsymbol{a}+\boldsymbol{b}-3\boldsymbol{c})$

$$= 6\boldsymbol{a}-8\boldsymbol{b}+2\boldsymbol{c}-6\boldsymbol{a}-3\boldsymbol{b}+9\boldsymbol{c}$$
$$= -11\boldsymbol{b}+11\boldsymbol{c}.$$

第三节　向量的内积及其坐标运算

一、向量的内积

概念： 一般把 $\boldsymbol{a}$ 的长与 $\boldsymbol{b}$ 在 $\boldsymbol{a}$ 方向上投影的数量 $|\boldsymbol{b}|\cos<\boldsymbol{a},\boldsymbol{b}>$ 的乘积叫做向量 $\boldsymbol{a}$ 与 $\boldsymbol{b}$ 的内积，记作 $\boldsymbol{a}\cdot\boldsymbol{b}$. 即

$$\boldsymbol{a}\cdot\boldsymbol{b}=|\boldsymbol{a}||\boldsymbol{b}|\cos<\boldsymbol{a},\boldsymbol{b}>$$

讲解：

已知两个非零向量 $\boldsymbol{a}$ 和 $\boldsymbol{b}$，做 $\overrightarrow{OA}=\boldsymbol{a}, \overrightarrow{OB}=\boldsymbol{b}$，则 $\angle AOB$ 就叫做向量 $\boldsymbol{a}$ 与 $\boldsymbol{b}$ 的夹角，记作 $<\boldsymbol{a},\boldsymbol{b}>$（图 6-14）.

规定：$0°\leqslant<\boldsymbol{a},\boldsymbol{b}>\leqslant 180°$.

若 $\boldsymbol{a},\boldsymbol{b}$ 同向，则 $<\boldsymbol{a},\boldsymbol{b}>=0°$；

若 $\boldsymbol{a}\perp\boldsymbol{b}$ 垂直，则 $<\boldsymbol{a},\boldsymbol{b}>=90°$；

若 $\boldsymbol{a},\boldsymbol{b}$ 反向，则 $<\boldsymbol{a},\boldsymbol{b}>=180°$.

规定，零向量与任一向量的内积为 0.

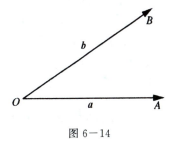

图 6-14

向量内积的性质：

① 如果 $\boldsymbol{e}$ 是单位向量，则 $\boldsymbol{a}\cdot\boldsymbol{e}=\boldsymbol{e}\cdot\boldsymbol{a}=|\boldsymbol{a}|\cos<\boldsymbol{a},\boldsymbol{e}>$；

② $\boldsymbol{a}\perp\boldsymbol{b}\Leftrightarrow\boldsymbol{a}\cdot\boldsymbol{b}=0$；

③ $\boldsymbol{a}\cdot\boldsymbol{a}=|\boldsymbol{a}|^2$ 或 $|\boldsymbol{a}|=\sqrt{\boldsymbol{a}\cdot\boldsymbol{a}}$；

④ $|\boldsymbol{a}\cdot\boldsymbol{b}|\leqslant|\boldsymbol{a}|\cdot|\boldsymbol{b}|$.

例题巩固

例 6.6 已知 $|\boldsymbol{a}|=2, |\boldsymbol{b}|=3$，分别在下列条件下求 $\boldsymbol{a}\cdot\boldsymbol{b}$.

(1) $<\boldsymbol{a},\boldsymbol{b}>=135°$；　　(2) $\boldsymbol{a}/\!/\boldsymbol{b}$；　　(3) $\boldsymbol{a}\perp\boldsymbol{b}$.

解 (1) $\boldsymbol{a}\cdot\boldsymbol{b}=|\boldsymbol{a}||\boldsymbol{b}|\cos 135°=2\times 3\times(-\dfrac{\sqrt{2}}{2})=-3\sqrt{2}$；

(2) 当 $\boldsymbol{a}/\!/\boldsymbol{b}$ 时，则 $<\boldsymbol{a},\boldsymbol{b}>=0°$ 或 $<\boldsymbol{a},\boldsymbol{b}>=180°$，

若 $<\boldsymbol{a},\boldsymbol{b}>=0°, \boldsymbol{a}\cdot\boldsymbol{b}=|\boldsymbol{a}|\cdot|\boldsymbol{b}|\cdot\cos 0°=2\times 3\times 1=6$，

若 $<\boldsymbol{a},\boldsymbol{b}>=180°, \boldsymbol{a}\cdot\boldsymbol{b}=|\boldsymbol{a}|\cdot|\boldsymbol{b}|\cos 180°=2\times 3\times(-1)=-6$；

(3) 当 $\boldsymbol{a}\perp\boldsymbol{b}$ 时，$\boldsymbol{a}\cdot\boldsymbol{b}=0$.

向量内积满足如下运算律：

① $\boldsymbol{a}\cdot\boldsymbol{b}=\boldsymbol{b}\cdot\boldsymbol{a}$；

② $\lambda(\boldsymbol{a}\cdot\boldsymbol{b})=(\lambda\boldsymbol{a})\boldsymbol{b}=\boldsymbol{a}(\lambda\boldsymbol{b})$；

③ $(\boldsymbol{a}+\boldsymbol{b})\cdot\boldsymbol{c}=\boldsymbol{a}\cdot\boldsymbol{c}+\boldsymbol{b}\cdot\boldsymbol{c}$.

例 6.7 已知 $|a|=4, |b|=6$, a 与 b 的夹角为 $60°$，求 $(2a-b)(a+3b)$.

解：$(2a-b)(a+3b)$
$=2|a|^2+6a \cdot b-a \cdot b-3|b|^2$
$=2|a|^2+5|a||b|\cos60°-3|b|^2$
$=2\times 4^2+5\times 4\times 6\times \dfrac{1}{2}-3\times 6^2=-16$

例 6.8 求证：长方形的两条对角线相等.

已知：$ABCD$ 是长方形，AC 和 BD 是它的两条对角线，如图 6-15 所示，求证：$AC=BD$.

证明 因为 $\overrightarrow{AC}=\overrightarrow{AD}+\overrightarrow{DC}, \overrightarrow{BD}=\overrightarrow{AD}+\overrightarrow{AB}$

所以 $|\overrightarrow{AC}|^2=(\overrightarrow{AD}+\overrightarrow{DC})(\overrightarrow{AD}+\overrightarrow{DC})$
$=|\overrightarrow{AD}|^2+2\overrightarrow{AD}\cdot\overrightarrow{DC}+|\overrightarrow{DC}|^2$

又因为 $\overrightarrow{AD}\perp\overrightarrow{DC}$

所以 $\overrightarrow{AD}\cdot\overrightarrow{DC}=0$

即 $|\overrightarrow{AC}|^2=|\overrightarrow{AD}|^2+|\overrightarrow{DC}|^2$

同理，$|\overrightarrow{BD}|^2=|\overrightarrow{AB}|^2+|\overrightarrow{AD}|^2$

又 $|\overrightarrow{DC}|=|\overrightarrow{AB}|$

所以 $|\overrightarrow{AC}|^2=|\overrightarrow{BD}|^2$

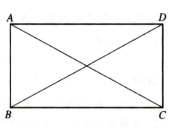

图 6-15

二、平面向量基本定理

定理：如果两个向量共线（或平行），那么其中一个向量可以由另一个向量（非零）的数乘来表示.

例题巩固

例 6.9 如图 6-16 所示，已知 $\overrightarrow{AB}=3\overrightarrow{AM}, \overrightarrow{BC}=3\overrightarrow{MN}$，说明向量 $\overrightarrow{AN}$ 与 $\overrightarrow{AC}$ 的关系.

解 因为 $\overrightarrow{AC}=\overrightarrow{AB}+\overrightarrow{BC}$
$=3\overrightarrow{AM}+3\overrightarrow{MN}$
$=3(\overrightarrow{AM}+\overrightarrow{MN})=3\overrightarrow{AN}$

所以 $\overrightarrow{AC}$ 与 $\overrightarrow{AN}$ 共线且同向，长度为 $\overrightarrow{AN}$ 的 3 倍.

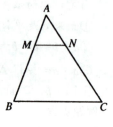

图 6-16

一般地，对于两个向量 $a, b(b\neq \mathbf{0})$，有如下平行向量基本定理：如果 $b\neq \mathbf{0}$，则 $a\parallel b$ 的充要条件是，存在唯一实数 λ，使 $a=\lambda b$.

如图 6-17 所示，$a\parallel b, a=-2b; c\parallel b, c=\dfrac{1}{2}b$.

与非零向量 a 同向且长度等于 1 的向量，叫做向量 a 的单位向量，记作 a_0，则

$a=|a|\cdot a_0$ 或 $a_0=\dfrac{a}{|a|}$.

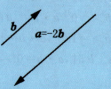

图 6-17

例 6.10 如图 6-18 所示,已知 $\overrightarrow{AP}=\dfrac{1}{2}\overrightarrow{AB},\overrightarrow{AQ}=\dfrac{1}{2}\overrightarrow{AC}$. 求证: $\overrightarrow{PQ}/\!/\overrightarrow{BC}$ 且 $\overrightarrow{PQ}=\dfrac{1}{2}\overrightarrow{BC}$.

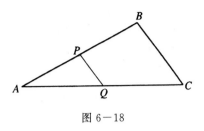

图 6-18

证明 因为 $\overrightarrow{AP}=\dfrac{1}{2}\overrightarrow{AB},\overrightarrow{AQ}=\dfrac{1}{2}\overrightarrow{AC}$

所以 $\overrightarrow{PQ}=\overrightarrow{AQ}-\overrightarrow{AP}$

$=\dfrac{1}{2}\overrightarrow{AC}-\dfrac{1}{2}\overrightarrow{AB}=\dfrac{1}{2}(\overrightarrow{AC}-\overrightarrow{AB})=\dfrac{1}{2}\overrightarrow{BC}$

所以 $\overrightarrow{PQ}/\!/\overrightarrow{BC}$ 且 $|\overrightarrow{PQ}|=\dfrac{1}{2}|\overrightarrow{BC}|$.

三、平面向量分解定理

定理:如果 e_1 和 e_2 是同一平面上的两个不平行的向量,那么对该平面上的任一向量 a,存在唯一的一对实数 a_1,a_2 使

$$a=a_1 \cdot e_1+a_2 \cdot e_2$$

$a_1 e_1+a_2 e_2$ 叫做 e_1 和 e_2 的线性组合,$\{e_1,e_2\}$ 叫做平面上的全体向量的一个基底,e_1,e_2 叫做基向量.

讲解:

如图 6-19 所示,e_1、e_2 是两个不平行向量,$\overrightarrow{AB}=2e_1+2e_2$;$\overrightarrow{CD}=e_1-2e_2$;$\overrightarrow{EF}=-e_1+4e_2$.

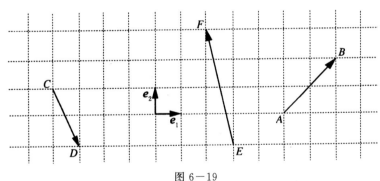

图 6-19

例题巩固

例 6.11 已知平行四边形 $ABCD$ 的两条对角线交于点 O(如图 6-20 所示). 设 $\overrightarrow{OA}=a,\overrightarrow{OB}=b$,试用 a,b 表示 $\overrightarrow{OC},\overrightarrow{OD},\overrightarrow{DC},\overrightarrow{BC}$.

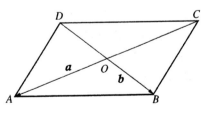

图 6-20

解 $\overrightarrow{OC}=-\overrightarrow{OA}=-a$

$\overrightarrow{OD}=-\overrightarrow{OB}=-b$

$\overrightarrow{DC}=\overrightarrow{AB}=\overrightarrow{OB}-\overrightarrow{OA}=b-a$

$\overrightarrow{BC}=\overrightarrow{OC}-\overrightarrow{OB}=-a-b$

例 6.12 如图 6-21 所示,已知线段 AB 与平面内一点 O,M 是 AB 的中点,求证: $\overrightarrow{OM}=\dfrac{1}{2}(\overrightarrow{OA}+\overrightarrow{OB})$.

证明 因为 $\overrightarrow{OM}=\overrightarrow{OA}+\overrightarrow{AM}$

$$\overrightarrow{OM} = \overrightarrow{OB} + \overrightarrow{BM}$$

所以 $2\overrightarrow{OM} = \overrightarrow{OA} + \overrightarrow{OB} + \overrightarrow{AM} + \overrightarrow{BM}$

又因为 M 是 AB 的中点

所以 $\overrightarrow{AM} = -\overrightarrow{BM}$

所以 $2\overrightarrow{OM} = \overrightarrow{OA} + \overrightarrow{OB}$

所以 $\overrightarrow{OM} = \dfrac{1}{2}(\overrightarrow{OA} + \overrightarrow{OB})$ (6.1)

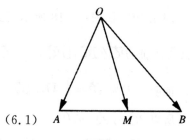

图 6—21

式(6—1)称为线段 AB 的中点的向量表达式.

四、平面向量的坐标表示

原理：对于平面内任一向量，可分别取与 x 轴、y 轴方向相同的两个单位向量 e_1、e_2，由平面向量分解定理可知，存在唯一一对有序实数对 a_1、a_2，使 $\boldsymbol{a} = a_1\boldsymbol{e}_1 + a_2\boldsymbol{e}_2$，$(a_1, a_2)$ 叫做向量的直角坐标. 记作 (a_1, a_2).

如图 6—22 所示，$O = (0, 0)$；$\boldsymbol{e}_1 = (1, 0)$；$\boldsymbol{e}_2 = (0, 1)$.

讲解：

我们知道，在直角坐标平面内，点 M 可以用坐标 (x, y) 表示，这种表示，在确定点 M 的同时，也确定了 $\overrightarrow{OM}$ 的长度及 $\overrightarrow{OM}$ 的方向，换句话说，向量也可以用点 M 的坐标来表示.

如图 6—23 所示，以原点 O 为始点的向量 $\overrightarrow{OM}$ 对应着点 $M(4, 3)$，反之，点 $M(4, 3)$ 对应着以原点 O 为始点的向量 $\overrightarrow{OM}$，因此，向量 $\overrightarrow{OM}$ 可以用点 M 的坐标 $(4, 3)$ 来表示.

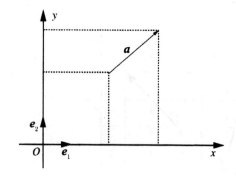

图 6—22

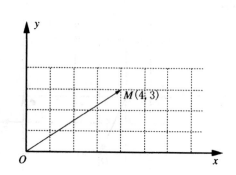

图 6—23

例题巩固

例 6.13 如图 6—24 所示，用基向量 e_1, e_2 分别表示向量 $\boldsymbol{a}, \boldsymbol{b}, \boldsymbol{c}, \boldsymbol{d}$，并求它们的坐标.

解 $\boldsymbol{a} = 3\boldsymbol{e}_1 + 3\boldsymbol{e}_2 = (3, 3)$

$\boldsymbol{b} = 3\boldsymbol{e}_1 - 3\boldsymbol{e}_2 = (3, -3)$

$\boldsymbol{c} = -4\boldsymbol{e}_1 - 2\boldsymbol{e}_2 = (-4, -2)$

$\boldsymbol{d} = -\boldsymbol{e}_1 + 4\boldsymbol{e}_2 = (-1, 4)$

例 6.14 已知 O 是坐标原点，点 P 在第一象限，$|\overrightarrow{OP}| = 4\sqrt{3}$，$\angle xOP = 60°$，求向量 $\overrightarrow{OP}$ 的坐标.

解 设点 $P(x, y)$，则

$x = 4\sqrt{3}\cos 60° = 2\sqrt{3}$，$y = 4\sqrt{3}\sin 60° = 6$

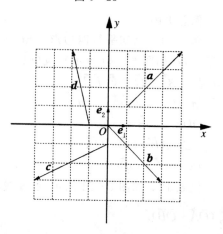

图 6—24

即 P 的坐标为 $(2\sqrt{3},6)$, 所以 $\overrightarrow{OP}=(2\sqrt{3},6)$.

五、平面向量的坐标运算

原理：一个向量的坐标等于该向量终点的坐标减去始点的坐标.

讲解：

设 $\boldsymbol{a}=(x_1,y_1), \boldsymbol{b}=(x_2,y_2)$，实数 λ，那么
$$\boldsymbol{a}+\boldsymbol{b}=(x_1+x_2,y_1+y_2)$$
$$\boldsymbol{a}-\boldsymbol{b}=(x_1-x_2,y_1-y_2)$$
$$\lambda\boldsymbol{a}=\lambda(x_1,y_1)=(\lambda x_1,\lambda y_1)$$

如图 6-25 所示，已知 $A(x_1,y_1), B(x_2,y_2)$ 则
$$\overrightarrow{AB}=\overrightarrow{OB}-\overrightarrow{OA}$$
$$=(x_2,y_2)-(x_1,y_1)$$
$$=(x_2-x_1,y_2-y_1)$$

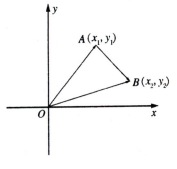

图 6-25

例题巩固

例 6.15 已知 $\boldsymbol{a}=(2,1), \boldsymbol{b}=(-3,4)$，求 $2\boldsymbol{a}, -3\boldsymbol{b}, 3\boldsymbol{a}+2\boldsymbol{b}$.

解 $2\boldsymbol{a}=2\times(2,1)=(4,2)$

$-3\boldsymbol{b}=-3\times(-3,4)=(9,-12)$

$3\boldsymbol{a}+2\boldsymbol{b}=3\times(2,1)+2\times(-3,4)$
$=(6,3)+(-6,8)=(0,11)$

例 6.16 已知 $\square ABCD$ 的顶点 $A(-1,-2), B(3,-1), C(3,1)$，求顶点 D 的坐标（如图 6-26 所示）.

解 因为 $\overrightarrow{OD}=\overrightarrow{OA}+\overrightarrow{AD}$
$=\overrightarrow{OA}+\overrightarrow{BC}$
$=\overrightarrow{OA}+\overrightarrow{OC}-\overrightarrow{OB}$
$=(-1,-2)+(3,1)-(3,-1)$
$=(-1,0)$

所以点 D 的坐标是 $(-1,0)$

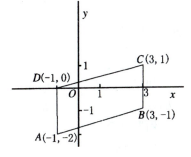

图 6-26

例 6.17 已知 $M(-2,7), N=(4,1)$，P 是 $\overrightarrow{MN}$ 的中点，P_1, P_2 是线段 MN 的三等分点，如图 6-27 所示，求点 P, P_1, P_2 的坐标.

解 $\overrightarrow{MN}=\overrightarrow{ON}-\overrightarrow{OM}$
$=(4,1)-(-2,7)$
$=(6,-6)$

$\overrightarrow{OP}=\dfrac{1}{2}(\overrightarrow{OM}+\overrightarrow{ON})$
$=\dfrac{1}{2}[(-2,7)+(4,1)]$
$=\dfrac{1}{2}(2,8)=(1,4)$

$\overrightarrow{OP_1}=\overrightarrow{OM}+\overrightarrow{MP_1}$
$=\overrightarrow{OM}+\dfrac{1}{3}\overrightarrow{MN}$

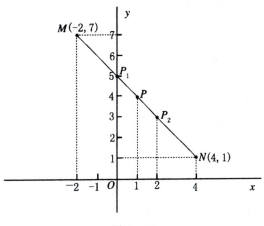

图 6-27

$$= (-2,7) + \frac{1}{3}(6,-6)$$
$$= (0,5)$$
$$\overrightarrow{OP_2} = \overrightarrow{OM} + \overrightarrow{MP_2}$$
$$= \overrightarrow{OM} + \frac{2}{3}\overrightarrow{MN}$$
$$= (-2,7) + \frac{2}{3}(6,-6)$$
$$= (2,3)$$

所以 P,P_1,P_2 的坐标分别为 $P(1,4),P_1(0,5),P_2(2,3)$.

六、中点公式

原理：已知 $P_1(x_1,y_1),P_2(x_2,y_2)$，设线段 P_1,P_2 的中点 M 的坐标是 (x,y)，如图 6-28 所示，则

$$\overrightarrow{OM} = \frac{1}{2}(\overrightarrow{OP_1} + \overrightarrow{OP_2})$$

上式用向量坐标可表示为

$$(x,y) = \frac{1}{2}[(x_1,y_1)+(x_2,y_2)]$$
$$= (\frac{x_1+x_2}{2}, \frac{y_1+y_2}{2})$$

即 $x = \frac{x_1+x_2}{2}, y = \frac{y_1+y_2}{2}$.

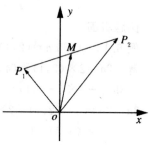

图 6-28

这就是线段中点的坐标的计算公式，简称中点公式.

如果两点的对应坐标分量分别为相反数，则这两点关于原点对称. 如点 $P(a,b),P'(-a,-b)$，则点 P 与 P' 关于原点对称.

例题巩固

例 6.18 如图 6-29 所示，已知 □ABCD 的三个顶点 $A(-2,1),B(-1,3),C(3,4)$，求顶点 D 的坐标.

解 因为平行四边形的两条对角线的中点相同，所以它们的坐标也相同，设点 D 的坐标为 (x,y)，则

$$\begin{cases} \frac{x-1}{2} = \frac{-2+3}{2} = \frac{1}{2} \\ \frac{y+3}{2} = \frac{1+4}{2} = \frac{5}{2} \end{cases}$$

解得 $x=2, y=2$.

即顶点 D 的坐标为 $(2,2)$.

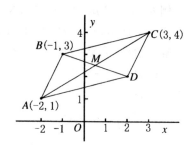

图 6-29

七、定比分点

概念：$\overrightarrow{AB}$ 是轴 l 上的有向线段，P 是异于 A,B 的另一点，则 $\overrightarrow{AP},\overrightarrow{PB}$ 共线，存在实数 $\lambda(\lambda \neq -1)$，使 $\overrightarrow{AP} = \lambda \overrightarrow{PB}$ 或 $AP:PB = \lambda$，则称 P 分有向线段成定比 λ，把 P 叫 $\overrightarrow{AB}$ 的定比分点.

讲解：

当 $\lambda>0$ 时,点 P 在线段 AB 内部,$\overrightarrow{AP},\overrightarrow{PB}$ 同向,称点 P 为线段 AB 的内分点(图 6-30(a));

当 $\lambda<0$ 时,点 P 在线段 AB 外部,$\overrightarrow{AP},\overrightarrow{PB}$ 反向,称点 P 为线段 AB 的外分点(图 6-30(b));

当 $\lambda=0$ 时,点 P 与 A 重合.

图 6-30

例题巩固

例 6.19 已知点 $A(5,2),B(5,3)$,点 P 满足 $\overrightarrow{AP}=-\dfrac{2}{3}\overrightarrow{PB}$,求点 P 的坐标.

解 由已知条件,可知 $\overrightarrow{AP}=-\dfrac{2}{3}\overrightarrow{PB}$,即

$$3\overrightarrow{AP}=-2\overrightarrow{PB}$$
$$3(\overrightarrow{OP}-\overrightarrow{OA})=-2(\overrightarrow{OB}-\overrightarrow{OP})$$
$$\begin{aligned}\overrightarrow{OP}&=3\overrightarrow{OA}-2\overrightarrow{OB}\\&=3(5,2)-2(5,3)\\&=(5,0)\end{aligned}$$

所以点 P 的坐标为 $(5,0)$.

八、向量平行的充要条件

概念: 一般地,设 $\boldsymbol{a}=(x_1,y_1),\boldsymbol{b}=(x_2,y_2)(\boldsymbol{b}\neq\boldsymbol{0})$,则 $\boldsymbol{a}\parallel\boldsymbol{b}$ 的充要条件是

$$x_1\cdot y_2-x_2\cdot y_1=0 \tag{6.2}$$

如果 $\boldsymbol{b}$ 不平行于坐标轴,即 $x_2\neq 0, y_2\neq 0$,则①式可化为

$$\dfrac{x_1}{x_2}=\dfrac{y_1}{y_2} \tag{6.3}$$

由式(6.2)、式(6-3)可知,两条向量平行的充要条件是相应坐标成比例.

讲解:

向量 $\boldsymbol{a}=(1,-3),\boldsymbol{b}=(-2,6)$ 是否平行?

因为 $\boldsymbol{b}=(-2,6)=-2\times(1,-3)=-2\boldsymbol{a}$,所以由平行向量基本定理可知 $\boldsymbol{a}\parallel\boldsymbol{b}$.

例题巩固

例 6.20 若 $\boldsymbol{a}=(3,1),\boldsymbol{b}=(1,y)$ 且 $\boldsymbol{a}\parallel\boldsymbol{b}$,求 $\boldsymbol{b}$ 的纵坐标 y.

证明 由已知条件 $\boldsymbol{a}\parallel\boldsymbol{b}$

所以

$$3y-1=0$$

解此方程得

$$y=\dfrac{1}{3}$$

例 6.21 已知 $A(2,2),B(3,4),C(4,6)$,求证:A,B,C 三点共线.

证明 由已知条件,得

$$\overrightarrow{AB}=(3,4)-(2,2)=(1,2) \qquad \overrightarrow{AC}=(4,6)-(2,2)=(2,4)$$

因为 $1×4-2×2=0$

所以 $\overrightarrow{AB}//\overrightarrow{AC}$,

又线段 AB 与 AC 有公共点 A,所以 A,B,C 三点共线.

九、向量内积的坐标运算与距离公式

公式:设两个向量 $\boldsymbol{a}=(x_1,y_1),\boldsymbol{b}=(x_2,y_2)$,则

$$\boldsymbol{a}\cdot\boldsymbol{b}=x_1x_2+y_1y_2$$

已知 $\boldsymbol{a}=(x_1,y_1)$,则 $|\boldsymbol{a}|^2=x_1^2+y_1^2$. 即

$$|\boldsymbol{a}|=\sqrt{x_1^2+y_1^2} \tag{6.4}$$

如果 $A(x_1,y_1),B(x_2,y_2)$,则

$$|\overrightarrow{AB}|=\sqrt{(x_2-x_1)^2+(y_2-y_1)^2} \tag{6.5}$$

式(6.4)为求向量长度的公式,式(6.5)为求两点间距离的公式,此公式常用 $d_{A,B}$ 表示.

例题巩固

例 6.22 已知 $\boldsymbol{a}=(3,-5),\boldsymbol{b}=(-4,-2)$,求 $\boldsymbol{a}\cdot\boldsymbol{b},|\boldsymbol{a}|,|\boldsymbol{b}|,\cos<\boldsymbol{a},\boldsymbol{b}>$.

解 $\boldsymbol{a}\cdot\boldsymbol{b}=-12+10=-2$

$|\boldsymbol{a}|=\sqrt{3^2+(-5)^2}=\sqrt{34}$

$|\boldsymbol{b}|=\sqrt{(-4)^2+(-2)^2}=2\sqrt{5}$

$\cos<\boldsymbol{a},\boldsymbol{b}>=\dfrac{\boldsymbol{a}\cdot\boldsymbol{b}}{|\boldsymbol{a}||\boldsymbol{b}|}=\dfrac{-2}{\sqrt{34}\times2\sqrt{5}}=-\dfrac{\sqrt{170}}{170}$

例 6.23 已知 $A(-2,-1),B(-5,8),C(1,2)$,求证:$\triangle ABC$ 是直角三角形.

证明 $|\overrightarrow{AB}|=\sqrt{(-5+2)^2+(8+1)^2}=\sqrt{90}$

$|\overrightarrow{BC}|=\sqrt{(1+5)^2+(2-8)^2}=\sqrt{72}$

$|\overrightarrow{AC}|=\sqrt{(1+2)^2+(2+1)^2}=\sqrt{18}$

$|\overrightarrow{AB}|^2=|\overrightarrow{BC}|^2+|\overrightarrow{AC}|^2$

即 $\triangle ABC$ 是直角三角形.

例 6.24 已知点 $A(2,3),B(-2,5),C(1,2)$,求证:$\overrightarrow{AC}\perp\overrightarrow{BC}$.

证明 $\overrightarrow{AC}=(1,2)-(2,3)=(-1,-1)$

$\overrightarrow{BC}=(1,2)-(-2,5)=(3,-3)$

$\overrightarrow{AC}\cdot\overrightarrow{BC}=(-1)\times3+(-1)\times(-3)=0$

即 $\overrightarrow{AC}\perp\overrightarrow{BC}$.

十、平移公式

原理:F 是平面内任一个平面图形,将 F 上的每一个点按照同一方向移动相同的距离到 F' 的位置,称 F 到 F' 的变换为平移变换,简称平移.

如图 6-31 所示,在图形 F 上任取一点 $P(x,y)$,按向量 $\boldsymbol{a}(a_1,a_2)$ 平移到图形 F' 的点 $P'(x',y')$,则

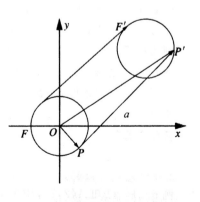

图 6-31

即

$$\overrightarrow{OP'} = \overrightarrow{OP} + \boldsymbol{a}$$

$$(x',y') = (x,y) + (a_1,a_2) = (x+a_1, y+a_2)$$

则
$$\begin{cases} x' = x + a_1 \\ y' = y + a_2 \end{cases} \quad (6.6)$$

式(6.6)就是平移公式.

例题巩固

例 6.25 把点 $A(3,5)$ 按向量 $\boldsymbol{a}=(3,2)$ 平移到 A',求点 A' 的坐标.

解 设点 A' 的坐标为 (x',y'),由平移公式得

$$\begin{cases} x' = x + 3 \\ y' = y + 2 \end{cases}, \quad 即 \begin{cases} x' = 3 + 3 = 6 \\ y' = 5 + 2 = 7 \end{cases}$$

所以 A' 的坐标为 $(6,7)$.

例 6.26 已知函数 $y=x^2$ 的图像 F 按向量 $\boldsymbol{a}=(2,-2)$ 平移到 F'.求 F' 对应的函数的解析式.

解 在曲线 F 上,任取一点 $P_0(x_0,y_0)$,设它在 F' 上的对应点为 $P(x,y)$.则

$$x = x_0 + 2, y = y_0 - 2.$$

所以 $x_0 = x - 2, y_0 = y + 2$.

因为点 P_0 在 F 上,将上式代入方程 $y=x^2$,得

$$y + 2 = (x-2)^2$$

整理得 $y=(x-2)^2 - 2 = x^2 - 4x + 2$

即平移后的图像 F' 对应的函数解析式为 $y = x^2 - 4x + 2$.

一般地,函数 $y=f(x)$ 的图像按向量 $\boldsymbol{a}=(a_1,a_2)$ 平移后,得到新图形的方程是

$$y - a_2 = f(x - a_1)$$

第四节 正弦、余弦定理及其应用

一、正弦定理

正弦定理 在任一个三角形中,各边和它所对的角的正弦的比值相等,即

$$\frac{a}{\sin A} = \frac{b}{\sin B} = \frac{c}{\sin C}$$

讲解:

如果三角形 ABC 是直角三角形,例如,$\angle C = 90°$,这时 $\sin C = 1$,于是正弦定理化为 $\frac{a}{\sin A} = \frac{b}{\sin B} = \frac{c}{\sin C} = c$ 或 $\sin A = \frac{a}{c}, \sin B = \frac{b}{c}$. 这就是直角三角形中的边角关系.

正弦定理也可以解决三角形的问题,主要以下两种情况:

① 已知两角和一边,求其他元素;

② 已知两边和其中一边对角,求其他元素.

例题巩固

例 6.27 已知三角形 ABC 中，$a=\sqrt{3}$，$b=\sqrt{2}$，$\angle B=45°$，求 $\angle A$，$\angle C$.

解 因为 $\dfrac{a}{\sin A}=\dfrac{b}{\sin B}$

所以 $\dfrac{\sqrt{3}}{\sin A}=\dfrac{\sqrt{2}}{\sin 45°}$

则 $\sin A=\dfrac{\sqrt{3}}{2}$

所以 $\angle A=60°$ 或 $\angle A=120°$.

所以 $\angle C=180°-45°-120°=15°$.

或 $\angle C=180°-45°-60°=75°$.

例 6.28 已知在三角形 ABC 中，$a=10$，$b=6$，$\angle A=60°$，求 $\angle B$.

解 因为 $\dfrac{a}{\sin A}=\dfrac{b}{\sin B}$

所以 $\sin B=\dfrac{b\sin A}{a}=\dfrac{6\sin 60°}{10}\approx 0.51$

查表或由计算器可得 $\angle B=31°18'$ 或 $\angle B=148°42'$.

但 $148°42'+60°>180°$ 应舍去.

所以 $\angle B=31°18'$.

二、余弦定理

余弦定理 三角形的任何一边长的平方等于其他两条边长的平方和减去这两边的长与它们的夹角的余弦乘积的二倍.

$$a^2 = b^2 + c^2 - 2bc\cos A \qquad (6.7)$$
$$b^2 = a^2 + c^2 - 2ac\cos B \qquad (6.8)$$
$$c^2 = a^2 + b^2 - 2ab\cos C \qquad (6.9)$$

讲解：

在 $\triangle ABC$ 中，我们用 a,b,c 分别表示 $\angle A,\angle B,\angle C$ 的对边及其长度，如图 6-32 所示.

余弦定理中的式(6.7)、式(6.8)、式(6.9)式可分别变形为

$\cos A=\dfrac{b^2+c^2-a^2}{2bc}$，$\cos B=\dfrac{a^2+c^2-b^2}{2ac}$，$\cos C=\dfrac{a^2+b^2-c^2}{2ab}$

在余弦定理中，如果 $\angle C=90°$，则 $c^2=a^2+b^2$，这就是勾股定理，由此可见，余弦定理是勾股定理的推广，而勾股定理是余弦定理的特例.

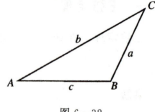

图 6-32

应用余弦定理，可以解决以下两种三角形问题：
① 已知三角形的两边及其夹角，求其他元素，
② 已知三角形的三边求其他元素.

例题巩固

例 6.29 已知 ABC 中,$b=3,c=6,\angle A=120°$,求 a 及 $\angle B,\angle C$.

解 因为 $a^2=b^2+c^2-2bc\cos120°$

$=3^2+6^2-2\times3\times6\times(-\dfrac{1}{2})$

$=63$

所以 $a=\sqrt{63}=3\sqrt{7}$

又因为 $\cos B=\dfrac{a^2+c^2-b^2}{2ac}=\dfrac{63+36-9}{2\times3\sqrt{7}\times6}\approx0.9449$

查表或由计算器可得,$\angle B=19°06'$.

所以 $\angle C=180°-\angle A-\angle B=40°54'$.

例 6.30 已知三角形 ABC 的三边 $a=7,b=5,c=4$.求三角形的三个内角.

解 由余弦定理得

$\cos A=\dfrac{b^2+c^2-a^2}{2bc}=\dfrac{5^2+4^2-7^2}{2\times5\times4}\approx-0.2$

$\cos B=\dfrac{a^2+c^2-b^2}{2ac}=\dfrac{7^2+4^2-5^2}{2\times7\times4}\approx0.7143$

查表或由计算器得 $\angle A=101°32',\angle B=44°25'$.

$\angle C=180°-\angle A-\angle B=34°3'$.

三、三角形的面积

原理:任一个三角形的面积都等于任意两边及其夹角正弦乘积的一半.

讲解:

在三角形 ABC 中(图 6-33),$\angle A,\angle B,\angle C$ 所对的边分别为 a,b,c,求三角形 ABC 的面积 S,

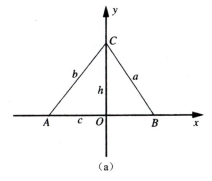
(a)

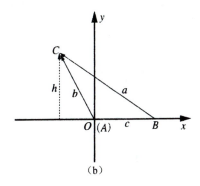
(b)

图 6-33

$$S=\dfrac{1}{2}ch=\dfrac{1}{2}bc\sin A$$

即

$$S=\dfrac{1}{2}bc\sin A$$

同理,$S=\dfrac{1}{2}ac\sin B$;$S=\dfrac{1}{2}ab\sin C$.

例题巩固

例 6.31 在三角形 ABC 中,已知 $a=30, b=12, \angle C=60°$,求 $S_{\triangle ABC}$.

解 $S_{\triangle ABC} = \frac{1}{2}ab\sin 60°$

$= \frac{1}{2} \times 30 \times 12 \times \frac{\sqrt{3}}{2}$

$= 90\sqrt{3}$

例 6.32 在三角形 ABC 中,已知 $a=10, b=5, c=9$,求 $S_{\triangle ABC}$.

解: 由余弦定理,得

$\cos A = \frac{b^2+c^2-a^2}{2bc} = \frac{25+81-100}{2 \times 5 \times 9} = \frac{6}{90} = \frac{1}{15}$

所以 $\sin A = \sqrt{1-\cos^2 A} = \sqrt{1-(\frac{1}{15})^2} = \frac{4\sqrt{14}}{15}$

所以 $S_{\triangle ABC} = \frac{1}{2}bc\sin A = \frac{1}{2} \times 5 \times 9 \times \frac{4}{15}\sqrt{14} = 6\sqrt{14}$

每章一练

1. 如图 6-34 所示,设 O 是正六边形 $ABCDEF$ 的中心,分别写出与 $\overrightarrow{OA}, \overrightarrow{OB}, \overrightarrow{OC}$ 相等的向量.

2. 下列结论中,哪些是正确的?
   (1) 若两个向量相等,则它们的起点和终点分别重合;
   (2) 模相等的两个平行向量是相等的向量;
   (3) 若 $\boldsymbol{a}$ 与 $\boldsymbol{b}$ 都是单位向量,则 $\boldsymbol{a} = \boldsymbol{b}$;
   (4) 两个相等向量的模相等.

3. 证明四边形 $ABCD$ 为平行四边形的充要条件是:$\overrightarrow{AD} = \overrightarrow{BC}$.

4. 已知向量 $\boldsymbol{a}, \boldsymbol{b}$,如图 6-35 所示,试作图分别表示出 $\boldsymbol{a}+\boldsymbol{b}$.

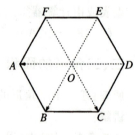

图 6-34

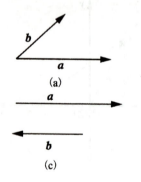
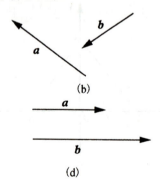

图 6-35

5. 某人先位移向量 $\boldsymbol{a}$:"向东走 3km",接着再位移向量 $\boldsymbol{b}$:"向北走 3km",求 $\boldsymbol{a}+\boldsymbol{b}$.

6. 填空:
   (1) $\overrightarrow{AB} + \overrightarrow{BC} = $ _____;
   (2) $\overrightarrow{BA} + \overrightarrow{BC} = $ _____;
   (3) $\overrightarrow{AB} + \overrightarrow{BC} + \overrightarrow{CA} = $ _____;

(4)$\overrightarrow{AB}+\overrightarrow{CD}+\overrightarrow{DA}=$_____.

7. 已知任意两个向量 a,b，不等式 $|a+b|\leqslant|a|+|b|$ 是否正确，为什么？

8. 在 $\triangle ABC$ 中，求证：$\overrightarrow{AB}+\overrightarrow{BC}+\overrightarrow{CA}=0$.

9. 已知向量 a,b，如图 6－36 所示，作图分别表示出 $a-b$.

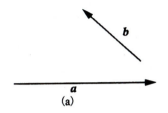

图 6－36

10. 化简：
(1)$(\overrightarrow{AB}-\overrightarrow{AC})-(\overrightarrow{AC}-\overrightarrow{BD})$；
(2)$\overrightarrow{AB}+\overrightarrow{FA}+\overrightarrow{CD}+\overrightarrow{BC}+\overrightarrow{DF}$；
(3)$\overrightarrow{AB}-\overrightarrow{AD}-\overrightarrow{DC}$；
(4)$\overrightarrow{DA}-\overrightarrow{OD}+\overrightarrow{AO}$.

11. 如图 6－37 所示，设 $\overrightarrow{AB}=a$，$\overrightarrow{AD}=b$，用 a,b 表示 $\overrightarrow{DB},\overrightarrow{CA},\overrightarrow{OD},\overrightarrow{AO}$.

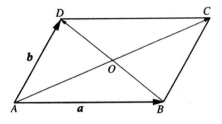

图 6－37

12. 计算：
(1)$(-2)\times\dfrac{1}{2}a$；
(2)$2(a+b)-3(a-b)$；
(3)$(\lambda+\mu)(a+b)-(\lambda-\mu)(a-b)$；
(4)$\dfrac{1}{4}(a+2b)-\dfrac{1}{6}(5a-2b)+\dfrac{1}{4}b$.

13. 解关于 x 的方程：
(1)$5(x+a)+3(x-b)=0$；
(2)$\dfrac{1}{2}(a-2x)=3(x-a)$；
(3)$2(a+b)=3(b-x)$；
(4)$\dfrac{1}{2}(x+\dfrac{1}{3}a)-2(b-3x+c)+b=0$.

14. 已知：$\overrightarrow{OA'}=3\overrightarrow{OA}$，$\overrightarrow{OB'}=3\overrightarrow{OB}$，求证：$\overrightarrow{AB}\parallel\overrightarrow{A'B'}$ 且 $\overrightarrow{AB}=\dfrac{1}{3}\overrightarrow{A'B'}$.

15. 如图 6－38 所示，在 $\triangle ABC$ 中，$\dfrac{CD}{DA}=\dfrac{AE}{EB}=\dfrac{1}{2}$，令 $\overrightarrow{BC}=a$，$\overrightarrow{CA}=b$. 求证：$\overrightarrow{DE}=\dfrac{1}{3}(b-a)$.

16. 已知 $\square ABCD$ 的两条对角线相交于点 O，设 $\overrightarrow{AB}=a$，$\overrightarrow{AD}=b$，试用 a,b 表示 $\overrightarrow{OA}$、$\overrightarrow{OB}$、$\overrightarrow{OC}$ 和 $\overrightarrow{OD}$.

17. 如图 6－39 所示，在 $\triangle ABC$ 中，$MN\parallel BC$，如果 $AM=\dfrac{1}{2}AB$，$\overrightarrow{AB}=a$，$\overrightarrow{AC}=b$，试用 a,b 表示向量 $\overrightarrow{AM}$、$\overrightarrow{AN}$、$\overrightarrow{BC}$、$\overrightarrow{MN}$，

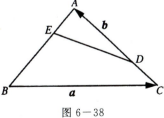

图 6－38

$\overrightarrow{MB}, \overrightarrow{NC}$.

18. 已知▱ABCD 如图 6—40 所示. $AH=HD, BF=MC=\dfrac{1}{2}BC$, 设 $\overrightarrow{AB}=a, \overrightarrow{AD}=b$, 试用 a, b 表示向量 $\overrightarrow{AM}, \overrightarrow{MH}, \overrightarrow{AF}$.

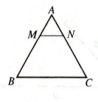

图 6—39

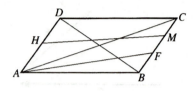

图 6—40

19. 如图 6—41 所示, 用向量 e_1, e_2 表示向量 a, b, c, d, 并求它们的坐标.

20. 已知 O 是坐标原点, 点 A 在第二象限, $|\overrightarrow{OA}|=2$, $\angle xOA=150°$, 求向量 $\overrightarrow{OA}$ 的坐标.

21. 已知向量 $a=(4,3), b=(-3,8)$, 求下列各式的值:
(1) $a+b$;　　　　　　(2) $a-b$;
(3) $a+2b$;　　　　　 (4) $3a-4b$.

22. 已知 A, B 的两点坐标, 求向量 $\overrightarrow{AB}, \overrightarrow{BA}$ (用坐标表示):
(1) $A(-2,-1), B(-5,8)$;
(2) $A(2,-1), B(3,2)$;
(3) $A(2,1), B(-3,2)$;
(4) $A(1,2), B(0,4)$.

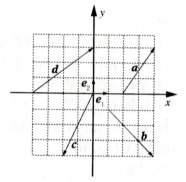

图 6—41

23. 已知▱ABCD 的顶点 $A(-1,1), B(0,-2), C(3,0)$, 求顶点 D 的坐标.

24. 已知 $M(-3,2), N(4,-1)$, 求线段 MN 中点与三等分点的坐标.

25. 求 AB 中点的坐标:
(1) $A(-3,0), B(5,2)$;
(2) $A(-3,2), B(-8,-3)$.

26. 已知▱ABCD 的三个顶点 $A(3,-1), B(3,1), C(-1,0)$, 求顶点 D 的坐标.

27. 求下列各点关于坐标原点的对称点坐标:
$P_1(-2,-4), \quad P_2(5,-3), \quad P_3(-3,2), \quad P_4(0,-2), \quad P_5(3,0)$.

28. 已知点 P 是向量 $\overrightarrow{AB}$ 的定比分点, 求点 P 的坐标.
(1) $A(3,-9), B(2,1), \lambda=-4$;
(2) $A(-2,5), B(4,2), \lambda=\dfrac{1}{2}$.

29. 已知点 $P_1(-1,2), P_2(3,-2)$ 且 $\overrightarrow{PP_1}=\dfrac{1}{3}\overrightarrow{P_1P_2}$, 求点 P 的坐标.

30. 已知点 $A(3,-6), B(-5,2)$ 和向量 $a=(6,y)$, 并且 $\overrightarrow{AB}\ /\!/\ a$, 求 a 的纵坐标.

31. 已知点 $A(3,1), B(-1,-1), C(5,2)$, 求证: $AB\ /\!/\ AC$.

32. 已知点 $A(-1,-3), B(1,1), C(0,-1)$, 求证: A, B, C 三点共线.

33. 已知 $|a|, |b|, <a,b>$, 求 $a \cdot b$.

(1) $|a|=4, |b|=7, <a,b>=60°$；
(2) $|a|=8, |b|=3, <a,b>=120°$；
(3) $|a|=2, |b|=4, <a,b>=90°$；
(4) $|a|=1, |b|=66, <a,b>=0°$.

34. 已知 $|a|=3, |b|=4, <a,b>=60°$. 求 $(a+2b)(a-3b)$.

35. 已知向量 a,b 的坐标，求 $a \cdot b$.
(1) $a=(1,-2), b=(3,-1)$；
(2) $a=(7,1), b=(-2,14)$.

36. 已知 x 轴上一点 P 与点 $A(5,12)$ 的距离等于 13，求点 P 的坐标.

37. 已知点 $A(1,2), B(5,0), C(3,4)$，求证：$\triangle ABC$ 是等腰三角形.

38. 求证：菱形的两条对角线互相垂直.

39. 将点 $A(-2,3), B(7,0), C(-4,5), D(0,-8)$ 按向量 $a=(3,2)$ 平移，求对应点的坐标.

40. 求下列三角形中未知的一边：
(1) $a=30, b=12, \angle C=60°$；
(2) $a=2, c=2\sqrt{3}, \angle B=150°$.

41. 把已知函数 $y=2x^2$ 的图像 F 按向量 $a=(-2,3)$ 平移到 F' 的位置，求图像 F' 的函数表达式.

42. 在三角形 ABC 中，已知三边，求三个内角：
(1) $a=4, b=4\sqrt{3}, c=8$；
(2) $a=b=5, c=5\sqrt{3}$.

43. 三角形 ABC 中，$a=2, b=\sqrt{2}, c=\sqrt{3}+1$，试判断其形状.

44. 在三角形中，已知：
(1) $b=1, a=\sqrt{3}, \angle B=\dfrac{\pi}{6}$，求 $\angle A$；
(2) $c=6, b=2\sqrt{3}, \angle C=60°$，求 $\angle B$.

45. 求下列三角形的面积：
(1) $a=4, b=5, \angle C=30°$；
(2) $b=8, c=8, \angle A=60°$.

46. 求下列三角形的面积：
(1) $a=15, b=20, c=25$；
(2) $a=20, b=15, c=10$.

解析几何

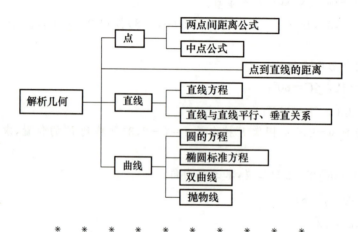

第一节　两点间距离公式和中点公式

一、两点间距离公式

公式：在平面直角坐标系中，已知两点 $P_1(x_1,y_1),P_2(x_2,y_2)$，那么两点 P_1P_2 之间的距离公式为

$$|P_1P_2| = \sqrt{(x_2-x_1)^2+(y_2-y_1)^2} \tag{7.1}$$

讲解：

如果 P_1 和 P_2 两点在 x 轴上或在平行于 x 轴的直线上，由于 $y_1=y_2$，所以由公式(7.1)可得

$$|P_1P_2| = |x_2-x_1|$$

如果 P_1 和 P_2 两点在 y 轴上或在平行于 y 轴的直线上，由于 $x_2=x_1$，所以由公式(7.1)可得

$$|P_1P_2| = |y_2-y_1|$$

例题巩固

例 7.1　求平面上两点 $A(2,-4),B(-2,3)$ 之间的距离．

解　$|AB| = \sqrt{(-2-2)^2+(3+4)^2} = \sqrt{65}$

例 7.2 证明以 $A(3,2), B(6,5), C(1,10)$ 为顶点的三角形是直角三角形.

证明 由两点间距离公式,得

$$|AB|^2 = (6-3)^2 + (5-2)^2 = 18$$
$$|BC|^2 = (1-6)^2 + (10-5)^2 = 50$$
$$|AC|^2 = (1-3)^2 + (10-2)^2 = 68$$

因为 $|AB|^2 + |BC|^2 = |AC|^2$,所以由勾股定理的逆定理可以断定 △ABC 是直角三角形.

二、中点公式

公式:点 $P_1(x_1, y_1)$ 和 $P_2(x_2, y_2)$ 之间所连线段的中点 P 的坐标为

$$\begin{cases} x = \dfrac{x_1 + x_2}{2} \\ y = \dfrac{y_1 + y_2}{2} \end{cases} \tag{7.2}$$

公式(7.2)称为线段的中点公式.

讲解:

如图 7-1 所示,已知线段 P_1P_2 的两个端点分别是 $P_1(x_1, y_1), P_2(x_2, y_2)$,点 P 为线段 P_1P_2 的中点.

从 P_1, P, P_2 分别作 y 轴的平行线,交 x 轴于 M_1, M, M_2,由图 7-1 可知 $|M_1M| = |MM_2|$

即
$$|x - x_1| = |x_2 - x|$$
$$x - x_1 = x_2 - x$$

所以
$$x = \dfrac{x_1 + x_2}{2}$$

同理
$$y = \dfrac{y_1 + y_2}{2}$$

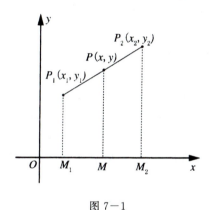

图 7-1

例题巩固

例 7.3 已知 $A(3,4), B(-3,2)$,求 AB 中点的坐标.

解:由中点坐标公式可知

$$x = \dfrac{3+(-3)}{2} = 0, y = \dfrac{4+2}{2} = 3$$

所以 AB 中点的坐标为 $(0,3)$

例 7.4 如图 7-2 所示,已知平行四边形 $ABCD$ 的三个顶点 $A(-3,0), B(2,-2), C(5,2)$,求顶点 D 的坐标.

解 因为平行四边形的两条对角线的中点相同,所以它们的坐标也相同,设点 D 的坐标为 (x, y),则

$$\begin{cases} \dfrac{x+2}{2} = \dfrac{-3+5}{2} = 1 \\ \dfrac{y-2}{2} = \dfrac{0+2}{2} = 1 \end{cases}$$

解得 $x = 0, y = 4$.

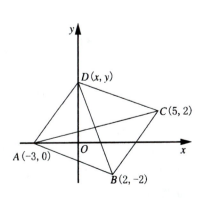

图 7-2

即顶点 D 的坐标为 $(0,4)$.

第二节　曲线与方程

原理：由曲线求曲线方程的主要步骤是：
①建立适当的坐标系，设曲线上任一点 P 的坐标为 (x,y)；
②根据给出的几何条件写出曲线上点集的特征性质；
③用 x,y 的关系式表示这个特征性质，列出方程；
④化简方程；
⑤证明化简后的方程是所求曲线的方程.

例题巩固

例 7.5　求以原点为圆心，半径等于 3 的圆的方程.

解　如图 7-3 所示，设 $P(x,y)$ 是所求圆上任意一点，点 P 在圆上的充分必要条件是点 P 到原点的距离等于 3，即 $|OP|=3$，由两点的距离公式得

$$\sqrt{x^2+y^2}=3$$

两边平方得

$$x^2+y^2=9$$

这就是所求圆的方程.

例 7.6　已知 $A(-1,-1),B(3,7)$，求线段 AB 的垂直平分线 l 的方程.

解　如图 7-4 所示，设 $M(x,y)$ 为线段 AB 的垂直平分线 l 上的任一点，由线段垂直平分线的性质可知，点 M 在 l 上的充要条件是：$|MA|=|MB|$.

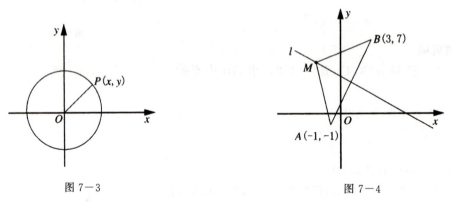

图 7-3　　　　　　　　　图 7-4

由两点距离公式得

$$\sqrt{(x+1)^2+(y+1)^2}=\sqrt{(x-3)^2+(y-7)^2}$$

两边平方化简，得直线 l 的方程

$$x+2y-7=0$$

例 7.7　已知两定点 A,B，点 P 使 $PA \perp PB$，求点 P 的轨迹方程.

解　如图 7-5 所示，以线段 AB 的中点 O 为原点，在直线 AB 上构造 x 轴，建立直角坐标系 xOy，设 $\overrightarrow{AB}=2a(a>0)$，则 A,B 的坐标分别为 $(-a,0)$、$(a,0)$，设点 $P(x,y)$ 的轨迹为 C，由已知条件，得

$C = \{P(x,y) | \overrightarrow{AP} \perp \overrightarrow{BP}\}$
$\overrightarrow{AP} = (x+a, y), \overrightarrow{BP} = (x-a, y)$
$\overrightarrow{AP} \perp \overrightarrow{BP} \Leftrightarrow \overrightarrow{AP} \cdot \overrightarrow{BP} = 0$
换用坐标表示,得
$$(x+a)(x-a) + y^2 = 0$$
整理得
$$x^2 + y^2 = a^2$$

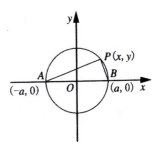

图 7-5

易验证,点 A、B 的坐标 $(-a,0)$,$(a,0)$ 是上述方程的解,但由 $PA \perp PB$ 知 P 与 AB 都不重合.应从所得方程去掉这两点坐标,得 P 的轨迹方程: $x^2 + y^2 = a^2 (x \neq \pm a)$.

第三节 直线方程

一、直线的点向式方程

原理: 直线的点向式方程为

$$v_2(x - x_0) - v_1(y - y_0) = 0 \tag{7.3}$$

$$\frac{x - x_0}{v_1} = \frac{y - y_0}{v_2} \tag{7.4}$$

讲解:

在直角坐标系 xOy 中(图 7-6),过已知点 $P_0(x_0, y_0)$ 作与非零向量 $\boldsymbol{v} = (v_1, v_2)$ 平行的直线 l,这条直线 l 是唯一确定的,下面我们来求直线 l 的方程.

设 $P(x,y)$ 是一动点,则点 P 在直线 l 上的充分必要条件是向量 $\overrightarrow{P_0P}$ 和向量 $\boldsymbol{v}$ 的坐标成比例,即

$$\begin{cases} x - x_0 = tv_1 \\ y - y_0 = tv_2 \end{cases}, t \in \mathbf{R}.$$

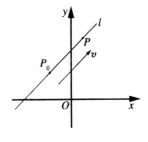

图 7-6

在此方程中消去 t,得式(7.3).

当 $v_1 = 0, v_2 \neq 0$ 时,直线 l 平行于 y 轴,方程变为 $x = x_0$;

当 $v_2 = 0, v_1 \neq 0$ 时,直线 l 平行于 x 轴,方程变为 $y = y_0$;

当 $v_1 \neq 0, v_2 \neq 0$ 时,式(7.3)可化为式(7.4).

例题巩固

例 7.8 求过点 $P(-3,1)$ 且平行向量 $\boldsymbol{v} = (-2,1)$ 的直线的方程.

解 依直线的点向式方程(7.4)式,得直线的方程为

$$\frac{x-(-3)}{-2} = \frac{y-1}{1}$$

整理得所求直线方程为 $x + 2y + 1 = 0$.

例 7.9 求过点 $A(-1,2)$ 和点 $B(2,4)$ 的直线方程.

解 依直线的点向式方程式(7.4),得

$$\frac{x+1}{3} = \frac{y-2}{2}$$

整理得所求直线方程为 $2x-3y+8=0$.

二、直线的点斜式方程

原理:直线的点斜式方程为

$$y - y_0 = k(x - x_0) \tag{7.5}$$

式(7.5)称为直线 l 的点斜式方程,k 叫做直线 l 的斜率.设直线 l 向上的方向与 x 轴正方向所成的最小角为 α,则 α 叫做直线 l 的倾斜角($0 \leqslant \alpha < \pi$).

讲解:

上节课我们学习了直线的点向式方程

$$\frac{y-y_0}{x-x_0} = \frac{v_2}{v_1}$$

令 $k = \dfrac{v_2}{v_1}$,则可得出方程式(7.5).

由三角函数的性质,得

$$k = \frac{v_2}{v_1} = \tan\alpha \tag{7.6}$$

由斜率的定义可知,当 $\boldsymbol{v}$ 平行于 y 轴时,l 的斜率 k 不存在.

如图 7-7 所示,如果知道与一条直线平行的向量(不平行于 y 轴)就可依据式(7.6)求出这条直线的斜率.

如果知道直线上的两点 $A(x_1,y_1)$,$B(x_2,y_2)$,如图 7-8 所示,则向量 $\boldsymbol{v} = \overrightarrow{AB}$(或 $\overrightarrow{BA}$)与直线 l 共线.于是

$$k = \frac{y_2 - y_1}{x_2 - x_1} = \frac{y_1 - y_2}{x_1 - x_2}$$

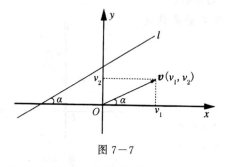

图 7-7

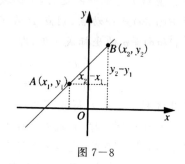

图 7-8

并且不论 A,B 在 l 上的位置如何,k 是一个定值.

设直线 l 通过点 $(0,b)$,如图 7-9 所示,且斜率为 k 的直线的点斜式方程可化为

$$y = kx + b$$

这种形式的方程与一元一次函数的形式相同,其中 k 为斜率,b 叫做直线 $y = kx + b$ 在 y 轴上的截距.

当直线与 x 轴平行时,$k=0$;当直线垂直于 x 轴时,它的斜率不存在.

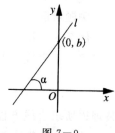

图 7-9

例题巩固

例 7.10 求经过两点 $A(-2,0), B(-5,3)$ 的直线的斜率和倾斜角.

解 直线过两点 $A(-2,0), B(-5,3)$,斜率
$$k = \frac{y_2 - y_1}{x_2 - x_1} = \frac{3-0}{-5-(-2)} = -1$$

即 $\tan\alpha = -1$

所以 $\alpha = \dfrac{3}{4}\pi$

例 7.11 已知直线经过点 $P(2,3)$,且倾斜角为 $\dfrac{\pi}{3}$,求这条直线的方程.

解 因为 $k = \tan\dfrac{\pi}{3} = \sqrt{3}$,由直线方程的点斜式,得
$$y - 3 = \sqrt{3}(x - 2)$$

整理得所求直线方程为
$$\sqrt{3}x - y - 2\sqrt{3} + 3 = 0$$

三、直线的点法式方程

原理:直线的点法式方程为
$$A(x - x_0) + B(y - y_0) = 0$$

这个方程叫做直线的点法式方程,$\boldsymbol{n}(\boldsymbol{n}=(A,B))$ 叫做直线 l 的法向量.

讲解:

如图 7-10 所示,已知点 $P_0(x_0, y_0)$ 和一非零向量 $\boldsymbol{n}=(A,B)$,求过点 P_0 且与向量 $\boldsymbol{n}$ 垂直的直线 l 的方程.

设 $P(x,y)$ 为一动点,则 P 在 l 上的充要条件是
$$\boldsymbol{n} \cdot \overrightarrow{P_0P} = 0$$

即 $\boldsymbol{n} \cdot (\overrightarrow{OP} - \overrightarrow{OP_1}) = 0$

换用坐标表示,可得直线的点法式方程.

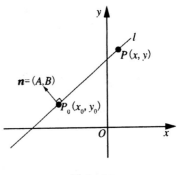

图 7-10

例题巩固

例 7.12 求过点 $A(3,2)$,且与向量 $\boldsymbol{n}=(3,-4)$ 垂直的直线方程.

解 由直线的点法式方程,得
$3(x-3) + (-4)(y-2) = 0$
整理得所求直线方程为
$3x - 4y - 1 = 0$

四、直线的一般式方程

定理 每一个二元一次方程的图像都是直线.

方程式:直线 $Ax + By + C = 0$ 叫做直线的一般式方程.

讲解:

我们已知,任一条直线都可看做是过已知点且平行于一个向量或垂直于一个向量的直线,它的方程都是二元一次方程,于是也就证明了,在坐标平面的任一条直线,它的方程都是二元

一次方程，根据定理我们可知每一个二元一次方程的图像都是直线．

$Ax+By+C=0$ 的 x,y 的系数 A、B 所确定的向量 $\boldsymbol{n}=(A,B)$ 与这条直线垂直，则 $\boldsymbol{n}=(A,B)$ 叫做直线 $Ax+By+C=0$ 的法向量．

因为向量 $(B,-A)$ 与 $(-B,A)$ 都与向量 (A,B) 垂直，所以向量 $(B,-A)$ 或 $(-B,A)$ 与直线 $Ax+By+C=0$ 平行，向量 $(B,-A)$ 或 $(-B,A)$ 可取为直线的方向向量．

例题巩固

例 7.13 求过点 $(-2,5)$，且与直线 $l:4x-3y+9=0$ 垂直的直线方程．

解 因为向量 $(4,-3)$ 与直线 l 垂直，所以向量 $(4,-3)$ 与所求的直线平行，由直线点向式方程，得

$$\frac{x-(-2)}{4}=\frac{y-5}{-3}$$

整理得所求直线方程为

$3x+4y-14=0$

例 7.14 求过点 $(3,-4)$ 且与直线 $l:3x+7y+9=0$ 平行的直线方程．

解 因所求直线与已知直线平行，所以直线 l 的法向量与所求直线垂直．

由直线的点法式方程，得

$3(x-3)+7[y-(-4)]=0$

整理得所求直线方程为

$3x+7y+19=0$

第四节　直线与直线的位置关系

一、两条直线平行的条件

原理： 在直角坐标系 xOy 中，设两直线方程分别为

$$l_1:A_1x+B_1y+C_1=0 \tag{7.7}$$

$$l_2:A_2x+B_2y+C_2=0 \tag{7.8}$$

设 l_1 与 l_2 的方程 (7.7)、方程 (7.8) 中的 x 和 y 的系数及常数项都不为零，则有

l_1 与 l_2 重合 $\Leftrightarrow \dfrac{A_1}{A_2}=\dfrac{B_1}{B_2}=\dfrac{C_1}{C_2}$；

$l_1 \parallel l_2 \Leftrightarrow \dfrac{A_1}{A_2}=\dfrac{B_1}{B_2}\neq\dfrac{C_1}{C_2}$．

讲解：

l_1 的法向量 $\boldsymbol{n}_1=(A_1,B_1)$，$l_2$ 的法向量 $\boldsymbol{n}_2=(A_2,B_2)$，如图 7-11 所示．于是

$l_1 \parallel l_2$（或重合）$\Leftrightarrow \boldsymbol{n}_1 \parallel \boldsymbol{n}_2$．

因为 $\boldsymbol{n}_1 \parallel \boldsymbol{n}_2 \Leftrightarrow \boldsymbol{n}_1=\lambda \boldsymbol{n}_2 \Leftrightarrow (A_1=\lambda A_2, B_1=\lambda B_2) \Leftrightarrow A_1B_2-A_2B_1=0$．

所以　　$l_1 \parallel l_2$（或重合）$\Leftrightarrow A_1B_2-A_2B_1=0$．

从而有　　l_1 与 l_2 相交 $\Leftrightarrow A_1B_2-A_2B_1\neq 0$．

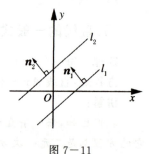

图 7-11

例题巩固

例 7.15 已知:两条直线 $l_1:2x-4y-7=0, l_2:x=2y-5$. 求证: $l_1 /\!/ l_2$.

证明 将 l_2 的方程化为一般式: $x-2y+5=0$

因为 $\dfrac{2}{1}=\dfrac{-4}{-2}\neq\dfrac{-7}{5}$.

所以 $l_1 /\!/ l_2$.

例 7.16 求过点 $(1,-4)$,并且与直线 $2x+3y+5=0$ 平行的直线.

解 依题意,设所求直线为

$2x+3y+D=0$

由于所求直线过点 $(1,-4)$,代入方程,得 $D=10$.

所以,所求直线方程为

$2x+3y+10=0$

二、两条直线垂直的条件

原理:两条直线垂直的充要条件是,两条直线方程中的一次项的对应系数乘积之和等于 0.

讲解:

在直角坐标 xOy 中,设两条直线方程分别为

$l_1:A_1x+B_1y+C_1=0$

$l_2:A_2x+B_2x+C_2=0$

则 l_1 的法向量 $\mathbf{n}=(A_1,B_1)$,l_2 的法向量 $\mathbf{n}_2=(A_2,B_2)$,如图 7-12 所示.

因为 $l_1 \perp l_2 \Leftrightarrow \mathbf{n}_1 \perp \mathbf{n}_2 \Leftrightarrow \mathbf{n}_1 \cdot \mathbf{n}_2=0$,所以 $A_1A_2+B_1B_2=0$.

从而有 $l_1 \perp l_2 \Leftrightarrow A_1A_2+B_1B_2=0$

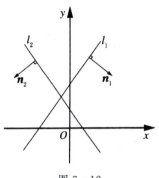

图 7-12

例题巩固

例 7.17 求过点 $(1,2)$,并且与直线 $2x+y-10=0$ 垂直的直线方程.

解 依题意,设所求直线方程为

$x-2y+D=0$

由于直线过点 $(1,2)$,代入方程,得 $D=3$.

所以,所求直线方程为

$x-2y+3=0$

第五节 两条直线的夹角

概念:两条直线相交所构成的四个角中,我们把不大于 90° 的角叫做两条直线的夹角。如图 7-13 所示.

讲解:

当两条直线平行或重合时,规定它们的夹角为 0°.

两条直线的夹角记为 θ, 显然 θ 的取值范围是 $0 \leqslant \theta \leqslant \dfrac{\pi}{2}$.

由平面几何知道 l_1 与 l_2 的夹角等于 n_1 与 n_2 的夹角或夹角的补角, 所以

$$\cos\theta = \dfrac{|A_1 A_2 + B_1 B_2|}{\sqrt{A_1^2 + B_1^2}\sqrt{A_2^2 + B_2^2}}$$

这个公式可用来求两条直线的夹角.

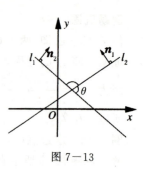

图 7—13

例题巩固

例 7.18 求直线 $l_1 : y = 2x + 3$ 与 $l_2 : y = x - 3$ 的夹角.

解 将 l_1, l_2 的方程写成一般式:

$l_1 : 2x - y + 3 = 0$

$l_2 : x - y - 3 = 0$

由两条直线为夹角公式, 得

$$\cos\theta = \dfrac{|2 \times 1 + (-1) \times (-1)|}{\sqrt{2^2 + (-1)^2}\sqrt{1^2 + (-1)^2}} = \dfrac{3}{\sqrt{10}} \approx 0.94871$$

查表或用计算器得 $\theta = 18°26'$.

第六节 点到直线的距离

公式: 点到直线的距离公式为

$$d = |d_n| = \dfrac{|Ax_0 + By_0 + C|}{\sqrt{A^2 + B^2}}$$

讲解:

直线 l 的法向量为 $\boldsymbol{n} = (A, B)$, 则 $\boldsymbol{n}$ 的单位向量

$$\boldsymbol{n}_0 = \dfrac{\boldsymbol{n}}{|\boldsymbol{n}|} = \dfrac{(A, B)}{\sqrt{A^2 + B^2}}$$

由内积运算的几何意义, $\overrightarrow{PP_0}$ 在 $\boldsymbol{n}$ 方向上的正射影数量 d_n 的绝对值就是点 P_0 到直线 l 的距离.

$$d_n = \overrightarrow{PP_0} \cdot \boldsymbol{n}_0 = (x_0 - x, y_0 - y) \cdot \dfrac{(A, B)}{\sqrt{A^2 + B^2}}$$

$$= \dfrac{A(x_0 - x) + B(y_0 - y)}{\sqrt{A^2 + B^2}}$$

$$= \dfrac{Ax_0 + By_0 - (Ax + By)}{A^2 + B^2}$$

由于 $P(x, y)$ 是直线 l 上一个点, 所以 $Ax + By + C = 0$, 从而得 $C = -(Ax + By)$, 所以

$$d_n = \dfrac{Ax_0 + By_0 + C}{\sqrt{A^2 + B^2}}$$

由此得到计算点 P_0 到直线 l 的距离 d 的公式.

例题巩固

例 7.19 求点 $P(-1, 2)$ 到直线 $l : 2x + y = 5$ 的距离 d.

解 将直线 l 化为一般式:$2x+y-5=0$
由点到直线的距离公式,得
$$d=\frac{|2\times(-1)+1\times 2-5|}{\sqrt{2^2+1^2}}=\frac{5}{\sqrt{5}}=\sqrt{5}$$

例 7.20 已知两条平行直线 $l_1:Ax+By+C_1=0$ 和 $l_2:Ax+By+C_2=0$,求证:l_1 与 l_2 的距离 $d=\dfrac{|C_2-C_1|}{\sqrt{A^2+B^2}}$.

证明 因为 l_1 上任意一点到 l_2 的距离就是平行直线 l_1 与 l_2 的距离.
设 $P_0(x_0,y_0)$ 是直线 l_1 上任意一点,则 P_0 到直线 l_2 的距离是
$$d=\frac{Ax_0+By_0+C_2}{\sqrt{A^2+B^2}}$$
由 $Ax_0+By_0+C_1=0$,知 $Ax_0+By_0=-C_1$,所以
$$d=\frac{|C_2-C_1|}{\sqrt{A^2+B^2}}$$

第七节　圆的方程

一、圆的方程

方程:$x^2+y^2+Dx+Ey+F=0$ 为圆的一般方程.

讲解:

由平面几何知识可知,与一定点的距离等于定长的动点的轨迹叫做圆,这个定点叫做圆心,定长叫做半径.现在来求以 $C(h,k)$ 为圆心,r 为半径的圆的方程.

如图 7-14 所示,设 $M(x,y)$ 是圆上任意一点,则 $|MC|=r$.
由两点的距离公式,得
$$\sqrt{(x-h)^2}+\sqrt{(y-k)^2}=r$$
两边平方得
$$(x-h)^2+(y-k)^2=r^2 \qquad (7.9)$$
此方程叫做以 $C(h,k)$ 为圆心,r 为半径的圆的标准方程.
特别地,当 $h=k=0$ 时,即圆心在原点时圆的标准方程为
$$x^2+y^2=r^2 \qquad (7.10)$$
将方程(7.10)展开,得
$$x^2+y^2-2hx-2ky+h^2+k^2-r^2=0$$
令 $D=-2h,E=-2k,F=h^2+k^2-r^2$,则上式可化为
$$x^2+y^2+Dx+Ey+F=0 \qquad (7.11)$$
方程(7.11)叫做圆的一般方程.

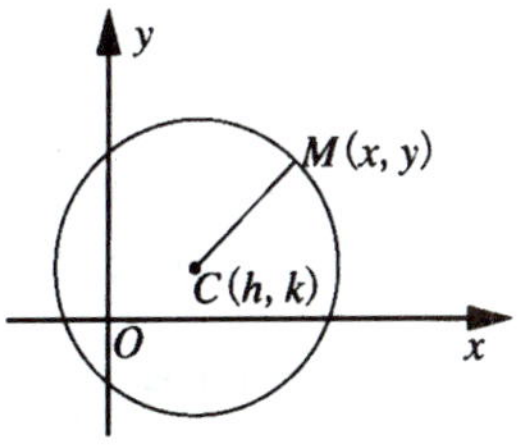

图 7-14

反过来,我们研究形如式(7.11)的方程的曲线是否均为圆,将式(7.11)配方得

$$(x+\frac{D}{2})^2+(y+\frac{E}{2})^2=\frac{D^2+E^2-4F}{4}$$

(1) 当 $D^2+E^2-4F>0$ 时,方程(7.11)表示以 $(-\frac{D}{2},-\frac{E}{2})$ 为圆心,以 $\frac{1}{2}\sqrt{D^2+E^2-4F}$ 为半径的圆.

(2) 当 $D^2+E^2-4F=0$ 时,方程(7.11)只有实数解 $x=-\frac{D}{2}, y=-\frac{E}{2}$,所以表示一个点 $(-\frac{D}{2},-\frac{E}{2})$.

(3) 当 $D^2+E^2-4F<0$ 时,方程(7.11)没有实数解,因为它不表示任何曲线.

圆的标准方程明确指出了圆心和半径,一般方程则突出了圆的方程形式上的特点:
① x^2 和 y^2 的系数相等且不等于零;
② 没有二次项 xy(即 xy 项的系数等于零).

以上两点是一般的二元二次方程 $Ax^2+Bxy+Cy^2+Dx+Ey+F=0$ 表示圆的必要条件.

例题巩固

例 7.21 判定下列二元二次方程所表示的曲线的形状:
(1) $2x^2+2y^2+2x-2y-7=0$;
(2) $x^2+y^2-2x-4y+5=0$;
(3) $x^2+y^2-2x-4y+6=0$.

解 这三个方程都具有圆的一般方程的特点,将三个方程分别配方,得

(1) $(x+\frac{1}{2})^2+(y-\frac{1}{2})^2=4$

它表示圆心在 $(-\frac{1}{2},\frac{1}{2})$,半径为 2 的圆;

(2) $(x-1)^2+(y-2)^2=0$

它表示圆心在 $(1,2)$,半径为 0 的圆,即它只表示一个点 $(1,2)$;

(3) $(x-1)^2+(y-2)^2=-1$

它不表示任何曲线.

二、求圆的方程

因为圆的方程 $(x-h)^2+(y-k)^2=r^2$ 和 $x^2+y^2+Dx+Ey+F=0$ 中,每一个方程都含有三个常数(h,k,r 或 D,E,F),所以求圆的方程就要确定这三个常数,而确定这三个常数必须且只需三个独立条件.

例题巩固

例 7.22 求过三点 $O(0,0), A(1,1), B(4,2)$ 的圆的方程,并求这个圆的半径和圆心坐标.

解 设所求圆的方程为
$x^2+y^2+Dx+Ey+F=0$
因为 O,A,B 三点均在圆上,所以它们的坐标都应满足这个方程,因此有

$$\begin{cases} F=0 \\ D+E+F+2=0 \\ 4D+2E+F+20=0 \end{cases}$$

解这个方程组,得 $D=-8, E=6, F=0$,于是所求圆的方程为
$$x^2+y^2-8x+6y=0$$
即 $(x-4)^2+(y+3)^2=5^2$

所以这个圆的圆心坐标为 $(4,-3)$,半径为 5.

例 7.23 求以 $C(1,3)$ 为圆心,并且和直线 $3x-4y-7=0$ 相切的圆的方程.

解 因为圆 C 和直线 $3x-4y-7=0$ 相切,所以半径 r 等于圆心 C 到这条直线的距离,因此
$$r=\frac{|3\times 1-4\times 3-7|}{\sqrt{3^2+(-4)^2}}=\frac{16}{5}$$

所以,圆的方程为
$$(x-1)^2+(y-3)^2=\frac{256}{25}$$

例 7.24 已知直线 $y=x+b$ 和圆 $x^2+y^2=2$,当 b 为何值时,直线与圆相交,相切,相离?

解 直线与圆相交,相切,相离就是直线与圆有两个不同的交点,两个重合的交点和没有交点.

解方程组 $\begin{cases} y=x+b & \text{①} \\ x^2+y^2=2 & \text{②} \end{cases}$

将①式代入②式,得
$$2x^2+2bx+b^2-2=0$$

该方程的判别式为 $\Delta=(2b)^2-4\cdot 2\cdot(b^2-2)=4(-b^2+4)$.

当 $\Delta>0$,即 $-2<b<2$ 时,方程组有两个不同的实根,此时直线与圆有两个不同的交点,它们相交;

当 $\Delta=0$,即 $b=2$ 或 $b=-2$ 时,方程组有两个相等的实根,此时直线与圆有两个重合的交点,它们相切;

当 $\Delta<0$,即 $b<-2$ 或 $b>2$ 时,方程组无实根,此时直线与圆无交点,它们相离.

第八节 椭圆的标准方程

一、椭圆的定义和标准方程

1. 椭圆的定义

定义:平面上到两定点 F_1 和 F_2 的距离的和为定长(记为 $2a$,且 $2a>|F_1F_2|$)的动点的轨迹叫做椭圆.两定点 F_1 和 F_2 叫做椭圆的焦点,两焦点间的距离叫做椭圆的焦距.

讲解:

在画板上将一条细绳的两端固定于两点 F_1 和 F_2,细绳的长度大于两点 F_1 和 F_2 间的距离,用一支笔拉紧细绳移动一圈,则笔尖画出的曲线就是一个椭圆.如图 7—15 所示.

2. 椭圆的标准方程

方程:

$$\frac{x^2}{a^2}+\frac{y^2}{b^2}=1(a>b>0)$$

图 7-15

这个方程叫做椭圆的标准方程,它所表示的椭圆焦点在 x 轴上,焦点坐标为 $F_1(-c,0),F_2(c,0)(c>0)$. 这里 $c^2=a^2-b^2$.

讲解:

取过焦点 F_1 和 F_2 的直线为 x 轴,线段 F_1F_2 的垂直平分线为 y 轴,建立平面直角坐标系(图 7-16).

设椭圆的焦距为 $|F_1F_2|=2c(c>0)$,点 $M(x,y)$ 是椭圆上任意一点,则焦点坐标为 $F_1(-c,0)$ 和 $F_2(c,0)$,M 到 F_1 和 F_2 的距离和等于 $2a$,即

$$|MF_1|+|MF_2|=2a$$

由两点间距离公式,得

$$\sqrt{(x-c)^2+y^2}+\sqrt{(x+c)^2+y^2}=2a$$

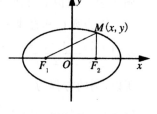

图 7-16

整理得

$$(a^2-c^2)x^2+a^2y^2=a^2(a^2-c^2) \qquad (7.12)$$

由椭圆的定义,知 $2a>2c\Rightarrow a>c\Rightarrow a^2-c^2>0$,令 $a^2-c^2=b^2(b>0)$,则式(7.12)可化为

$$b^2x^2+a^2y^2=a^2b^2$$

上式两边同除以 a^2b^2,即为椭圆的标准方程.

例题巩固

例 7.25 已知椭圆的焦点坐标为 $F_1(-3,0),F_2(3,0),a=5$,求椭圆的标准方程.

解 由题设可知 $a=5,c=3$,所以

$$b^2=a^2-c^2=16$$

故所求椭圆的标准方程为

$$\frac{x^2}{25}+\frac{y^2}{16}=1$$

如果椭圆的焦点在 y 轴上,如图 7-17 所示,焦点坐标是 $F_1(0,-c),F_2(0,c)(c>0)$,同理可推出焦点在 y 轴上的椭圆的标准方程为

$$\frac{x^2}{b^2}+\frac{y^2}{a^2}=1(a>b>0)$$

其中 a,b,c 的关系式仍为 $c^2=a^2-b^2$.

二、椭圆的性质

根据椭圆的标准方程来研究椭圆的性质(图 7-18).

1. 范围

由标准方程,椭圆上任意一点的坐标都适合关系式:

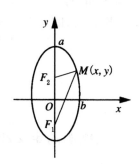

图 7-17

$$\begin{cases}\dfrac{x^2}{a^2}\leqslant 1\\ \dfrac{y^2}{b^2}\leqslant 1\end{cases}\Rightarrow\begin{cases}|x|\leqslant a\\ |y|\leqslant b\end{cases}$$

这说明椭圆位于直线 $x=\pm a$ 和 $y=\pm b$ 所围成的矩形中(图 7-18).

2. 对称性

在标准方程中,将 x 换成 $-x$ 或 y 换成 $-y$,或把 x,y 同时换成 $-x,-y$ 时,方程都不变,所以图形关于 y 轴、x 轴和坐标原点都是对称的.因此,x 轴和 y 轴都是椭圆的对称轴,原点是椭圆的对称中心,椭圆的对称中心为椭圆的中心.

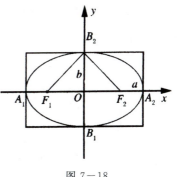

图 7-18

3. 顶点

在标准方程中,令 $x=0$,得 $y=\pm b$,即 $B_1(0,-b),B_2(0,b)$ 是椭圆和 y 轴的两个交点.同样,令 $y=0$,得 $x=\pm a$ 即 $A_1(-a,0),A_2(a,0)$ 是椭圆和 x 轴的两个交点.

椭圆与对称轴的四个交点,叫做椭圆的顶点,线段 A_1A_2,B_1B_2 分别叫做椭圆的长轴和短轴,它们的长度分别等于 $2a$ 和 $2b$,a 和 b 分别叫做椭圆的长半轴长和短半轴长.

①根据椭圆的定义和它的形状,可知椭圆的焦点一定在长轴上;
②a,b,c 三个量之间恒有以下的关系:$a^2=b^2+c^2$.

4. 离心率

椭圆的形状,有的较扁,有的较圆.如何描述它的扁平程度呢?由椭圆的定义不难看出,如果把 $2a$ 和 $2c$ 按同一比例放大或缩小,椭圆的形状是相似的,所以椭圆的扁平程度,决定于焦距与长轴的比值,这个比值称为椭圆的离心率,记作

$$e=\dfrac{c}{a}$$

由于 $0<c<a$,所以,$0<e<1$.

离心率的大小决定了椭圆的扁平程度,由于

$$\dfrac{b}{a}=\dfrac{\sqrt{a^2-c^2}}{a^2}=\sqrt{1-\left(\dfrac{c}{a}\right)^2}=\sqrt{1-e^2}$$

所以,e 越大,$\dfrac{b}{a}$ 越小,椭圆越扁;e 越小,$\dfrac{b}{a}$ 越大,椭圆越趋近于圆.

当 $a=b$ 时,$c=\sqrt{a^2-b^2}=0,e=0$,所以圆的离心率是零.

例题巩固

例 7.26 求椭圆 $16x^2+25y^2=400$ 的长轴和短轴的长,顶点和焦点坐标,离心率,并画出它的图形.

解 将已知方程化为标准方程

$$\dfrac{x^2}{25}+\dfrac{y^2}{16}=1$$

所以 $a=5,b=4,c=\sqrt{25-16}=3$.

因此,椭圆的长轴长和短轴长分别是 $2a=10,2b=8$,离心率 $e=\dfrac{c}{a}=\dfrac{3}{5}$,两个焦点坐标分别

是 $F_1(-3,0), F_2(3,0)$，椭圆的四个顶点分别是：$A_1(-5,0), A_2(5,0), B_1(0,-4), B_2(0,4)$. 将已知方程变形为 $y=\pm\frac{4}{5}\sqrt{25-x^2}$. 根据 $y=\frac{4}{5}\sqrt{25-x^2}$ 得出第一象限内几个点的坐标，见表 7-1.

表 7-1

x	0	1	2	3	4	5
y	4	3.9	3.7	3.2	2.4	0

用描点法先画出椭圆在第一象限内的图形，再利用椭圆的对称性画出椭圆的整个图形. 如图 7-19 所示.

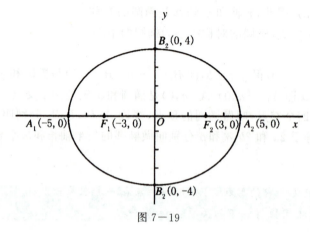

图 7-19

例 7.27 已知椭圆的中心为原点，长轴在 y 轴上，而且 $c=8, e=\frac{2}{3}$，试求椭圆的标准方程.

解 已知椭圆的中心为原点，长轴在 y 轴上，所以设椭圆的方程为
$$\frac{x^2}{b^2}+\frac{y^2}{a^2}=1(a>b>0)$$

由已知，得 $\begin{cases} c=8 \\ e=\frac{c}{a}=\frac{2}{3} \\ a^2=b^2+c^2 \end{cases}$

解此方程组得 $a=12, b=\sqrt{80}, c=8$.

故所求椭圆的方程为 $\frac{x^2}{80}+\frac{y^2}{144}=1$.

第九节 双曲线

一、双曲线的定义和标准方程

1. 双曲线的定义

定义 平面上到两点 F_1, F_2 距离的差的绝对值等于常数（记为 $2a, 2a<|F_1F_2|$）的点的轨迹称为双曲线. 两定点 F_1、F_2 叫做双曲线的焦点，两焦点之间的距离叫做焦距.

讲解：

如图 7-20(a) 所示,有一条两边不等长的拉链,将长的一边的端点固定在 F_1 上,短的一边的端点固定在 F_2 上,拉开拉链,拉链锁头 M 移动的轨迹就是一条曲线;再把短的一边的端点固定在 F_1 上,长的一边的端点固定在 F_2,同样可得到另一条曲线;这两条曲线合起来叫做双曲线,每一条叫双曲线的一支.

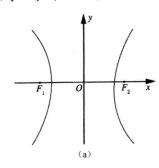
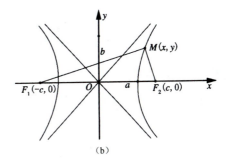

图 7-20

2. 双曲线的标准方程

方程:

$$\frac{x^2}{a^2} - \frac{y^2}{b^2} = 1$$

这个方程叫做双曲线的标准方程,它所代表的双曲线的焦点在 x 轴上,焦点坐标为 $F_1(-c,0)$ 和 $F_2(c,0)$,这里 $c^2 = a^2 + b^2$.

讲解:

取过焦点 F_1 和 F_2 的直线为 x 轴,线段 F_1F_2 的垂直平分线为 y 轴,建立平面直角坐标系,如图 7-20(b) 所示.

设点 $M(x,y)$ 是双曲线上任意一点,双曲线的焦距为 $|F_1F_2| = 2c(c>0)$,则焦点 F_1、F_2 的坐标为 $F_1(-c,0)$、$F_2(c,0)$,M 到 F_1,F_2 的距离之差的绝对值为 $2a$,则

$$||MF_1| - |MF_2|| = 2a$$

由两点间的距离公式得

$$\sqrt{(x+c)^2 + y^2} - \sqrt{(x-c)^2 + y^2} = \pm 2a$$

化简整理,得

$$(c^2 - a^2)x^2 - a^2 y^2 = a^2(c^2 - a^2) \tag{7.13}$$

由双曲线定义可知,$2c > 2a \Rightarrow c > a \Rightarrow c^2 - a^2 > 0$,令 $c^2 - a^2 = b^2$,则式(7.13)可化为

$$b^2 x^2 - a^2 y^2 = a^2 b^2$$

两边同时除以 $a^2 b^2$,即得双曲线的标准方程.

例题巩固

例 7.28 已知双曲线的焦点是 $F_1(-6,0)$ 与 $F_2(6,0)$,双曲线上的一动点到两焦点的距离之差的绝对值是 6,求双曲线的标准方程.

解 设所求的双曲线的标准方程为 $\frac{x^2}{a^2} - \frac{y^2}{b^2} = 1$

由已知条件,得 $2a = 6 \Rightarrow a = 3$,又 $c = 6$,

所以 $b^2 = c^2 - a^2 = 36 - 9 = 27$.

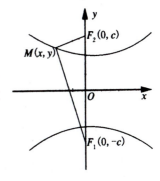

图 7-21

故所求双曲线的标准方程为 $\dfrac{x^2}{9}-\dfrac{y^2}{27}=1$.

如果双曲线的焦点在 y 轴上(图 7－21)，焦点是 $F_1(0,-c)$，$F_2(0,c)$，同理可以求得它的方程为

$$\dfrac{y^2}{a^2}-\dfrac{x^2}{b^2}=1(a>0,b>0)$$

这个方程也是双曲线的标准方程，其中 a、b、c 的关系仍为 $c^2=a^2+b^2$.

二、双曲线的性质

根据双曲线的标准方程来研究双曲线的性质.

1. 范围

由双曲线的标准方程 $\dfrac{x^2}{a^2}-\dfrac{y^2}{b^2}=1$，得 $y=\pm\dfrac{b}{a}\sqrt{x^2-a^2}$

要使 y 有意义，必须有 $x^2-a^2\geqslant 0$，即 $x\geqslant a$ 或 $x\leqslant -a$.

它说明双曲线在两条直线 $x=a$，$x=-a$ 的外侧，一支在直线 $x=a$ 的右边，一支在直线 $x=-a$ 的左边.

2. 对称性

由标准方程可知，双曲线关于 x 轴，y 轴和坐标原点都是对称的，所以 x 轴、y 轴是双曲线的对称轴，原点是双曲线的对称中心，双曲线的对称中心称为双曲线的中心.

3. 顶点

在标准方程中，令 $y=0$，得 $x=\pm a$，因此，双曲线与 x 轴有两个交点 $A_1(-a,0)$，$A_2(a,0)$，它们叫做双曲线的顶点. 令 $x=0$，得 $y^2+b^2=0$，此方程无实数根，说明双曲线和 y 轴无交点，但我们为研究性质的需要，把点 $B_1(0,-b)$，$B_2(0,b)$ 在 y 轴上标出来. 如图 7－22 所示.

线段 A_1A_2 叫做双曲线的实轴，它的长等于 $2a$，a 叫做双曲线的实半轴长. 线段 B_1B_2 叫做双曲线的虚轴，它的长为 $2b$，b 做双曲线的虚半轴长.

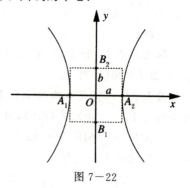

图 7－22

4. 渐近线

过 A_1，A_2 和 B_1，B_2 分别作直线 $x=\pm a$ 和 $y=\pm b$，四条直线所围矩形的对角线所在直线方程为 $y=\pm\dfrac{b}{a}x$，如图 7－23 所示，由双曲线的标准方程 $\dfrac{x^2}{a^2}-\dfrac{y^2}{b^2}=1$，得

$$y=\pm\dfrac{b}{a}\sqrt{x^2-a^2}\;(x>a)$$

当 $|x|$ 无限增大时，即双曲线的各支向外无限延伸时，双曲线与直线 $y=\pm\dfrac{b}{a}x$ 无限接近但不相交，我们把直线 $y=\pm\dfrac{b}{a}x$ 叫做双曲线的渐近线.

讲解：

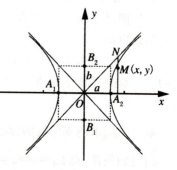

图 7－23

双曲线在第一象限的方程为

$$y = \frac{b}{a}\sqrt{x^2-a^2} \quad (x>a)$$

设 $M(x,y)$ 为双曲线上一点，$N(x,y_1)$ 为直线 $y=\frac{b}{a}x$ 上与 M 有相同横坐标的点，此时，

$$|MN| = y_1 - y = \frac{b}{a}(x-\sqrt{x^2-a^2})$$

$$= \frac{b}{a} \cdot \frac{(x-\sqrt{x^2-a^2})(x+\sqrt{x^2-a^2})}{x+\sqrt{x^2-a^2}}$$

$$= \frac{ab}{x+\sqrt{x^2-a^2}}$$

在第一象限内，当 x 无限增大时，$|MN|$ 趋近于零，即双曲线在第一象限内，逐渐接近于射线 ON，但不相交，在其他三个象限也是如此.

双曲线的渐近线 $y=\pm\frac{b}{a}x$，也可以写成下面的形式：

$$\frac{x}{a}-\frac{y}{b}=0, \frac{x}{a}+\frac{y}{b}=0; 或者 \frac{x^2}{a^2}-\frac{y^2}{b^2}=0.$$

5. 离心率

离心率是描述双曲线开口大小的一个量，双曲线的焦距与实轴的长的比 $e=\frac{c}{a}$ 叫做双曲线的离心率. 由于 $c>a$，所以双曲线的离心率 $e>1$.

事实上，由 $c^2-a^2=b^2$，可得

$$\frac{b}{a} = \frac{\sqrt{c^2-a^2}}{a} = \sqrt{\frac{c^2}{a^2}-1} = \sqrt{e^2-1}$$

如图 7-23 所示，双曲线与渐近线的位置关系：e 越大，$\frac{b}{a}$ 越大，双曲线开口越大，反之亦然.

6. 双曲线的光学性质

从双曲线的一个焦点发出的光线或声波经过双曲线的反射后，就好像从另一个焦点发射出来的一样，如图 7-24 所示.

例题巩固

例 7.29 求双曲线 $9x^2-16y^2=144$ 的实半轴和虚半轴的长，焦距，顶点坐标，焦点坐标，离心率和渐近线方程.

解 把已知方程化为标准形式

$$\frac{x^2}{16}-\frac{y^2}{9}=1$$

由此可知 $a=4, b=3$，所以 $c=5$.

所以实半轴长 $a=4$，虚半轴长 $b=3$，焦距 $2c=10$，顶点坐标为 $A_1(-4,0), A_2(4,0)$，焦点坐标为 $F_1(-5,0), F_2(5,0)$，离心率 $e=\frac{c}{a}=\frac{5}{4}$，渐近线方程为 $y=\pm\frac{3}{4}x$.

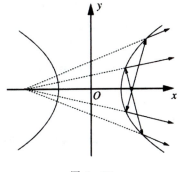

图 7-24

例 7.30 求双曲线 $4y^2-5x^2=20$ 的实轴长和虚轴长、焦点坐标、顶点坐标、离心率和渐近线方程.

解 将已知方程化成标准形式

$$\frac{y^2}{5}-\frac{x^2}{4}=1$$

可知 $a=\sqrt{5}$, $b=2$, 则 $c=\sqrt{a^2+b^2}=3$, 且焦点在 y 轴上.

所以,实轴长为 $2a=2\sqrt{5}$,虚轴长为 $2b=4$,焦点坐标为 $F_1(0,-3)$,$F_2(0,3)$,顶点坐标为 $A_1(0,-\sqrt{5})$,$A_2(0,\sqrt{5})$,离心率 $e=\frac{c}{a}=\frac{3\sqrt{5}}{5}$.

因为焦点在 y 轴上的渐近线方程是 $y=\pm\frac{a}{b}x$,所以所求双曲线的渐近线方程为 $y=\pm\frac{\sqrt{5}}{2}x$.

第十节 抛物线

一、抛物线的定义和标准方程

1. 抛物线的定义

定义:平面上与一定点 F 和一条定直线 l 的距离相等的点的轨迹叫做抛物线. 该定点 F 叫做抛物线的焦点,定直线 l 叫做抛物线的准线,焦点到准线的距离用 p 表示($p>0$).

讲解:

抛物线可以按图 7-25 所示画出,首先确定一个定点 F 和一条定直线 l,然后将一条无弹性的细绳的一端固定在三角板 ABC 的一条直角边 AC 的一个端点 A 上(绳长为直角边 AC 的长度). 细绳的另一端固定在点 F 上,将铅笔套在绳子上,并使绳子绷紧. 当三角板 ABC 的另一条直角边 BC 沿定直线 l 滑动时,笔尖 M 的轨迹就是一条抛物线. 显然,笔尖在移动时,它到定点 F 的距离始终等于它到定直线 l 的距离.

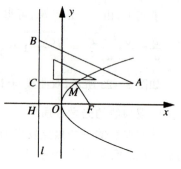

图 7-25

2. 抛物线的标准方程

方程:

$$y^2=2px \quad (p>0)$$

这个方程称为抛物线的标准方程,它的焦点 $F(\frac{p}{2},0)$ 在 x 轴正半轴上,准线方程为 $x=-\frac{p}{2}$.

讲解:

在图 7-25 中,取过焦点 F 且垂直于准线 l 的直线为 x 轴,x 轴与 l 相交于 H,取 HF 的垂直平分线为 y 轴,建立平面直坐标系,则 $|HF|=p$ 焦点 F 的坐标为 $F(\frac{p}{2},0)$,准线 l 的方程

为 $x=-\dfrac{p}{2}$.

设 $M(x,y)$ 是抛物线上的一动点,作 $MN\perp l$,交于 N(在图上与 C 点重合),则点 N 的坐标为 $(-\dfrac{p}{2},y)$,由定义,得

$$|MN|=|MF|$$

由两点间的距离公式,得

$$\sqrt{(x+\dfrac{p}{2})^2}=\sqrt{(x-\dfrac{p}{2})^2+y^2}$$

整理得抛物线的标准方程。

由于抛物线的焦点还可选在 x 轴的负半轴,y 轴的正负半轴上,因此根据抛物线的定义还可得到不同的方程,所以抛物线的标准方程还有其他几种形式:

$$y^2=-2px,\ x^2=2py,\ x^2=-2py$$

它们的焦点坐标、准线方程及图形见表 7-2.

表 7-2

标准方程	$y^2=2px(p>0)$	$y^2=-2px(p>0)$	$x^2=2py(p>0)$	$x^2=-2py(p>0)$
图形				
焦点	$F(\dfrac{p}{2},0)$	$F(-\dfrac{p}{2},0)$	$F(0,\dfrac{p}{2})$	$F(0,-\dfrac{p}{2})$
准线方程	$x=-\dfrac{p}{2}$	$x=\dfrac{p}{2}$	$y=-\dfrac{p}{2}$	$y=\dfrac{p}{2}$

例题巩固

例 7.31 已知抛物线的方程是 $y^2=6x$,求它的焦点坐标和准线方程.

解 因为 $2p=6,p=3$,所以抛物线的焦点坐标为 $F(\dfrac{3}{2},0)$,准线方程为 $x=-\dfrac{3}{2}$.

例 7.32 已知抛物线的焦点是 $F(0,-2)$,求它的标准方程和准线方程.

解 因为焦点在 y 轴的负半轴上,并且 $\dfrac{p}{2}=2$,所以 $p=4$.

故所求抛物线的标准方程为

$$x^2=-8y$$

准线方程为

$$y=2$$

二、抛物线的性质

根据抛物线的标准方程 $y^2=2px(p>0)$ 来讨论抛物线的性质.

1. 范围

由 $y^2=2px\geq 0$ 和 $p>0$，得 $x\geq 0$，所以抛物线 $y^2=2px$ 在 y 轴的右侧（即开口向右），当 x 的值无限增大时，$|y|$ 也无限增大，说明抛物线向右上方和右下方无限延伸.

2. 对称性

在标准方程 $y^2=2px(p>0)$ 中，以 $-y$ 代 y，方程不变，所以这条抛物线关于 x 轴对称，我们把抛物线的对称轴叫做抛物线的轴.

3. 顶点

抛物线和它的轴的交点叫做抛物线的顶点，在方程 $y^2=2px$ 中，令 $x=0$，得 $y=0$，所以抛物线 $y^2=2px(p>0)$ 的顶点是坐标原点.

4. 离心率

抛物线上的点 M 到焦点和准线的距离之比叫做抛物线的离心率，用 e 表示，由定义知 $e=1$.

综合以上讨论可知，抛物线 $y^2=2px(p>0)$ 的顶点是原点，对称轴重合于 x 轴，开口向右，整个图形在 y 轴的右侧.

①抛物线 $y^2=-2px(p>0)$ 的顶点是原点，对称轴重合于 x 轴，开口向左，整个图形在 y 轴的左侧.

②抛物线 $x^2=2py(p>0)$ 或 $x^2=-2py(p>0)$ 的顶点是原点，对称轴重合于 y 轴，开口向上（或向下），整个图形在 x 轴的上方（或下方）.

例题巩固

例 7.33 求抛物线 $10x-y^2=0$ 的焦点坐标和准线方程.

解 将已知抛物线方程化为标准形式：$y^2=10x$.

所以，$p=5$，故焦点坐标为 $F(\frac{5}{2},0)$，准线方程为 $x=-\frac{5}{2}$.

例 7.34 求以原点为顶点，对称轴重合于坐标轴，且经过点 $M(-5,-10)$ 的抛物线方程.

解 由于对称轴重合于坐标轴，并未指名重合于 x 轴还是 y 轴，而点 $M(-5,-10)$ 在第三象限. 所以抛物线有如图 7-26 所示两种情况.

(1) 对焦点在 x 轴负半轴，开口向左的情形，设其方程为 $y^2=-2px$.

因为点 $M(-5,-10)$ 此抛物线上，所以有 $(-10)^2=-2p(-5)$，即 $p=10$.

故所求抛物线方程为 $y^2=-20x$.

(2) 对焦点在 y 轴负半轴，开口向下的情形，设其方程为 $x^2=-2py$，同理可得抛物线方程为 $x^2=-\frac{5}{2}y$.

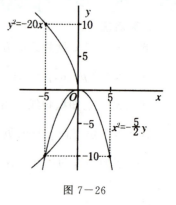

图 7-26

1. 求线段 AB 中点的坐标：

(1) $A(5,4)$，$B(-3,0)$；　　　　　(2) $A(-3,-1)$，$B(5,7)$.

2. 连接两点 $A(2,y),B(x,-6)$ 所成的线段的中点是 $P(4,3)$,求 x 和 y.

3. 在 x 轴上有一点 P,它与点 $A(-3,4)$ 的距离是 5,求点 P 的坐标.

4. 求与原点距离等于 2 的点的轨迹方程.

5. 求与定点 $A(1,2)$ 距离等于 5 的点的轨迹方程.

6. 求过点 P 且平行于向量 $\boldsymbol{v}$ 的直线的方程:
(1) $P(3,-5),\boldsymbol{v}=(1,2)$; (2) $P(0,5),\boldsymbol{v}=(3,-4)$;
(3) $P(-2,-1),\boldsymbol{v}=(5,-2)$; (4) $P(-2,0),\boldsymbol{v}=(0,3)$.

7. (1) 写出过点 $(2,3)$ 与 y 轴平行的直线方程;
(2) 写出过点 $(-2,1)$ 与 x 轴平行的直线方程.

8. 求下列直线的点斜式方程并画出该条直线:
(1) 通过点 $(-1,2)$,且平行于向量 $\boldsymbol{v}=(2,1)$;
(2) 通过点 $(1,2)$,且平行于向量 $\boldsymbol{v}=(-3,2)$.

9. 已知直线通过点 $A(2,-1),B(4,1)$,求直线 AB 的斜率和倾斜角.

10. 求过点 P,且平行于直线 l 的直线方程:
(1) $P(5,2)$, $l:3x-y+1=0$;
(2) $P(-1,4)$, $l:5x-3y+2=0$;
(3) $P(-3,-4)$, $l:x+y=0$;
(4) $P(1,2)$, $l:x+3y=0$.

11. 求过点 P,且垂直于直线 l 的直线方程:
(1) $P(-2,1),l:3x+y-3=0$;
(2) $P(2,0),l:x-3y-4=0$;
(3) $P(-1,4),l:x-3=0$.

12. 判断下列各对直线是否平行:
(1) $3x+4y-5=0$, $6x+8y-7=0$;
(2) $y=3x+4$, $2y-6x+1=0$.

13. 判断下列各对直线是否垂直:
(1) $y=x,2x+2y-7=0$;
(2) $x+4y-5=0,4x-3y-5=0$;
(3) $x=3,y=2$;
(4) $2x-y=0,x-2y=0$.

14. 求直线 $3x-y+6=0$ 与 $x-y+4=0$ 的夹角.

15. 求过点 $(-2,-1)$,且与直线 $l:\sqrt{3}x+y-\sqrt{3}=0$ 的夹角为 $60°$ 的直线方程.

16. 求下列点到直线的距离:
(1) $O(0,0),3x+2y-26=0$;
(2) $A(-3,2),3x+4y+11=0$;
(3) $B(1,0),\sqrt{3}x+y-\sqrt{3}=0$.

17. 求下列两条平行直线间的距离:
(1) $2x+3y-8=0$ 和 $2x+3y+18=0$;
(2) $3x+4y-12=0$ 和 $6x+8y+11=0$.

18. 圆 $(x-\frac{3}{2})^2+(y+1)^2=\frac{1}{4}$ 的圆心是_____,半径是_____.

19. 圆心是 $(0,2)$,半径是 $\sqrt{3}$,则此圆的方程是_____.

20. 圆 $x^2+y^2-6y=0$ 的圆心是_____,半径是_____.

21. 求下列圆的方程:

(1)过点 $A(5,1)$,圆心在点 $C(8,-3)$;

(2)过点 $A(-1,1)$ 和 $B(1,3)$,圆心在 x 轴上;

(3)圆心为 $C(2,1)$,并经过直线 $4x-y-1=0$ 与 $x+y-4=0$ 的交点.

22. 求以直线 $3x-4y+12=0$ 被两坐标轴所截得的线段长为直径的圆的方程.

23. 求下列各椭圆的长轴和短轴的长,离心率,焦点和顶点坐标,并画出它们的简图.

(1) $\dfrac{x^2}{25}+\dfrac{y^2}{8}=1$ (2) $9x^2+y^2=81$;

(3) $x^2+4y^2=16$; (4) $2x^2=1-y^2$.

24. 求下列双曲线的实轴和虚轴的长,顶点和焦点坐标,离心率和渐近线方程,并画出其草图:

(1) $x^2-8y^2=32$;

(2) $9y^2-x^2=81$;

(3) $x^2-y^2=-4$;

(4) $\dfrac{x^2}{49}-\dfrac{y^2}{25}=1$.

25. 求适合下列条件的双曲线的标准方程:

(1)焦距为 14,实轴长为 12,焦点在 x 轴上;

(2)焦距为 16,离心率为 $\dfrac{4}{3}$,焦点在 y 轴上;

(3)实轴长为 12,虚轴长为 16.

26. 求下列抛物线的焦点坐标和准线方程:

(1) $y^2=20x$; (2) $x^2=\dfrac{1}{2}y$;

(3) $2y^2+5x=0$; (4) $x^2+8y=0$.

27. 求适合下列条件的抛物线的标准方程:

(1)顶点为原点,焦点是 $F(0,4)$;

(2)顶点为原点,准线方程是 $x=4$;

(3)焦点是 $F(0,-8)$,准线方程是 $y=8$.

28. 已知抛物线的顶点在原点,关于 x 轴对称,并且经过点 $P(5,-4)$,求抛物线的标准方程.

立体几何

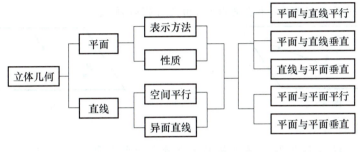

∗ ∗ ∗ ∗ ∗ ∗ ∗ ∗ ∗ ∗ ∗

第一节　平面及其性质

一、平面的表示方法

原理：平面的基本画法：用锐角为 $45°$ 的平行四边形来表示平面.

平面的符号表示：平面一般用希腊字母 $\alpha, \beta, \gamma \cdots$ 来表示，另外也可以用平行四边形的顶点或对角线的顶点的字母来表示.

讲解：

在现实生活中，我们看到的桌面、墙面、湖面等，都是平面的感觉，但我们看到的其实是平面的一部分. 平面是无限延展、没有边界的. 我们往往用平面的一部分来表示平面.

例如，图 8-1 中(a)、(b)分别表示为平面 α，平面 β；(c)表示为平面 $ABCD$ 或平面 AC、平面 BD.

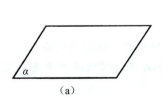
(a)

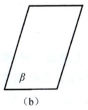
(b)

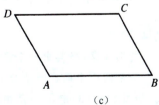
(c)

图 8-1

二、平面的基本性质

原理：

性质 1　如果一条直线上的两点在一个平面内，那么这条直线上的所有点都在这个平面内．

性质 2　经过不在同一条直线上的三点，有且只有一个平面．

性质 3　如果两个平面有一个公共点，那么就有另外的公共点，并且这些公共点的集合是经过这个点的一条直线．

讲解：

性质1：如图 8－2 所示．

现实举例：建筑工人在砌墙时，观看墙面的平整程度．

如我们把三根木棍按照图 8－3 所示位置平放，把 A,B,C 三点绑住，那么这个形状就固定住了．这就是说，平面已经形成，不会再改变，由此可得性质 2.

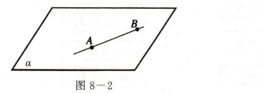

图 8－2

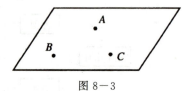

图 8－3

性质2：如图 8－3 所示．

该本性质也可以简单地说成：不共线的三点确定一个平面．

现实举例：一扇门的两个合页和门上的锁，当门不上锁时，它是可以自由转动的；在门锁上后就不会再动了．

又如教室的两墙面的交叉的地方都是直线，由此可得性质 3.

性质3：如图 8－4 所示．

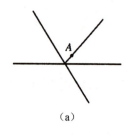

（a）

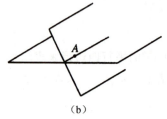

（b）

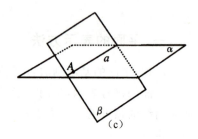

（c）

图 8－4

于是，我们就有了相交平面的基本画法，步骤：

①画出两个平面的侧直线和交线（图 8－4(a)）；

②作一组与交线平行的平行直线（图 8－4(b)）；

③连接表示两个平面的平行四边形（图 8－4(c)）．

特别注意：当其中一个平面被另一个平面遮住时，就应把遮住部分画成虚线或不画．

如果两个平面有一条公共直线，则称两个平面相交，这条公共直线叫做两个平面的交线．如图 8－4(3)中，α 与 β 相交，交线是 a．

三、平面基本性质的推论

原理:
推论1 经过一条直线和直线外的一点,有且只有一个平面.
推论2 经过两条相交直线,有且只有一个平面.
推论3 经过两条平行直线,有且只有一个平面.

讲解:
推论1:如图8-5(a)所示,直线BC外一点A和直线BC上两点B,C不共线,根据基本性质2,A、B、C三点确定一个平面ABC.

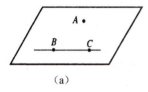
(a)
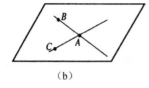
(b)
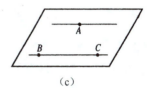
(c)

图8-5

推论2:如图8-5(b)所示,两条直线AB,AC相交于点A,三点A,B,C确定的一个平面,就是相交直线AB和AC确定的一个平面.

推论3:如图8-5(c)所示,因为两条直线平行,A,B,C三点不共线,就是说两条平行直线确定一个平面.

另外,我们还需要一些符号来表示平面与直线、平面与平面之间的关系.例如:

点A在平面α内,记作$A\in\alpha$;点A不在平面α内,记作$A\notin\alpha$;

直线l在平面α内,记作$l\subset\alpha$;直线l不在平面α内,记作$l\not\subset\alpha$;

平面α与平面β相交于直线l,记作$\alpha\cap\beta=l$.

第二节 空间两直线的位置关系

一、空间的平行直线

定理: 在空间中,平行于同一条直线的两条直线互相平行.

讲解:
大家都知道,在同一平面内不相交的两条直线叫做平行线.同时,我们也知道黑板的上沿直线和下沿直线是平行的,那你能说明室外的旗杆和室内的暖壶是否平行,并给出一个合理的解释吗?

如图8-6中,如果$a\parallel b$,$c\parallel b$,则$a\parallel c$.

上述平行线的性质,又叫空间平行线的传递性.由此就可以判断室外的旗杆和室内的暖壶是平行的.

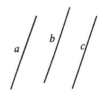

图8-6

我们来认识一种新的立体图形——空间四边形.如图 8-7 所示,顺次连接不共面的四点所构成的图形,叫做空间四边形.

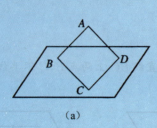

图 8-7

很明显,空间四边形有一部分是看不见的,一般用虚线或不画线来表示.大家在画的时候一定要注意.

例题巩固

例 8.1 已知空间四边形 $ABCD$,E,F,G,H 分别是边 AB、BC、CD、DA 的中点,求证:$EFGH$ 是平行四边形.

证明 如图 8-8 所示,连接 BD,在 $\triangle ABD$ 中,

因为 E,H 分别为 AB,AD 的中点,

所以 $EH \parallel BD$,$EH = \dfrac{1}{2} BD$.

同理 $FG \parallel BD$,$FG = \dfrac{1}{2} BD$.

所以 $EH \underline{\parallel} FG$.

所以四边形 $EFGH$ 是平行四边形.

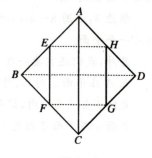

图 8-8

二、异面直线

1. 异面直线

概念:我们把不在同一个平面内的两条直线叫做异面直线.

判定方法:连接平面内一点与平面外一点的直线和这个平面内不经过该点的任意一条直线是异面直线.

讲解:

观察图 8-9 中,正方体的各条棱所在直线的关系.

举例:AB 与 BC 相交,AA' 与 BB' 平行,那么 AA' 与 BC 呢?显然 AA' 与 BC 既不相交,也不平行,那么它们一定不共面.

我们继续观察图 8-10,直线 AB 与平面 α 相交于点 B,点 A 在 α 外,直线 l 在 α 内但不过点 B,这时直线 AB 和 l 一定是异面直线;否则,AB 与 l 共面,点 A 就在 α 内,这与已知点 A 在 α 外矛盾.由此得到判定异面直线的方法.

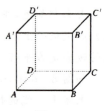

图 8-9

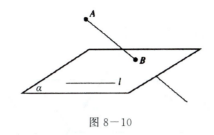

图 8-10

2. 异面直线的夹角

概念:如图 8-11 所示,已知两条异面直线 a,b,经过空间一点 O,作直线 $a'//a,b'//b$,根据角平移的性质,a' 和 b' 所成角的大小与 O 的选择无关.我们把 a' 与 b' 所成的锐角(或直角)叫做异面直线 a,b 所成的角或夹角.其中,如果两条异面直线所成的角是直角,那么我们就说两条直线互相垂直.例如,图 8-9 中异面直线 AA' 与 BC 互相垂直,记作 $AA'\perp BC$. 如果两条直线平行,我们就说它们所成的角为 $0°$.

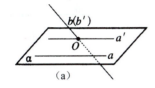
(a)

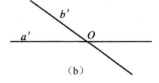
(b)

图 8-11

例题巩固

例 8.2 图 8-12 表示的是一个正方体,
(1)哪些棱所在直线与直线 BA' 是异面直线?
(2)求直线 BA' 与 CC' 所成的角的度数;
(3)哪些棱所在直线与直线 AA' 垂直?

解 (1)由异面直线的判定方法可知,与直线 BA' 成异面直线的棱有直线 $B'C',AD,CC',DC,D'C',DD'$.

(2)因为 $BB'//CC'$,
所以 $\angle B'BA'$ 等于异面直线 BA' 与 CC' 的交角.
所以 $\angle B'BA'=45°$,即 BA' 与 CC' 所成的角为 $45°$.

(3)直线 $AB,BC,CD,DA,A'B',B'C',C'D',D'A'$ 都与直线 AA' 垂直.

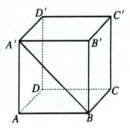

图 8-12

第三节 直线和平面的位置关系

一、直线和平面平行

1. 直线和平面平行的概念及其判定

概念:如果直线和平面没有公共点,则称直线和平面平行.

判定定理:如果不在一个平面的一条直线和平面内的一条直线平行,那么这条直线和这个平面平行.

讲解：

如图8－13所示，观察直线和平面的关系．

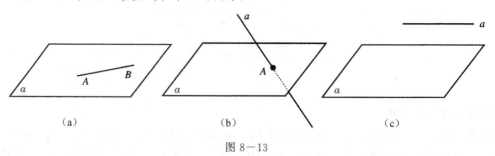

图8－13

可以看出：如图8－13(a)中，直线在平面内，有两个以上的公共点；

图8－13(b)中，直线和平面相交于一点A；

图8－13(c)中，直线和平面没有公共点．

图8－13(c)中就可以表示为 $a//\alpha$．

如图8－14所示，如果 l 不包含于 α，m 包含于 α，$l//m$，容易看出 $l//\alpha$，这是我们判别线面平行的主要依据．

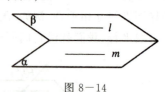

图8－14

利用上述定理，我们有了线面平行的基本画法．

要求：画平面的平行直线时，只要表示平面的平行四边形的一边或平面内的一条直线平行即可．如图8－15所示．

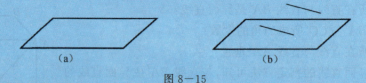

图8－15

上述判定定理的逆命题仍然成立．

2. 直线和平面平行的性质定理

性质定理： 如果一条直线和一个平面平行，又有经过这条直线的平面和这个平面相交，那么这条直线和两个平面的交线平行．

讲解：

如图8－16所示，$l//\alpha$，$l \subset \beta$，$\alpha \cap \beta = m$，那么 $l//m$．

在空间内，经常利用这条定理，由"线面平行"去判断两条直线平行．

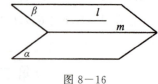

图8－16

例题巩固

例8.3 如图8－17所示，已知：空间四边形 $ABCD$，E，F 分别是 AB，AD 的中点，求证：$EF//$平面 BCD．

证明 连接 BD，在 $\triangle ABD$ 中，

因为 E，F 分别是 AB，AD 的中点．

所以 $EF//BD$．

因为平面 $BCD \cap$ 平面 $ABD = BD$，且 EF 不包含于平

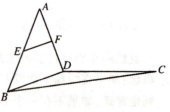

图8－17

面 BCD,

所以 EF∥平面 BCD.（判定定理）

例 8.4 已知：如图 8－18 所示，$\alpha \cap \beta = c, a \parallel b, a, b \subset \beta, a \parallel \alpha$，求证：$b \parallel c$.

证明 因为 $a \parallel \alpha, a$ 包含于 $\beta, \alpha \cap \beta = c$,

所以 $a \parallel c$（性质定理）.

又因为 $a \parallel b$,

所以 $b \parallel c$（传递性）.

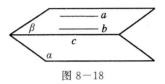

图 8－18

二、直线和平面垂直

1. 直线垂直于平面的判定

概念：如果一条直线和一个平面相交，并且和这个平面内过交点的任何直线都垂直，我们就说这条直线和这个平面垂直. 直线叫做平面的垂线，平面叫做直线的垂面.

讲解：

观察长方体的教室中的两墙面的交线与地面的位置关系，直立的旗杆与地面的关系，都给我们以直线和平面垂直的形象.

直线与平面垂直的基本画法：画直线和平面垂直时，通常要把直线画成和表示平面的平行四边形的一边垂直. 如图 8－19 所示，直线 l 和平面 α 互相垂直，记作 $l \perp \alpha$.

在图 8－19 中，如果 $l \perp \alpha$，垂足为 A，直线 b 是平面 α 内任何的不过点 A 的一条直线，那么在 α 内过点 A，可引直线 $a \parallel b$. 根据异面直线垂直的定义，得 $l \perp a$，可得 $l \perp b$. 就是说：如果一条直线垂直于一个平面，那么它就和平面内的任何一条直线垂直.

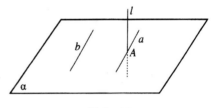

图 8－19

用直线与平面垂直的定义直接检验直线是否与平面垂直是困难的. 判定直线和平面垂直通常用下面的定理.

判定定理：如果一条直线和平面内的两条相交直线都垂直，那么这条直线垂直于这个平面.

讲解：

如图 8－20 所示，已知直线 $l \perp a, l \perp b, a \cap b = O, a, b \subset$ 平面 α，那么就有 $l \perp \alpha$. 因为我们知道两条相交直线就可以确定一个平面，所以我们只需要两条相交直线就行.

同样，我们还要明确一个重要结论：过一点与已知平面垂直的直线只有一条.

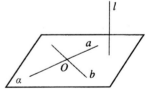

图 8－20

例题巩固

例 8.5 如图 8－21 所示，已知 $\triangle ABC$，直线 $AP \perp AB$，$AP \perp AC$. 求证：$AP \perp BC$.

证明 $AB \cap AC = A$，所以 AB, AC 确定平面 ABC.

因为 $AP \perp AB, AP \perp AC$,

所以 $AP \perp$ 平面 ABC.（线面垂直的判定）

因为 $BC \subset$ 平面 ABC,

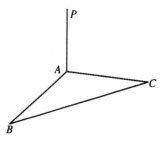

图 8－21

所以 $AP \perp BC$.

2. 直线垂直于平面的性质

性质 1 如果两条直线垂直于一个平面,则这两条直线平行.

性质 2 如果两条平行线中,有一条垂直于一个平面,则另一条直线也垂直于这一个平面.

性质 3 垂直于同一条直线的两个平面平行.

讲解:

如果我们认真观察某种事物,那么就会发现很多重要的知识,下面我们观察一些实际事物,看看能得到什么样的结论.

如图 8—22(a)所示,把两根粉笔放在讲桌上,那么粉笔之间和桌面之间的关系如何?

如图 8—22(b)所示,把一根粉笔放在讲桌上,另一端放上我们的校牌,那么校牌、桌面与粉笔之间的关系如何?

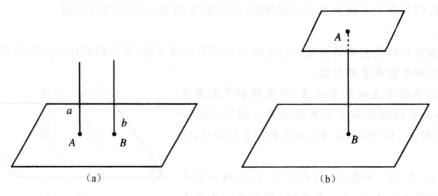

图 8—22

于是,我们可以得出直线和平面之间的上述性质.

例题巩固

例 8.6 已知:如图 8—23 所示,$AB \perp \alpha$,$CD \perp \alpha$,且 $AB = CD$.

求证:$ABCD$ 是平行四边形.

证明 因为 $AB \perp \alpha$,$CD \perp \alpha$,

所以 $AB /\!/ CD$.(性质 1)

又因为 $AB = CD$,

所以 $ABCD$ 是平行四边形.

例 8.7 如图 8—24 所示,已知:正方体 $ABCD-A'B'C'D'$,求证:平面 $AC /\!/$ 平面 $A'C'$.

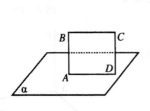

图 8—23

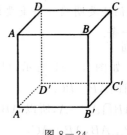

图 8—24

证明 因为 $AA' \perp AB$,$AA' \perp AD$,

所以 $AA' \perp$ 平面 AC.

同理：$AA' \perp$ 平面 $A'C'$.

所以平面 AC // 平面 $A'C'$.（性质3）

3. 正射影和三垂线定理

三垂线定理：如果平面内的一条直线和平面的一条斜线在这个平面内的射影垂直，则它也和这条斜线垂直．

三垂线定理的逆定理：如果平面内的一条直线和这个平面的一条斜线垂直，则它也和这条斜线在平面内的射影垂直．

讲解：

为了掌握更重要的知识——三垂线定理，我们需要了解一个有用的知识点——射影．

如图 8-25 所示，如果一条直线 AB 和一个平面 α 相交，但不和这个平面垂直，那么这条直线 AB 叫做这个平面的斜线．斜线和平面的交点叫做斜足．过点 A 做 α 的垂线 AA'，交 α 于点 A'，A' 为垂足，直线 $A'B$ 是直线 AB 的正射影，简称射影．

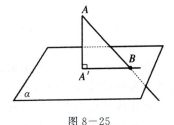

图 8-25

例题巩固

例 8.8 已知：如图 8-26 所示，PO、PA 分别是平面 α 的垂线和斜线，OA 是 PA 在 α 内的射影，$l \subset \alpha$ 且 $l \perp OA$.

求证：$l \perp PA$.

证明　因为 $PO \perp \alpha, l \subset \alpha$,

所以 $PO \perp l$.

又因为 $l \perp OA, PO \cap OA = O$,

所以 $l \perp$ 平面 POA.

又因为 $PA \subset$ 平面 POA,

所以 $l \perp PA$.

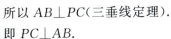

图 8-26

例 8.9 已知：如图 8-27 所示，点 O 是三角形 ABC 的垂心，$OP \perp$ 平面 ABC.

求证：$PC \perp AB$.

证明　延长 CO，交直线 AB 于点 D.

因为 O 是三角形 ABC 的垂心，$\therefore CD \perp AB$.

所以 $PO \perp$ 平面 ABC，斜线 PC 在平面 ABC 内的射影是 OC.

所以 $AB \perp PC$（三垂线定理）．

即 $PC \perp AB$.

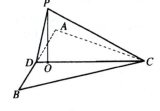

图 8-27

三、直线和平面所成的角

概念： 斜线和它在平面内的射影的夹角叫做斜线与平面所成的角（或夹角）．

讲解：

我们先来研究平面的斜线和它在平面内的射影所成的角和斜线与在平面内的任意一条直线所成角之间的关系．

如图 8-28 所示，已知 OA 是平面 α 的斜线，A 是斜足，$OB \perp \alpha$，B 为垂足，则直线 AB 是斜线 AO 在平面 α 内的射影，AC 是 α 内过点 A 的任一条直线，AO 与 AB 所成的角为 θ_1，AB 与

AC 所成的角为 θ_2,AO 与 AC 所成的角为 θ.下面我们来研究 θ,θ_1,θ_2 之间的关系.

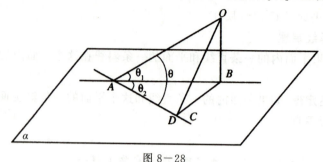

图 8-28

在平面 OAC 内,作 $OD\perp AC$ 于点 D,连接 BD,则 $AC\perp BD$.那么容易得到结论:
$$\cos\theta=\cos\theta_1\cdot\cos\theta_2$$

如果 l 是 α 内不过点 A 的任一条直线,则在 α 内过点 A 可作直线平行于 l,再由异面直线所成的角的定义,就得到:一个平面的斜线和它在该平面内的射影所成的角是斜线和这个平面内所有直线所成角中最小的角.

显然斜线与平面的夹角范围为 $[0,90°]$.直线与平面平行则规定所成的角为 $0°$;直线与平面垂直,则规定所成的角为 $90°$,即为直角.

观察图 8-28,容易得出结论,角 θ_1 为斜线 OA 与平面 α 所成的角,那么我们就有了求直线与平面所成的角的公式:
$$\cos\theta_1=\frac{\cos\theta}{\cos\theta_2}$$

注:θ_1,θ_2,θ,均为锐角.

例题巩固

例 8.10 如图 8-29 所示,AB 为平面 α 的一条斜线,B 为斜足,$AO\perp\alpha$,O 为垂足,BC 为 α 内的一条直线,$\angle ABC=60°$,$\angle OBC=45°$,求 AB 与平面 α 所成的角.

解 由平面的斜线与平面所成的角的定义已知,$\angle ABO$ 是 AB 和 α 所成的角.

$$\cos\angle ABO=\frac{\cos\angle ABC}{\cos\angle OBC}=\frac{\cos60°}{\cos45°}$$
$$=\frac{\frac{1}{2}}{\frac{\sqrt{2}}{2}}=\frac{\sqrt{2}}{2}$$

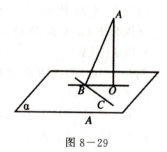

图 8-29

所以 $\angle ABO=45°$

即 AB 与平面 α 所成的角为 $45°$.

第四节 两个平面的位置关系

一、平面与平面平行

概念:如果两个平面没有公共点,则这两个平面叫做平行平面.平面 α 平行于平面 β,记

作 $\alpha / / \beta$.

判定定理：如果一个平面内有两条相交直线分别平行于另一个平面,那么这两个平面平行.

讲解：

在图 8－30 中,如果已知 $a \subset \alpha, b \subset \alpha, a \cap b = P, a / / \beta, b / / \beta$,那么有 $\alpha / / \beta$. 否则,就会出现矛盾的结论.

推论：如果一个平面内有两条相交直线分别平行于另一个平面内的两条直线,则这两个平面平行.（请同学利用定理自证.）

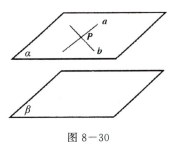

图 8－30

两个平行面的画法

根据上述定理和推论,在画两个平面平行时,通常把表示这两个平面的平行四边形的相邻两边分别画成平行的. 如图 8－31 所示,平面 $\alpha / /$ 平面 β.

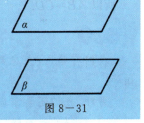

图 8－31

两个平面平行的性质：如果两个平行平面同时与第三个平面相交,则它们的交线平行.

讲解：

如图 8－32 所示,已知 $\alpha / / \beta, \gamma \cap \alpha = a, \gamma \cap \beta = b$,则 $a / / b$.

例题巩固

例 8.11 已知空间四点 A、B、C、P,连接 PA、PB、PC,D、E、F 分别是 PA、PB、PC 的中点,如图 8－33 所示,求证：平面 $DEF / /$ 平面 ABC.

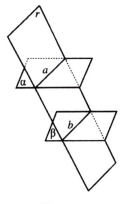

图 8－32

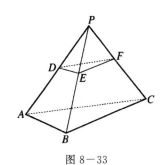

图 8－33

证明 在 $\triangle PAB$ 中,

因为 D、E 分别 PA、PB 的中点,

所以 $DE / / AB$.

又因为 $DE \not\subset$ 平面 ABC,

所以 $DE / /$ 平面 ABC.（线、面平行判定定理）

同理　$EF/\!/$ 平面 ABC.

又因为 $DE\cap EF=E$,

所以平面 $DEF/\!/$ 平面 ABC.（面、面平行判定定理）

例 8.12　已知：平面 $\alpha/\!/$ 平面 β,AB 和 CD 为夹在平面 α,β 之间的平行线段,如图 8-34 所示,求证：$AB=CD$.

证明　连接 AC,BD.

因为 $AB/\!/CD$,

所以 AB 和 CD 确定平面 AD.

又因为平面 $AD\cap\alpha=AC$,平面 $AD\cap\beta=BD$,

平面 $\alpha/\!/$ 平面 β,

所以 $AC/\!/BD$.

所以四边形 $ABCD$ 是平行四边形,

所以 $AB=CD$.

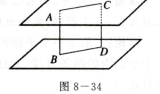

图 8-34

小锦囊

我们有结论：夹在两个平行平面间的两条平行线段长度相等.

另外,我们还要掌握一个重要的结论：两条直线被平行平面所截,截得的对应线段成比例.

已知：在图 8-35 中,$\alpha/\!/\beta/\!/\gamma$,则有结论

$$\frac{AB}{BC}=\frac{DE}{EF}$$

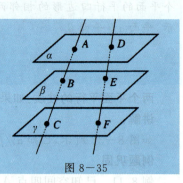

图 8-35

二、二面角、平面与平面垂直

1. 二面角

概念：从一条直线出发的两个半平面所组成的图形叫做二面角；这条直线叫做二面角的棱.

讲解：

平面内的一条直线把平面分为两部分,其中的每一部分叫做半平面.过空间一条直线有无穷多个半平面.

每个半平面叫做二面角的面,如图 8-36 所示,棱为 l,两个面分别为 α,β 的二面角记为 $\alpha-l-\beta$.

概念：在二面角 $\alpha-l-\beta$ 的棱上任取一点 O（图 8-37）,分别在 α,β 两半平面内作射线 $OA\perp l$,$OB\perp l$,则 $\angle AOB$ 叫做二面角 $\alpha-l-\beta$ 的平面角.

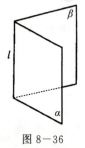

图 8-36

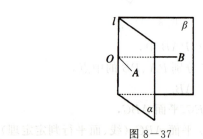

图 8-37

讲解:

平面角是我们研究二面角的重要途径.二面角的平面角取值范围是$[0°,180°]$.

概念: 平面角是直角的二面角叫做直二面角,相交成直二面角的两个半面,叫做互相垂直的平面.

讲解:

对于平面和平面的垂直,我们有下面的定理:如果一个平面过另一个平面的垂线,则两个平面互相垂直.

如图 8-38 所示,已知直线 $AB \subset$ 平面 α,$AB \perp$ 平面 β,那么一定有平面 $\alpha \perp$ 平面 β.

现实生活中,建设工人在砌墙时,要用一端系有铅锤的线查看所砌的墙是否和水平面垂直,实际上就是依据这个定理.

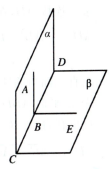

图 8-38

2. 平面与平面垂直

定理: 如果两个平面互相垂直,那么在一个平面内垂直于它们交线的直线垂直于另一个平面.

例题巩固

例 8.13 如图 8-39(a)所示,已知等腰直角三角形 ABC,$AB=AC=a$,AD 是斜边上的高,以 AD 为折痕使 $\angle BDC$ 成直角.

(1)求证:平面 $ABD \perp$ 平面 BCD;

(2)求 $\angle BAC$.

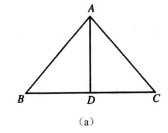
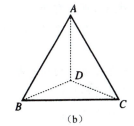

图 8-39

证明 (1)折成的二面角 $B-AD-C$ 如图 8-39(b)所示.

因为 $AD \perp BD$,$AD \perp DC$,

所以 $AD \perp$ 平面 DBC.

又因为 $AD \subset$ 平面 ABD,

所以平面 $ABD \perp$ 平面 BDC.

(2)如图 8-39(a),在直角三角形 BAC 中,$AB=AC=a$

所以 $BC=\sqrt{2}a$,$BD=DC=\dfrac{\sqrt{2}}{2}a$.

在图 8-39(b)中,

因为 $\triangle BDC$ 也是等腰直角三角形,

所以 $BC=\sqrt{2}BD=\sqrt{2}\times\dfrac{\sqrt{2}}{2}a=a$,

所以 $AB=AC=BC$,

所以∠BAC=60°.

例8.14 已知:如图8-40所示,在90°二面角的棱上,有两个点A、B,AC,BD分别在这个二面角的两个面内,且均垂直于线段AB,AB=4,AC=6,BD=8,求CD的长.

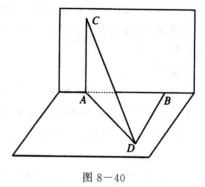

图8-40

解 连接AD,在直角△ABD中,

$$AD = \sqrt{AB^2 + BD^2}$$
$$= \sqrt{4^2 + 8^2} = \sqrt{80}$$

由直二面角的性质,得

$AC\perp$平面ABD,即$AC\perp AD$.

所以在直角△CAD中,

$$CD = \sqrt{AC^2 + AD^2} = \sqrt{6^2 + (\sqrt{80})^2} = 2\sqrt{29}.$$

每章一练

1. 画几个不同的平面,并用字母表示.

2. 一个平面可以把空间分成几部分?两个平面呢?

3. 判断正误:

(1) 如果两个平面有两个公共点A,B,那么它们就有无数个公共点. ( )

(2) 如果线段AB在平面α内,那么直线AB也在平面α内. ( )

(3) 任意两点可以确定一个平面. ( )

(4) 两个平面相交,可以有两条以上的交线. ( )

4. 通过直线外一点与这条直线上的一些点分别作直线,试问这些直线是否在同一个平面内?

5. 为什么说平行四边形和梯形都是平面图形?

6. 一个角是平面图形吗?

7. 用符号表示下列语句:

(1) 点A在平面α内,点B不在平面α内;

(2) 直线l在平面α内,直线m不在平面α内;

(3) 平面α与平面β相交于直线b.

8. 在空间中,与已知直线平行的直线有多少条?

9. 四边相等的四边形是菱形吗?

10. 已知:空间四边形$ABCD$中,$AC=BD$,E、F、G、H分别是AB、BC、CD、DA的中点.求证:四边形$EFGH$是菱形.

11. 空间两条直线的位置关系有几种?

12. 判断正误:

(1) 若直线a包含于平面α,直线b不包含于平面α,则a与b成异面直线. ( )

(2) 若直线a包含于平面α,直线b包含于平面α,则a与b相交或平行. ( )

(3) 若两条直线互相垂直,则在两条直线上各取一点,通过两点的直线与原直线一定围成一个直角三角形. ( )

(4) 过直线外一点可作无数条直线与已知直线成异面直线. ( )

(5) 过直线外一点只能作一条直线与已知直线垂直. ( )

13. 填空:

如图 8-41 所示,在正方体 $ABCD-A'B'C'D'$ 中,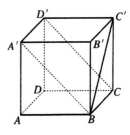

(1)直线 $A'B$ 与 $C'D'$ 是_____直线,直线 $A'B$ 与直线 $C'D'$ 所成的角=_____;

(2)直线 BC 与 $C'D'$ 是_____直线,直线 BC 与直线 $C'D'$ 所成的角=_____;

(3)直线 CD' 与 $B'C'$ 是_____直线,直线 CD' 与直线 $B'C'$ 所成的角=_____.

图 8-41

14. 直线与平面的位置关系有哪几种?

15. 过平面外一点能作出几条直线和这个平面平行?这些直线是否在同一个平面内?

16. 如图 8-42 所示,长方体的六个面都是矩形,则

(1)与直线 AB 平行的平面是_____;

(2)与直线 AA' 平行的平面是_____;

(3)与直线 AD 平行的平面是_____.

17. 如图 8-43 所示,AB∥平面 α,AC∥BD,且 AC,BD 与 α 分别相交于点 C,D,求证:$AC=BD$.

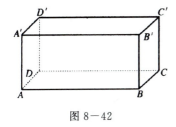

图 8-42

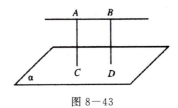

图 8-43

18. 如图 8-44 所示,已知:平面 α∥平面 β,点 P 是平面 α,β 外一点,过点 P 的两条直线分别与 α、β 相交于点 A,B 和 C,D.求证:AC∥BD.

19. 如图 8-45 所示,已知平面 α∥β∥γ,与两条直线分别相交于点 A,B,C 和点 D,E,F,且 $AC=12$,$DE=4$,$AB:BC=1:2$,求 AB,BC,EF 的长.

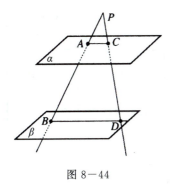

图 8-44

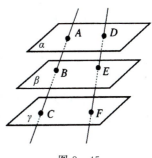

图 8-45

20. 如图 8-46 所示,已知长方体 $ABCD-A'B'C'D'$,分别写出与下列直线垂直的平面:

(1)BB';   (2)AB;   (3)$B'C'$.

21. 如图 8-47 所示,拿一张矩形的纸对折后略微展开,竖立在桌面上,说明折痕为什么和桌面垂直.

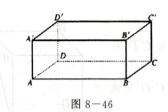

图 8-46

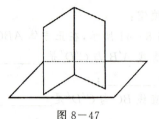

图 8-47

22. 已知点 O 是平行四边形 $ABCD$ 的对角线的交点,如图 8-48 所示,点 P 在平面 AC 外,且 $PA=PC$,$PB=PD$,求证:$PO\perp$ 平面 AC.

23. 三角形的两边可以垂直同一平面吗?梯形呢?

24. 判断正误:

(1)直线 $a\perp$ 平面 α,则直线 a 垂直平面 α 内的所有直线. ( )

(2)如果直线 a 和平面 α 不垂直,则直线 a 与平面 α 内的所有直线都不垂直. ( )

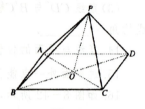

图 8-48

25. 利用身边的实物,举几个线、面垂直的例子.

26. 填空:

如图 8-49 所示,在直角三角形 ABC 中,$\angle C=90°$,$PC\perp$ 平面 ABC,则

(1)与 PC 垂直的直线有_____;

(2)与 AP 垂直的直线有_____;

(3)构成的直角三角形有_____.

27. 如图 8-50 所示,$ABCD$ 是矩形,$PA\perp$ 平面 AC,求证:$CD\perp PD$.

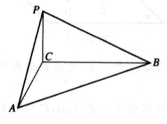

图 8-49

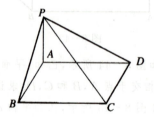

图 8-50

28. 如图 8-51 所示,已知正方体 $ABCD-A_1B_1C_1D_1$,写出对角线 BD_1 与平面 BA_1、平面 BC_1 所成的角的余弦值.

29. 已知平面内的一条直线与平面的一条斜线的夹角为 $60°$,这条直线与斜线在平面内的射影的夹角为 $30°$,求平面的斜线与平面所成的角的余弦值.

30. 已知长方体 $ABCD-A_1B_1C_1D_1$ 如图 8-52 所示,$AA_1=AD=a$,$AB=2a$,求对角线 BD_1 与长方体各面所成的角的余弦值.

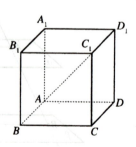

图 8-51

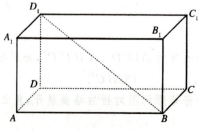

图 8-52

31. 在一个二面角的一个面有一点,它到另一面的距离是 5cm,它到棱的距离是 10cm,求这个二面角的度数.

32. 已知:如图 8−53 所示二面角 $\alpha-l-\beta$,点 $P\in\alpha$,$PQ\perp$平面 β 于点 Q,$QC\perp l$ 于点 C,并且 $PQ=5\sqrt{3}$,$QC=5$,求该二面角的大小.

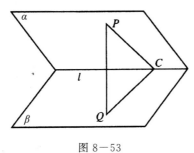

图 8−53

第 9 章

排列、组合与二项式定理

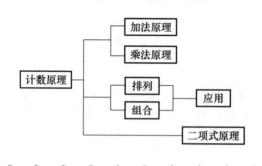

* * * * * * * * * *

第一节 计数的基本原理

一、分类计数(加法)原理

原理：一般地，有如下分数计数原理.

分类计数(加法)原理：完成一件事，有几类办法，在第一类办法中有 m_1 种不同方法，在第二类办法中有 m_2 种不同方法，…，在第 n 类办法中有 m_n 种不同方法，那么完成这件事共有

$$N = m_1 + m_2 + \cdots + m_n$$

种不同的方法.

讲解：

我们来看下面的问题.

从甲地去乙地，可以乘火车，也可以乘汽车.一天中，火车有 2 班，汽车有 4 班，那么一天中乘坐这些交通工具从甲地到乙地有多少种不同的选择？

在一天中，从甲地到乙地乘坐交通工具分成两类，一类是火车，一类是汽车.不论乘坐哪一类交通工具都能独立地完成这件事.乘坐火车有 2 种选择，乘汽车有 4 种选择，因此，一天中乘坐这些交通工具从甲地到乙地的不同选择共有 2＋4＝6(种).

二、分步计算(乘法)原理

原理：一般地，有如下分步原理计算.

分步计数(乘法)原理:做一件事,完成它需要分成 n 个步骤,做第一步有 m_1 种不同的方法,做第二步有 m_2 种不同的方法,$\cdots$,做第 n 步有 m_n 种不同的方法.必须通过每一个步骤,才能完成这件事,那么完成这件事共有

$$N = m_1 \times m_2 \times \cdots \times m_n$$

种不同的方法.

讲解:

我们再看下面的问题.

如图 9-1 所示,由 A 村去 B 村的道路有 4 条,由 B 村去 C 村的道路有 2 条,从 A 村经 B 村去 C 村,共有多少种不同的走法?

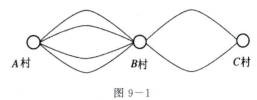

图 9-1

这里从 A 村到 B 村有 4 种不同的走法,按这 4 种走法中的每一种走法到达 B 村后,再从 B 村到 C 村又有 2 种不同的走法,因此,从 A 村经 B 村去 C 村,共有 $4\times 2=8$ 种不同的走法.

"分类计算"与"分步计算"的区别与联系

上述两个基本原理的共同点是,都是研究"做一件事,共有多少种不同的方法",区别在于一个与"分类"有关.一个与"分步"有关.如果完成一件事有 n 类办法,这 n 类办法彼此之间是相互独立的,无论哪一类办法中的哪一种都能单独地完成这件事,求完成这件事的方法的总数,就用分类计数原理;如果完成一件事需要分成 n 个步骤,各个步骤都不可缺少,需要完成所有的步骤才能完成这件事,而完成每一个步骤又各有若干方法,求完成这件事的方法的总数,就用分类计数原理.

例题巩固

例 9.1 甲班有三好学生 8 人,乙班有三好学生 6 人,丙班有三好学生 9 人.

(1)由这三个班中任选一名三好学生,出席市三好学生表彰会,有多少种不同的选法?

(2)由这三个班中各选一名三好学生,出席市三好学生表彰会,有多少种不同的选法?

分析:(1)可以这样去想:要完成由三个班中任选一名三好学生这件事,有如下三种产生办法:一是由甲班产生,二是由乙班产生,三是由丙班产生,无论由哪个班产生,都能独立完成这件事.因此,用分类计算原理.

(2)可以这样想:要完成由三个班各选一名三好学生,这件事要三个步骤,第一步从甲班中选一名,第二步从乙班中选一名,第三步从丙班中选一名.哪一个步骤都不能少,因此用乘法原理.

解 (1)依加法原理,不同选法的种数是

$$N = m_1 + m_2 + m_3 = 8 + 6 + 9 = 23(种)$$

即由三个班任选一名三好学生,有 23 种不同的选法.

(2)依乘法原理,不同选法的种数是

$$N = m_1 \times m_2 \times m_3 = 432(种)$$

即由三个班各选一名三好学生,有 432 种不同的选法.

例 9.2 由数字 1,2,3,4,5 可以组成多少个两位偶数?(各位上的数字不许重复)

解 解法一:要组成没有重复的两位偶数,可以有以下两类方法.

一类是个位数字是 2,另一类是个位数字是 4.

当个位数字是 2 时,十位数字只能是 1,3,4,5 四种可能.

当个位数字是 4 时,十位数字只能是 1,2,3,5 四种可能.

根据加法原理,能组成两位偶数的个数是
$$N=4+4=8(个)$$

解法二:要确定组成没有重复数字的两位偶数的个数可以分两步完成:先确定个位数字的个数,再确定十位数字的个数.

显然,个位数字只能有两种可能,不论 2 或 4 哪个做个位数字,十位数字都可以由余下的 4 个数字组成.

根据乘法原理,能组成的两位偶数的个数是
$$N=2\times4=8(个)$$

答:能组成 8 个没有重复数字的两位偶数.

第二节　排列问题

一、排列概念

概念:一般地,从 n 个不同元素中,任取 $m(m\leqslant n)$ 个元素,按照一定的顺序排成一列,叫做从 n 个不同元素中取出 m 个元素的一个排列,如果 $m<n$,这样的排列叫做选排列,如果 $m=n$,这样的排列叫做全排列.

讲解:

我们看下面的问题.

北京、上海、广州 3 个民航站之间的直达航线,需要准备多少种不同的机票?

这个问题是从北京、上海、广州 3 个民航站中,每次取出 2 个站,按照起点在前,终点在后的顺序排列,求一共有多少种不同的排法.

如图 9—2 所示,首先确定起点站,在 3 个站中任选 1 个,有 3 种方法;其次确定终点站,当选定起点站后就只能从其余的 2 个站中去选,因此只有 2 种选法.那么根据分步计数原理,在 3 个民航站中,每次取 2 个,起点站在前,终点站在后顺序的不同取法共有
$$3\times2=6(种)$$

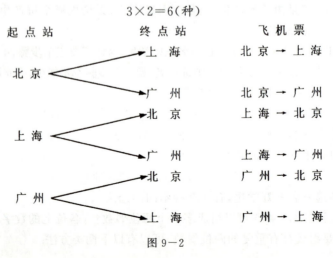

图 9—2

我们把所取的对象(如上面问题中任何一个民航站)叫做元素,所以上面的问题就是3个不同的元素中,任取2个,然后按照一定的顺序排成一列,求一共有多少种不同的排列方法.

例题巩固

例 9.3 由数字 2,3,4 可以组成多少个没有重复数的 3 位数?

解 第一步,确定百位上的数字,在 2,3,4 这三个数字中任取 1 个有 3 种取法.

第二步,确定十位上的数字,由于百位上的数字已确定。十位上的数字只能从余下的 2 个数字中取一个,有 2 种取法.

第三步,确定个位上的数字,当百位、十位上的数字都确定之后,只余下一个数字,个位数只能是余下的这个数字,所以只有 1 种取法.

根据分步计数原理,从 3 个不同数字中,每次全部取出排成没有重复的 3 位数的个数共有
$$3 \times 2 \times 1 = 6(个)$$

答:由数字 2,3,4 可以组成 6 个没有重复数字的 3 位数.

例 9.4 从 8 名乒乓球运动员中选出 3 名,并确定好出场的先后顺序,问有多少种参赛方法?

解 第一步是:在 8 名运动员中任取一名首先出场,共有 8 种选法.

第二步是:确定第 2 个出场的运动员,方法是从剩下的 7 个人中任选 1 个,共有 7 种方法.

第三步是:确定第 3 个出场的运动员,方法是从剩下的 6 个人中任选 1 个,共有 6 种方法.

根据分步计数原理有
$$8 \times 7 \times 6 = 336(种)$$

答:共有 336 种参赛方法.

从排列的定义可知,如果两个排列相同,那么不仅要求这两个排列的元素必须完全相同,而且排列的顺序也必须完全相同.

二、排列数公式

概念:一般地,从 n 个同元素中取出 $m(m \leqslant n)$ 个元素的所有排列的个数,叫做从 n 个不同元素中取出 m 个元素的排列数,用符号 A_n^m 表示.

$$A_n^m = n \cdot (n-1) \cdot (n-2) \cdot \cdots \cdot (n-m+1)$$

讲解:

其中,$m, n \in \mathbf{N}^*$,且 $m \leqslant n$. 在这个公式中,右边第 1 个因数是 n,后面每个因数依次比它的前一个因数少 1,最后一个因数是 $n-m+1$,即元素总数与选取元素个数之差加上 1,共 m 个相乘.

例如,$A_8^5 = 8 \times 7 \times 6 \times 5 \times 4 = 6720$;$A_7^6 = 7 \times 6 \times 5 \times 4 \times 3 \times 2 = 5040$.

在公式中,若 $m = n$,即全排列时,排列数公式变成
$$A_n^n = n(n-1)(n-2) \times \cdots \times 3 \times 2 \times 1$$

自然数 1 乘到 n,叫做 n 的阶乘,用 $n!$ 表示.

所以 n 个不同元素的全排列数公式可以写成
$$A_n^n = n!$$

因为 $(n-m) \times \cdots \times 3 \times 2 \times 1 = (n-m)!$,所以排列数公式还可以写成:

$$A_n^m = \frac{n!}{(n-m)!}$$

规定 $0! = 1$.

例题巩固

例 9.5 计算 A_{16}^3 及 A_6^6.

解 $A_{16}^3 = 16 \times 15 \times 14 = 3360$；

$A_6^6 = 6! = 6 \times 5 \times 4 \times 3 \times 2 \times 1 = 720$.

例 9.6 计算 $\frac{7! - 6!}{6!}$.

解 因为 $7! = 7 \times 6 \times 5 \times 4 \times 3 \times 2 \times 1$
$= 7 \times (6 \times 5 \times 4 \times 3 \times 2 \times 1)$
$= 7 \times 6!$

所以 $\frac{7! - 6!}{6!} = \frac{7 \times 6! - 6!}{6!} = \frac{6 \times 6!}{6!} = 6$

例 9.7 某段铁路上有 12 个车站，共需准备多少种普通客票？

解 因为每一张车票实际上是对应着 2 个车站的 1 个排列，因此需要准备的车票种数，就是从 12 个车站中任取 2 个的排列数.

$$A_{12}^2 = 12 \times 11 = 132(种)$$

答：共需准备 132 种普通车票.

第三节 组合问题

概念：一般地，从 n 个不同元素中，任取 $m(m \leqslant n)$ 个元素并成一组，叫做从 n 个不同元素中取出 m 个元素的一个组合.

从 n 个不同元素中取出 $m(m \leqslant n)$ 个元素的所有组合的个数，叫做从 n 个不同元素中取出 m 个元素的组合数，用符号 C_n^m 表示.

讲解：

我们看下面的问题.

在北京、上海、广州 3 个民航站的直达航线之间，有多少种不同的飞机票价？（假定两地间的往返机票价格相同）

飞机票的价格有如下 3 种：

北京—上海　　（上海—北京）
北京—广州　　（广州—北京）
上海—广州　　（广州—上海）

这个问题与本章第二节中计算飞机票种数的问题不同. 飞机票的种数与选出的民航站——哪个是起点站，哪个是终点站，即顺序有关，而飞机票的价格与顺序无关，在前一节中计算飞机票的种数问题，是从 3 个不同的元素中任取 2 个，然后按照一定的顺序排列，求一共有多少种不同的排列方法，是排列问题. 而本节这个问题是从 3 个不同的元素中任取 2 个，不管是怎样的顺序都认为是一组，求一共有多少个不同的组合.

例如：从 8 个不同元素中，取出 5 个元素的组合数表示为 C_8^5；从 6 个不同元素中取出 2 个元素的组合数表示为 C_6^2.

排列数与组合数的关系是:

一般地,求从 n 个元素中取出 m 个元素的排列数 A_n^m,可以分如下两步完成:

第一步,求从这 n 个元素中取出 m 个元素的组合数 C_n^m;

第二步,求每一个组合中 m 个元素的全排列 A_m^m.

根据分步计数原理得

$$A_n^m = C_n^m \cdot A_m^m$$

因此

$$C_n^m = \frac{A_n^m}{A_m^m} = \frac{n(n-1)(n-2)\cdots(n-m+1)}{m!}$$

上式称为组合数公式.

又因为 $A_n^m = \frac{n!}{(n-m)!}$,所以

$$C_n^m = \frac{n!}{m!\,(n-m)!}$$

组合数的两个性质:

定理 1　$C_n^m = C_n^{n-m}$

定理 2　$C_{n+1}^m = C_n^m + C_n^{m-1}$

规定　$C_n^0 = 1$.

例题巩固

例 9.8　计算 C_{10}^4 及 C_8^3.

解　$C_{10}^4 = \dfrac{10 \times 9 \times 8 \times 7}{4 \times 3 \times 2 \times 1} = 210$;

$C_8^3 = \dfrac{8 \times 7 \times 6}{3 \times 2 \times 1} = 56$.

例 9.9　计算 C_{20}^{17} 及 C_{100}^{98}.

解　$C_{20}^{17} = C_{20}^3 = \dfrac{20 \times 19 \times 18}{3 \times 2 \times 1} = 1140$;

$C_{100}^{98} = C_{100}^2 = \dfrac{100 \times 99}{2 \times 1} = 4950$.

例 9.10　计算 $C_{99}^{96} + C_{99}^{97}$.

解　由定理 2 得

$C_{99}^{96} + C_{99}^{97} = C_{100}^{97} = C_{100}^3 = \dfrac{100 \times 99 \times 98}{3 \times 2 \times 1} = 161700$.

第四节　排列组合的应用

例 9.11　一次抛掷 5 枚不同的硬币,问可能出现的结果一共有多少种?

解　由于抛掷每枚硬币只有正面(出现币值的一面)、反面两种结果,所以这个问题相当于

5枚硬币中,依次取一枚硬币的正面或反面填入5个空位,共有多少种填法?由于每一个空位都有2种填法,所以依分步计数原理,抛掷5枚硬币可能出现的结果共有

$$2\times 2\times 2\times 2\times 2=2^5=32(种)$$

答:可能出现的结果一共有 32 种.

例 9.12 (1)从全班 50 人中选班委 7 人,共有多少种不同的选法?

(2)从全班 50 人中选班长,副班长,学习委员,体育委员,宣传委员,生活委员,文娱委员各一人,共有多少种不同选法?

解 (1) $C_{50}^7 = \dfrac{50!}{7!(50-7)!} = 99884400$(种)

(2) $A_{50}^7 = 50\times 49\times 48\times 47\times 46\times 45\times 44 = 503417376000$(种)

答:(1)共有 99884400 种选法.

(2)共有 503417376000 种选法.

例 9.13 某城市的电话号码是从 0,1,2,3,4,5,6,7,8,9 中取出 7 个数构成(允许数字重复),但 0,1 不能作为电话号码的首位数.问该城市最多可装电话多少部?

解 这个问题实际上是一个允许数字重复的排列问题.由于首位不能排 0,1 两个数字,所以首位号码只能从 2,3,4,5,6,7,8,9 这 8 个数字中任意取 1 个,有 C_8^1 种取法.因为允许重复,所以第 2 到第 7 个空位都可以分别填入上述 10 个数字,依分步计数原理,所有可能的取法,共有

$$C_8^1 \cdot C_{10}^1 \cdot C_{10}^1 \cdot C_{10}^1 \cdot C_{10}^1 \cdot C_{10}^1 \cdot C_{10}^1$$
$$= 8\times 10\times 10\times 10\times 10\times 10\times 10$$
$$= 8000000(部)$$

答:该市最多可装 8000000 部电话.

例 9.14 在产品检验时,常从产品中抽取一部分产品进行检查,现从 100 件产品中,任意抽取 3 件:

(1)一共有多少种不同抽法?

(2)如果 100 件产品中有 2 件次品,抽出的 3 件中恰好有 1 件次品的抽法共有多少种?

(3)如果 100 件产品中有 2 件次品,抽出的 3 件中至少有 1 件次品的抽法共有多少种?

解 (1)所求的抽法总数,就是从 100 件产品中取出 3 件的组合数.

$$C_{100}^3 = \dfrac{100\times 99\times 98}{3\times 2\times 1} = 161700(种)$$

(2)从 2 件产品中抽出 1 件次品的抽法有 C_2^1 种.从 98 件合格品中抽出 2 件合格的抽法有 C_{98}^2 种.因此抽出 3 件中恰有 1 件次品的抽法总数是

$$C_2^1 \cdot C_{98}^2 = 2\times \dfrac{98\times 97}{2\times 1} = 9506(种)$$

(3)从 100 件产品中抽出 3 件,一共 C_{100}^3 种抽法,在这些抽法里,除抽出的 3 件都是合格品的抽法外,剩下的便是抽出 3 件中,至少有 1 件是次品的抽法的种数,即

$$C_{100}^3 - C_{98}^3 = 161700 - 152096 = 9604(种)$$

答:(1)一共有 161700 种不同抽法.

(2)抽 3 件中恰有 1 件次品的抽法有 9506 种.

(3)抽 3 件中至少有 1 件次品的抽法有 9604 种.

第五节 二项式定理

一、二项式定理

概念：
$$(a+b)^n = C_n^0 a^n b^0 + C_n^1 a^{n-1} b^1 + \cdots + C_n^r a^{n-r} b^r + \cdots + C_n^n b^n \ (n \in \mathbf{N})$$

这个公式所表达的定理叫做二项式定理，右边的多项式叫做 $(a+b)^n$ 的二项展开式．它一共有 $n+1$ 项，其中各项的系数 $C_n^r (r=0,1,2,\cdots,n)$ 叫做二项式系数，式中的 $C_n^r a^{n-r} b^r$ 叫做二项展开式的通项，用 T_{r+1} 表示，即通项为展开式的第 $r+1$ 项：
$$T_{r+1} = C_n^r a^{n-r} b^r$$

讲解：

我们知道
$$(a+b)^2 = a^2 + 2ab + b^2 = C_2^0 a^2 + C_2^1 ab + C_2^2 b^2$$
$$(a+b)^3 = a^3 + 3a^2 b + 3ab^2 + b^3 = C_3^0 a^3 + C_3^1 a^2 b + C_3^2 ab^2 + C_3^3 b^3$$
$$(a+b)^4 = C_4^0 a^4 + C_4^1 a^3 b + C_4^2 a^2 b^2 + C_4^3 ab^3 + C_4^4 b^4$$

一般地，对于任意正整数 n，上面的关系式也成立．由此就可以推导出二项式定理．

例题巩固

例 9.15 写出 $\left(x+\dfrac{1}{x}\right)^4$ 的二项展开式．

解 $\left(x+\dfrac{1}{x}\right)^4$
$$= C_4^0 x^4 \left(\dfrac{1}{x}\right)^0 + C_4^1 x^3 \left(\dfrac{1}{x}\right)^1 + C_4^2 x^2 \left(\dfrac{1}{x}\right)^2 + C_4^3 x \left(\dfrac{1}{x}\right)^3 + C_4^4 x^0 \left(\dfrac{1}{x}\right)^4$$

例 9.16 求 $(x+a)^{12}$ 的展开式中的第 10 项．

解 $T_{r+1} = C_{12}^9 x^{12-9} a^9$
$$= C_{12}^3 x^3 a^9$$
$$= 220 x^3 a^9$$

例 9.17 求 $\left(x-\dfrac{1}{x}\right)^9$ 的二项展开式中 x^3 的系数．

解 展开式的通项为
$$T_{m+1} = C_9^m x^{9-m} \left(-\dfrac{1}{x}\right)^m = (-1)^m C_9^m x^{9-2m}$$

根据题意，有
$$9 - 2m = 3$$

解得 $m=3$．

因此，x^3 的系数是
$$(-1)^3 C_9^3 = (-1)^3 \times \dfrac{9 \times 8 \times 7}{3 \times 2 \times 1} = -84$$

二项展开式中第 $m+1$ 项的系数与第 $m+1$ 项的二项式系数 C_n^m 是两个不同的概念,这一点一定要分清楚.

例如,$(1+2x)^7$ 的二项展开式中,其第 4 项 $T_4=C_7^3(2x)^3$,其二项式系数是 $C_7^3=35$,而第 4 项的系数是指 x^3 的系数,应是:$C_7^3 \cdot 8 = 280$.

二、二项式系数的性质

性质:①除每行两端的 1 以外,每个数字都等于它肩上两个数字之和,即
$$C_{n+1}^r = C_n^{r-1} + C_n^r$$
②在二项展开式中,与首末两端"等距离"的两项的二项式系数相等,即
$$C_n^r = C_n^{n-r}$$
③如果二项式的幂指数是偶数 $2n$,那么二项式展开式有 $(2n+1)$ 项,且中间一项的二项式系数最大;如果二项式的幂指数是奇数 $2n-1$,那么二项展开式有 $2n$ 项,且中间两项的二项式系数相等且最大.

讲解:

我们把二项式的展开式系数按如下的方法排列出来:

$(a+b)^1$ ················· 1 1
$(a+b)^2$ ················· 1 2 1
$(a+b)^3$ ················· 1 3 3 1
$(a+b)^4$ ················· 1 4 6 4 1
$(a+b)^5$ ················· 1 5 10 10 5 1
$(a+b)^6$ ················· 1 6 15 20 15 6 1
……

上面右边二项式系数表称为杨辉三角.杨辉是我国宋朝时的数学家,欧洲一般都认为是帕斯卡发明的,所以也称"帕斯卡三角".

由杨辉三角可以看出二项式系数具有上述性质.

幂指数为 n 的二项展开式中,二项式系数之和为 2^n,即
$$C_n^0 + C_n^1 + C_n^2 + \cdots + C_n^m + \cdots + C_n^n = 2^n$$
幂指数为 n 的二项展开式中,奇数项的二项式系数之和等于偶数项的二项式系数之和,即
$$C_n^0 + C_n^2 + \cdots = C_n^1 + C_n^3 + \cdots$$

例题巩固

例 9.18 求 $(x+y)^{10}$ 的展开式中二项式系数最大的项.

解 已知二项式幂指数是偶数 10,展开式共有 11 项,依二项式系数性质,中间项二项式系数最大.所以要求的项为
$$T_6 = C_{10}^5 x^5 y^5 = 252 x^5 y^5$$

1.一件工作可以用两种方法完成,有 5 人只会用第一种方法完成,另有 4 人只会用第二种

方法完成,要选出 1 个人完成这项工作共有多少种选法?

2.一个学生要从 2 本科技书、2 本政治书、3 本文艺书中任取 1 本,共有多少种不同的取法?

3.一座山,前山有 3 条路,后山也有 3 条山路.一老人先由前山上去,再由后山下来,进行身体锻炼,那么他共有多少种不同的走法?

4.从甲地到乙地有 2 条路可以走,从乙地到丙地有 3 条路可走,又从甲地不经过乙地到丙地有 2 条路可走.

(1)从甲地经过乙地到丙地有多少种不同的走法?

(2)从甲地到丙地共有多少种不同的走法?

5.一个口袋内有 5 个小球,另一个口袋内有 4 个小球,所有这些小球的颜色互不相同.

(1)从两个口袋内任取一个小球,有多少种不同的取法?

(2)从两个口袋内各取一个小球,有多少种不同的取法?

6.从 2,3,5,7 这 4 个数中,取 2 个数出来做假分数,这样的假分数有多少个?

7.写出从 $A、B、C$ 三个人中选出正、副组长各一名的所有排列.

8.由 1,2,3,4,5 这 5 个数字可组成多少个没有重复数字的 3 位数.

9.在两个排列中只有_____相同,而且排列的_____也必须完全相同,才能称为相同的排列.

10.写出从 A,B,C,D 这四个字母中,取出三个字母的所有排列.

11.计算:

(1)A_{10}^3;   (2)A_5^5;   (3)A_7^3;

(4)$A_4^1+A_4^2+A_4^3+A_4^4$;   (5)$\dfrac{6!-4!}{4!}$;   (6)$\dfrac{9!}{5!\ 4!}$.

(7)A_{100}^3;   (8)$A_8^4-2A_8^2$;   (9)$\dfrac{A_7^5}{A_7^3}$.

12.有 10 本不同的书,甲、乙、丙三人去借,每人借一本,问共有多少种不同的借法?

13.圆上有 10 个点,过每三个点可画一个圆内接三角形.则一共可画多少个圆内接三角形?

14.计算:

(1)C_{13}^{11};   (2)$3C_8^3-2C_5^2$;   (3)$C_{16}^4-C_{15}^3$.

(4)C_9^7 (5)$C_{12}^5+C_{12}^6$

15.学校开设 6 门任意选修课,要求每个学生从中选学 3 门,共有多少种不同的选法?

16.在一次乒乓球比赛中,小学组有 6 个队,初中组有 10 个队,高中组有 5 个队,各组分别进行单循环赛,一共要安排多少场比赛?

17.一种密码锁的密码由 1 到 9 中的 6 个数字组成(允许重复),问共能组成多少个密码?

18.在 100 件产品中有 3 件次品,从这 100 件产品抽取 5 件,至少有 1 件次品的抽法有多少种?

19.由 0,1,2,3,4 可以组成多少个没有重复数字的四位数?

20.有 5 种不同的小麦种子和 4 块不同的试验园地,现要选 3 种小麦种子种在 3 块园地里进行试验,共有多少种安排方法?

21.写出 $(p+q)^7$ 的展开式.

22. 求 $(x^2+2x^3)^5$ 的第 4 项.

23. 求 $\left(2\sqrt{x}-\dfrac{1}{\sqrt{x}}\right)^6$ 展开式的常数项.

24. 求 $(x^3+2x)^7$ 的展开式的第 4 项的二项式系数和第 4 项的系数.

25. 写出 $(x-1)^{10}$ 的展开式的第 6 项的系数.

26. 求 $(2a+3b)^6$ 的展开式的第 3 项.

27. 求 $\left(2x^3-\dfrac{1}{2x^2}\right)^{10}$ 的二项展开式的常数项.

28. 求 $(x+2y)^9$ 的展开式中二项式系数最大的项.

29. 求 $C_{11}^1+C_{11}^3+C_{11}^5+\cdots+C_{11}^{11}$.

30. 求 $(1-x)^{13}$ 的展开式中含 x 的奇次方系数之和.

31. 求 $\left(x-\dfrac{1}{\sqrt{x}}\right)^{10}$ 的展开式中二项式系数最大的项.

32. 求 $(a-b)^{100}$ 的二项式系数和.

概 率

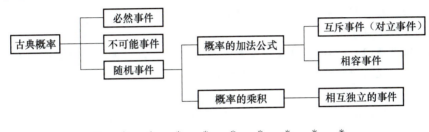

* * * * * * * * *

第一节　古典概率

概念：在一定条件下,事先就能断定发生或不发生某种现象,这种现象就是确定的.在一定条件下,某种现象可能发生,也可能不发生,事先不能断定出现哪种结果,这种现象就是不确定的.

对于某种现象,如果能让其条件实现一次,就是进行了一次试验,而试验的每一种可能的结果,都是一个事件.

在一定条件下,必然会发生的事件叫做必然事件.

在一定条件下,不可能发生的事件,叫做不可能事件.

在一定条件下,可能发生也可能不发生的事件,叫做随机事件,简称事件.

以后我们常用 A,B,C 等大写字母表示随机事件.用 Ω 表示必然事件(即一个随机试验的一切可能结果构成的集合为全集,也叫样本空间).用 $\varnothing$ 表示不可能事件(即空集)。

在一次试验中,试验的每一个结果(也叫基本事件)事先不能准确预言,但是一切可能出现的结果却是已知的,这样的试验叫做随机试验,在随机试验中,如果其可能出现的结果有有限个,且它们出现的机会均等,我们称这样的随机试验为古典概型.

一般地,对于古典概型,如果试验的基本事件总数为 n,随机事件 A 所包含的基本事件为 m,我们就是 $\dfrac{m}{n}$ 来描述事件 A 出现可能性的大小,称它为事件 A 的概率,记作 $P(A)$,即

$$P(A) = \dfrac{m}{n}$$

显然事件 A 的概率满足

$$0 \leqslant P(A) \leqslant 1$$

并且,必然事件的概率是1,不可能事件的概率是0,即

$$P(\Omega) = 1, P(\varnothing) = 0$$

可以用古典概型计算的概率为古典概率.

讲解:

看下面的例子:

(1)抛一石块,下落;

(2)明天太阳从东方升起;

(3)抛掷两颗骰子,两颗骰子点数之和小于2;

(4)一个玻璃杯从10层高楼落下到水泥地面不会摔碎;

(5)某人射击一次,中靶;

(6)从一副扑克牌中任取一张,取到大王;

(7)某地6月1日下雨.

可以看到,事件(1),(2)两种现象是必然要发生的,(3),(4)两种现象是不可能发生的,而(5),(6),(7)三种现象是可能发生也可能不发生的.

例题巩固

例10.1 指出下列事件是必然事件、不可能事件、还是随机事件:

(1)掷一枚均匀的骰子,骰子停止转动后7点朝上;

(2)某地6月25日下雨;

(3)掷一枚硬币,正面向上或反面向上.

解:由题意可知,(1)是不可能事件,(2)是随机事件,(3)是必然事件.

例10.2 某车间生产10件产品,有8件正品,2件次品,正品与次品在外观上没有区别.从这10件产品中随意抽检2件,计算:

(1)2件都是正品的概率;

(2)1件是正品,1件是次品的概率;

(3)如果抽检的2件产品都是次品,则这一批产品将被退货,求这批产品被退货的概率.

解 (1)从10件产品中任取2件,基本事件总数为C_{10}^2,且这些结果出现的可能性都相等. 记"任取2件,都是正品"为事件A,则事件A,则事件A包含的基本事件数为C_8^2,所以

$$P(A) = \frac{C_8^2}{C_{10}^2} = \frac{28}{45}$$

即2件都是正品的概率是$\frac{28}{45}$.

(2)记"任取2件,1件是正品,一件是次品"为事件B,则事件B包含的基本件数为$C_8^1 \cdot C_2^1$,所以

$$P(B) = \frac{C_8^1 \cdot C_2^1}{C_{10}^2} = \frac{16}{45}$$

即1件正品,1件次品的概率是$\frac{16}{45}$.

(3)记"任取2件,2件都是次品"为事件C,则事件C包含的基本事件数为C_2^2,所以

$$P(C) = \frac{C_2^2}{C_{10}^2} = \frac{1}{45}$$

即被退货的概率是 $\frac{1}{45}$.

例 10.3 一个 4 位数字的号码锁,每位有 0 到 9 共 10 个数字.如果不知道开锁号码,求试开一次把锁打开的概率是多少?

解 号码每一位的数字有 10 种可能的取法.根据分步计数原理,四位数字号码共有 10^4 个,试开时采用每一个号码的可能性都相等,而开锁的号码只有一个,所以试一次就把锁打开的概率

$$P = \frac{1}{10^4} = 0.0001$$

答:试开一次把锁打开的概率是 0.0001.

例 10.4 3 名男生和 2 名女生站成一排,其中 3 名男生恰好站在中间的概率是多少?

解 3 名男生和 2 名女生站成一排,共有 $A_5^5 = 120$ 种不同的站法,即基本事件总数 $n = 120$,记"3 名男生恰好站在中间"为事件 A,则事件 A 包括的基本事件数 $m = A_3^3 \cdot A_2^2$.所以

$$P(A) = \frac{A_3^3 A_2^2}{A_5^5} = \frac{12}{120} = \frac{1}{10}$$

答:3 名男生恰好站在中间的概率是 $\frac{1}{10}$.

第二节 概率的加法公式

一、互斥事件的概率加法公式

原理: 把事件 A 与 B 中,至少有一个发生记作 $A \cup B$.

如果 A、B 是任意两个互斥事件,则

$$P(A \cup B) = P(A) + P(B) \qquad (10.1)$$

推广:

一般地,如果事件 $A_1, A_2, \cdots, A_n$ 两两互斥(彼此互斥),那么事件"$A_1 \cup A_2 \cup \cdots \cup A_n$"发生的概率,等于这 n 个事件分别发生的概率的和.即

$$P(A_1 \cup A_2 \cup \cdots \cup A_n) = P(A_1) + P(A_2) + \cdots P(A_n) \qquad (10.2)$$

公式(10.1)或(10.2)叫做概率的加法公式.

讲解:

在日常生活中,我们可以看到许多这样的实际问题,例如,某人步行所走的路程、某地区降雨量、汽车在行驶过程中的耗油量都具有可加性.概率的计算与生活中很多实际情况类似,也具有可加性.

例如,有 8 个外形完全相同的篮球,其中一等品 4 个,二等品 3 个,三等品 1 个.从中任取一个,取出的是一等品叫做事件 A,取出的是二等品叫做事件 B,取出的是三等品叫做事件 C.显然,事件 A 发生,那么事件 B 就不会发生;如果事件 B 发生,事件 A 就不会发生.也就是说,事件 A,B 不可能同时发生.这种不可能同时发生的两个事件叫做互斥事件($A \cap B = \varnothing$).容易得到,事件 B 与 C,事件 A 与 C 也是互斥事件,也就是事件 A,B,C,其中任何两个都是彼此互斥的.

在这个问题中,$P(A)=\frac{4}{8}=\frac{1}{2}$,$P(B)=\frac{3}{8}$,$P(C)=\frac{1}{8}$.

再问:"从中任取一个,取到一等品或二等品"的概率是多少?

把这一事件记作"$A\cup B$",因为无论取出的是一等品还是二等品,都表示这个事件发生,而取到一等品或二等品的基本事件数$=4+3=7$,所以 $P(A\cup B)=\frac{4+3}{8}=\frac{7}{8}$.

而另一方面,$P(A)=\frac{4}{8}$,$P(B)=\frac{3}{8}$,有 $P(A)+P(B)=\frac{4}{8}+\frac{3}{8}=\frac{7}{8}$.

在上面的问题中,我们把"任取一个篮球,得到的不是一等品"记作事件A;显然,事件A与$\overline{A}$不可能同时发生,它们是互斥事件.又由任取一个篮球要么是一等品,要么不是一等品,事件A与$\overline{A}$中必有一个发生.其中必有一个发生的两个互斥事件叫做对立事件.事件A的对立事件通常记作$\overline{A}$.

根据对立事件的意义,$A\cup\overline{A}$的基本事件就构成了整个样本空间Ω,它是一个必然的事件,它的概率为

$$P(\Omega)=P(A\cup\overline{A})=1$$

又因为事件A与$\overline{A}$是互斥事件,所以

$$P(A\cup\overline{A})=P(A)+P(\overline{A})$$

即

$$P(A)+P(\overline{A})=1 \tag{10.3}$$

这就是说,对立事件的概率之和等于1,求$P(A)$时,常以转化为求$P(\overline{A})$,得到$P(A)=1-P(\overline{A})$.

例题巩固

例 10.5 某地区的年降水量,在 100～150mm 的概率是 0.12,在 150～200mm 的概率是 0.20,在 200～250mm 的概率是 0.18,在 250～300mm 的概率是 0.16,计算年降水量在 200～300mm 的概率与 100～250mm 的概率.

解 这个地区的降水量在 100～150mm,150～200mm,200～250mm,250～300mm 范围内的事件分别记为 A,B,C,D.这四个事件是彼此互斥的,根据概率的加法公式,年降水量在 200～300mm 的概率是

$$P(C\cup D)=P(C)+P(D)=0.18+0.16=0.34$$

降水量在 100～250mm 的概率是

$$P(A\cup B\cup C)=P(A)+P(B)+P(C)=0.12+0.20+0.18=0.5$$

即年降水量在 200～300mm 的概率为 0.34,在 100～250mm 的概率为 0.5.

例 10.6 在 20 件产品中有 3 件次品,17 件合格品,从中任取 3 件,其中至少有一件是次品的概率是多少?

解 从 20 件产品中,任取 3 件,基本事件总数$=C_{20}^3$,其中恰有 1 件次品为事件 A_1,恰有两件次品为事件 A_2,恰有 3 件次品记为事件 A_3,事件 A_1,A_2,A_3 含有的基本事件总数分别为 $C_3^1 \cdot C_{17}^2,C_3^2 \cdot C_{17}^1,C_3^3$,则

$$P(A_1)=\frac{C_3^1 \cdot C_{17}^2}{C_{20}^3}, \quad P(A_2)=\frac{C_3^2 \cdot C_{17}^1}{C_{20}^3}, \quad P(A_3)=\frac{C_3^3}{C_{20}^3}.$$

根据题意,事件 A_1,A_2,A_3,彼此互斥.由互斥事件概率的加法公式,得

$$P(A_1 \cup A_2 \cup A_3) = P(A_1) + P(A_2) + P(A_3)$$
$$= \frac{C_3^1 \cdot C_{17}^2}{C_{20}^3} + \frac{C_3^2 \cdot C_{17}^1}{C_{20}^3} + \frac{C_3^3}{C_{20}^3} = \frac{23}{57}$$

二、相容事件的概率加法公式

以上,我们解决了互斥事件分别发生的概率,当两个事件不是互斥事件,概率的加法公式是否还成立呢?

我们再看下面一个例子.

例 10.7 在所有的两位数(10～99)中,任取一个数,则这个数能 2 或 3 整除的概率是多少?

解 把"任取一个数,能被 2 整除"记为事件 A,"任取一个数,能被 3 整除"记为事件 B,则"任取一个数,能被 2 或 3 整除"记为事件 $A \cup B$.显然事件 A 与 B 不是互斥的,例如,任取一个数,取到 12 这个数能被 2 整除,也能被 3 整除,事件 A、B 同时发生记为 $A \cap B$(即 $A \cap B \neq \varnothing$),把这样的两个事件叫做相容事件.

在这个问题中,事件 A 的基本事件为,取到数 10,12,14,…,98,共有基本事件数 45,事件 B 的基本事件为取到数 12,15,18,…,99,共有基本事件数 30 个,事件 $A \cap B$ 的基本事件为取到数 12,18,24,…,96,基本事件数为 15,所以事件所含的基本事件总数为 30+45－15＝60.如图 10－1 所示.从中任取一数的基本事件总数为 99－(10－1)＝90.

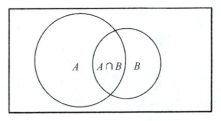

图 10－1

所以

$$P(A \cup B) = \frac{60}{90} = \frac{2}{3}$$

而 $P(A) + P(B) = \frac{45}{90} + \frac{30}{90} = \frac{5}{6} \neq P(A \cup B)$

一般地,设 A、B 是 n 的两个事件,且 $A \cap B \neq \varnothing$,那么事件 $A \cup B$ 所包含基本事件的个数等于 A 中所含基本事件数加 B 中所含基本事件数减去 $A \cap B$ 中的基本事件数.

所以

$$P(A \cap B) = \frac{A \text{中基本事件数} + B \text{中基本事件数}}{\Omega \text{的基本事件总数}}$$
$$= P(A) + P(B) - P(A \cap B)$$

即

$$P(A \cup B) = P(A) + P(B) - P(A \cap B)$$

该式是相容事件的概率的加法公式.

例题巩固

例 10.8 一个电路上串联有甲、乙两根电熔丝,甲熔断的概率为 0.85,乙熔断的概率为 0.74,两根同时熔断的概率为 0.63,问至少有一根熔断的概率是多少?

解:设事件 $A=$ "甲熔丝熔断",事件 $B=$ "乙熔丝熔断",则甲、乙两根熔丝至少有一根熔断为事件 $A\cup B$,所以

$$P(A\cup B)=P(A)+P(B)-P(A\cap B)$$
$$=0.85+0.74-0.63$$
$$=0.96$$

答:至少有一根熔断的概率是 0.96.

小锦囊

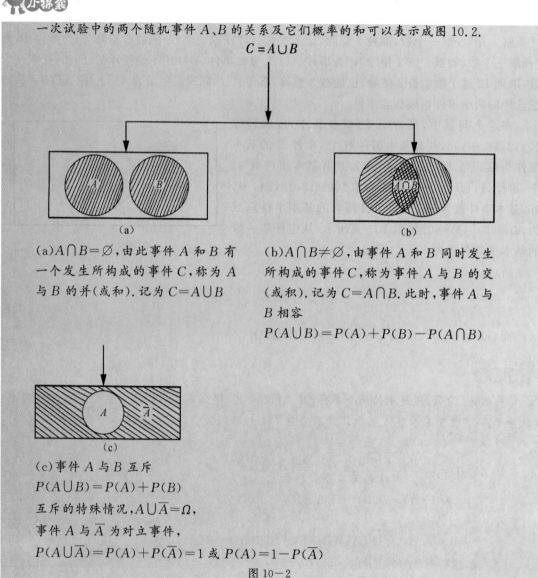

一次试验中的两个随机事件 A、B 的关系及它们概率的和可以表示成图 10.2.

$C=A\cup B$

(a) $A\cap B=\varnothing$,由此事件 A 和 B 有一个发生所构成的事件 C,称为 A 与 B 的并(或和).记为 $C=A\cup B$

(b) $A\cap B\neq\varnothing$,由事件 A 和 B 同时发生所构成的事件 C,称为事件 A 与 B 的交(或积).记为 $C=A\cap B$.此时,事件 A 与 B 相容

$$P(A\cup B)=P(A)+P(B)-P(A\cap B)$$

(c) 事件 A 与 B 互斥

$$P(A\cup B)=P(A)+P(B)$$

互斥的特殊情况,$A\cup \overline{A}=\Omega$,

事件 A 与 $\overline{A}$ 为对立事件,

$P(A\cup \overline{A})=P(A)+P(\overline{A})=1$ 或 $P(A)=1-P(\overline{A})$

图 10-2

第三节　相互独立事件同时发生的概率

原理：
$$P(A \cap B) = P(A) \cdot P(B)$$

这就是说,两个相互独立事件同时发生的概率,等于每个事件都发生的概率的积.

一般地,如果 $A_1, A_2, \cdots, A_n$ 相互独立,那么这 n 个事件都发生的概率,等于每个事件发生的概率的积.即

$$P(A_1 \cap A_2 \cap \cdots \cap A_n) = P(A_1)P(A_2)\cdots P(A_n)$$

讲解：

例如,甲布袋中装有 3 个白球和 2 个黑球,乙布袋中装有 2 个白球和 3 个黑球,从这两个布袋中分别取出一球,它们都是白球的概率是多少?

我们记事件 A="从甲布袋中取出 1 个球,得到白球",事件 B="从乙布袋中取出 1 个球,得到白球".很明显,从甲布袋中取出的是白球还是黑球,对从乙布袋中取出的白球的还是黑球的概率没有影响.这就是说,事件 A(或 B)是否发生对事件 B(或 A)发生的概率没有影响.我们把这样的两个事件叫做相互独立事件.并且当 A、B 相互独立时,A 与 $\overline{B}$,$\overline{A}$ 与 B,$\overline{A}$ 与 $\overline{B}$ 也相互独立.

求"从两个布袋里分别取出 1 个球,都是白球"的概率,就是求相互独立事件 A 和 B 都发生的概率 $P(A \cap B)$.

从甲布袋中取出 1 个球,有 5 种等可能的结果;从乙布袋中取出 1 个球有 5 种等可能的结果.从两个布袋中各取出 1 个球,共有 5×5 种等可能的结果,见表 10-1.

表 10-1

乙布袋＼甲布袋	白	白	黑	黑	黑
白	(白,白)	(白,白)	(白,黑)	(白,黑)	(白,黑)
白	(白,白)	(白,白)	(白,黑)	(白,黑)	(白,黑)
白	(白,白)	(白,白)	(白,黑)	(白,黑)	(白,黑)
黑	(黑,白)	(黑,白)	(黑,黑)	(黑,黑)	(黑,黑)
黑	(黑,白)	(黑,白)	(黑,黑)	(黑,黑)	(黑,黑)

从表 10-1 可以看出,同时取到白球的结果有 3×2 种,因此,从两个布袋中分别取出一个球,都取到白球的概率为

$$P(A \cap B) = \frac{3 \times 2}{5 \times 5} = \frac{6}{25}$$

另一方面,从甲布袋中取出 1 个球,得到白球的概率:$P(A) = \frac{3}{5}$;从乙布袋中取出 1 球,得

到白球的概率：$P(B) = \dfrac{2}{5}$.

于是有
$$P(A \cap B) = P(A) \cdot P(B) = \dfrac{3}{5} \times \dfrac{2}{5} = \dfrac{6}{25}$$

从而得到原理公式。

例题巩固

例 10.9 甲、乙两射手在同样条件下各进行 1 次射击，甲、乙两人击中目标的概率都是 0.7，求：

(1) 2 人都击中目标的概率；

(2) 其中恰有 1 人击中目标的概率；

(3) 至少有一人击中目标的概率.

解 (1) 记"甲射击 1 次，击中目标"为事件 A，"乙射击 1 次，击中目标"为事件 B，且甲(或乙)是否击中，对乙(或甲)击中的概率没有影响，也就是说事件 A、B 是相互独立的事件. 根据相互独立的事件的乘法公式，可求事件 A、B 同时发生的概率. 即
$$P(A \cap B) = P(A) \times P(B) = 0.7 \times 0.7 = 0.49$$

(2) "2 人各射击 1 次，恰有一人击中目标"包括两种情况：一种是甲击中与乙未击中(事件 $A \cap \overline{B}$ 发生)，另一种是甲未击中与乙击中(事件 $\overline{A} \cap B$ 发生). 根据题意，事件 $A \cap \overline{B}$ 与事件 $\overline{A} \cap B$ 互斥，并且 A 与 $\overline{B}$，$\overline{A}$ 与 B 也是相互独立事件，由互斥事件的加法公式和相互独立事件的乘法公式，得所求概率为

$$P(A \cap \overline{B}) + P(\overline{A} \cap B)$$
$$= P(A) \times P(\overline{B}) + P(\overline{A}) \times P(B)$$
$$= 0.7 \times (1 - 0.7) + (1 - 0.7) \times 0.7$$
$$= 0.42$$

(3) 解法一："两人各射击 1 次，至少有 1 人击中目标"的概率为
$$P(A \cup B) = P(A) + P(B) - P(A \cap B)$$
$$= 0.7 + 0.7 - 0.7 \times 0.7$$
$$= 0.91$$

解法二："两人都未击中目标"的概率为
$$P(\overline{A} \cap \overline{B}) = P(\overline{A}) \times P(\overline{B}) = (1 - 0.7) \times (1 - 0.7) = 0.09$$
因此，"至少有一人击中目标"的概率为
$$P(A \cup B) = 1 - P(\overline{A} \cap \overline{B}) = 1 - 0.09 = 0.91$$

答：(1) 2 人都击中目标的概率是 0.49.

(2) 恰有 1 人击中目标的概率是 0.42.

(3) 至少有 1 人击中目标的概率是 0.91.

例 10.10 甲、乙、丙三人共用一台打印机，对打印机的使用率甲、乙、丙分别为 0.4, 0.3, 0.2，甲、乙、丙三人工作互不影响，则打印机空闲的概率为多少？

解 记"甲使用打印机"为事件 A，"乙使用打印机"为事件 B，"丙使用打印机"为事件 C，由于三人工作互不影响，所以事件 A, B, C 为相互独立. 事件 $\overline{A}, \overline{B}, \overline{C}$ 也相互独立，由相互独立的事件概率的乘法公式，得所求概率为

$P(\overline{A} \cap \overline{B} \cap \overline{C}) = P(\overline{A}) \times P(\overline{B}) \times P(\overline{C}) = (1-0.4) \times (1-0.3) \times (1-0.2) = 0.336$

答：打印机空闲的概率为 0.336．

每章一练

1．指出下列事件是必然事件、不可能事件，还是随机事件：

(1)明天太阳从东方升起；

(2)任买一张电影票，座位号是偶数；

(3)当室外温度低于 $-10°C$ 时，将一碗清水放在室外会结冰．

2．填空：

必然事件的概率等于 _____，不可能事件的概率等于 _____，投骰子一次，得到奇数的概率等于 _____．

3．一个口袋内装有外形相等的 1 个白球和已编有不同号码的 3 个黑球，从口袋中摸出 2 个球，求：

(1)有多少种不同的结果？

(2)摸出 2 个黑球有多少种不同的结果？

(3)摸出 2 个黑球的概率是多少？

4．某同学同时抛掷三枚一角硬币，都是国徽一面向上的概率是多少？

5．把一枚均匀硬币连续抛掷两次，有一次数字朝下的概率是多少？

6．从一副 52 张(没有大小王)扑克牌中，任意抽取一张，计算：

(1)抽到 3 的概率是多少？

(2)抽到是梅花的概率是多少？

7．从分别写上数字 1,2,3,…,9 的 9 张卡片中，任意取出 2 张，试求下列事件的概率：

(1)"两数和为偶数"；

(2)"两数积是完全平方数"．

8．抛掷两颗骰子，计算：

(1)"两颗骰子点数相同"的概率；

(2)"两颗骰子点数之和小于 6"的概率；

(3)"两颗骰子点数之和等于或大于 10"的概率；

(4)在点数和里最容易出现的数是几？

9．用事件 A,B,C 的并或交表示下列事件：

(1) A,B,C 中至少有一个发生；

(2) A,B,C 都发生；

(3) A,B,C 中恰好有一个发生；

(4) A,B,C 中至多有一个发生．

10．判断下列每对事件，是不是互斥事件．如果是，再判断它们是不是对立事件．

从一堆产品(其中正品与次品都多于 3 个)中任取 2 件，其中：

(1)恰有 1 件次品和恰有两件次品；

(2)至少有 1 件次品和全是次品；

(3)至少有 1 件正品和至少有 1 件次品；

(4)至少有 1 件次品和全是正品．

11. 某一时期为,一条河流某处的年最高水位在各个范围内的概率见表10－2.

表 10－2

年最高水位/m	低于8	8～10	10～12	12～14	不低于14
概率	0.1	0.27	0.39	0.16	0.08

计算在同一周期内,该河流这一处的年最高水位在下列范围内的概率:

(1) 8～14m;

(2) 低于12m;

(3) 不低于12m.

12. 生产一种零件,甲车间的合格率是94%,乙车间的概率是95%,从它们生产的零件中各抽取1件,都抽到合格品的概率是多少?都是不合格品的概率是多少?至少有1件合格品的概率是多少?

13. 有一问题,在半小时内,甲能解决它的概率是 $\frac{2}{5}$,乙能解决它的概率是 $\frac{2}{3}$,如果两人都试图独立地在半小时内解决它,计算:

(1) 两人都未解决的概率;

(2) 问题得到解决的概率.

14. 甲、乙、丙三人玩投篮球游戏,甲投中的概率为0.8,乙投中的概率为0.7,丙投中的概率为0.5.计算:

(1) 甲、乙、丙三人都投中的概率;

(2) 甲、乙、丙三人至少有1人投中的概率.

第11章

数 列

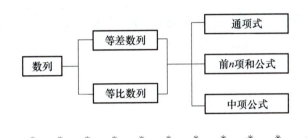

✳ ✳ ✳ ✳ ✳ ✳ ✳ ✳ ✳ ✳

第一节 数 列

在科学研究和农业生产中,经常会碰到等差数列与等比数列.

如:(1)某车间把生产的圆形钢管堆放成如图 11-1 所示的形状,其有 8 层,自上至下各层的钢管根数依次是 $5,6,7,8,9,10,11,\cdots$

(2)某厂去年的产值是 10 万元,从今年起,计划在今后 5 年内每年比上一年产值增长 8%,今后 5 年的产值(万元)依次是 $10(1+8\%),10(1+8\%)^2,10(1+8\%)^3,10(1+8\%)^4,10(1+8\%)^5.$

(3)大于 3 且小于 11 的自然数列排成一列:

$$4,5,6,7,8,9,10$$

图 11-1

(4)-1 的 1 次幂、2 次幂、3 次幂、4 次幂……排成一列:$-1,1,-1,1,-1,\cdots$

像上面的例子中,按一定次序排列的数叫做数列,数列中的每一个数都叫做这个数列的项,各项依次叫做这个数列的第 1 项(或首项),第 2 项,…,第 n 项,…,并依次用 $a_1,a_2,a_3,\cdots,a_n,\cdots$,来表示,因此数列的一般形式可写成

$$a_1,a_2,a_3,\cdots,a_n,\cdots$$

通常把第 n 项 a_n 叫做数列的通项。并把数列简记为 $\{a_n\}$.

讲解:

例如:$2,4,6,8,\cdots,2n,\cdots$,简记为 $\{2n\}$;数列 $\frac{1}{2},\frac{1}{3},\frac{1}{4},\frac{1}{5},\cdots,\frac{1}{n+1},\cdots$,简记为 $\left\{\frac{1}{n+1}\right\}$.

如果数列 $\{a_n\}$ 的第 n 项 a_n 与项数 n 之间的关系可以用一个公式来表示,这个公式就叫做

这个数列的通项公式.

例如:$3,4,5,6,7\cdots$的通项公式是 $a_n = n+2$;

$\frac{1}{2},\frac{1}{3},\frac{1}{4},\frac{1}{5},\cdots$的通项公式是 $a_n = \frac{1}{n+1}$.

由数列通项公式的定义可知,数列的通项是以正整数集的子集为定义域的函数,因此通项可记作

$$a_n = f(n)(n \in A, A \subseteq \mathbf{N}^*)$$

　　如果已知一个数列的通项公式,那么就可依次用限定的正整数 1、2、3…去代替公式中的 n,就可求出数列中的各项.
　　如果数列的通项的定义域是正整数集,定义域常略去不写.

项数有限的数列叫有穷数列,项数无限的数列叫做无穷数列。例如,上面的数列(2)、(3)是有穷数列,数列(1)、(4)是无穷数列.

例题巩固

例 11.1　根据通项公式,求出下面数列$\{a\}$的前 5 项:

(1) $a_n = \frac{n}{n+1}$;　　　　　(2) $a = (-1)^n \cdot n$.

解　(1)在通项公式中依次取 $n=1,2,3,4,5$,得到数列的前 5 项为

$$\frac{1}{2},\frac{2}{3},\frac{3}{4},\frac{4}{5},\frac{5}{6}$$

(2)在通项公式中依次取 $n=1,2,3,4,5$,得到数列的前 5 项为

$$-1,2,-3,4,-5$$

例 11.2　写出数列的一个通项公式,使它的前 4 项分别是下面各列数:

(1) $1,3,5,7$;

(2) $\frac{2^2-1}{2},\frac{3^2-1}{3},\frac{4^2-1}{4},\frac{5^2-1}{5}$;

(3) $-\frac{1}{1\cdot 2},\frac{1}{2\cdot 3},-\frac{1}{3\cdot 4},\frac{1}{4\cdot 5}$.

解　(1)数列的前 4 项 $1,3,5,7$ 都是序号的 2 倍数减 1,所以它的一个通项公式是

$$a_n = 2n-1$$

(2)数列前 4 项 $\frac{2^2-1}{2},\frac{3^2-1}{3},\frac{4^2-1}{4},\frac{5^2-1}{5}$ 的分母都等于序号加 1,分子都等于分母的平方减去 1,所以它的一个通项公式是

$$a_n = \frac{(n+1)^2-1}{n+1} = \frac{n(n+2)}{n+1}$$

(3)数列的前 4 项 $-\frac{1}{1\cdot 2},\frac{1}{2\cdot 3},-\frac{1}{3\cdot 4},\frac{1}{4\cdot 5}$ 的绝对值都等于序号与序号加上 1 的积的倒数,且奇数项为负,偶数项为正,所以它的一个通项公式是

$$a_n = \frac{(-1)^n}{n(n+1)}$$

第二节　等差数列及其通项公式

我们先观察下面数列排列次序的特点：
(1) 5,6,7,8,9,10,11,12…
(2) 50,40,30,20,10…

可以看出：从第2项起数列(1)的每一项都比它的前一项多1；数列(2)的每一项都比它的前一项少10．

一般地，如果一个数列 $a_1, a_2, a_3, \cdots, a_n, \cdots$，从第2项起，每一项减去它前一项的差都等于同一个常数 d．即

$$a_2 - a_1 = a_3 - a_2 = \cdots = a_n - a_{n-1} = \cdots = d$$

那么，这个数列就叫做等差数列．这个常数 d 叫做等差数列的公差．

如：数列(1)中，$d=1$；数列(2)中，$d=-10$．

如果一个数列是等差数列，$a_1, a_2, a_3, \cdots, a_n, \cdots$．它的公差是 d，那么

$$a_2 = a_1 + d$$
$$a_3 = a_2 + d = (a_1 + d) + d = a_1 + 2d$$
$$a_4 = a_3 + d = (a_1 + 2d) + d = a_1 + 3d$$
$$\cdots$$

由此可知，如果已知首项和公差，则等差数列 $\{a_n\}$ 的通项公式可表示为

$$a_n = a_1 + (n-1)d$$

例如：数列 8,5,2,… 的首项 $a_1 = 8, d = -3$，那么将它们代入上面的公式，就得到：

$$a_n = 8 + (n-1) \times (-3) = -3n + 11$$

例题巩固

例 11.3　求等差数列 10,6,2,… 的通项公式与第11项.

解　因为 $a_1 = 10, d = -4$，所以这个数列的通项公式是
$a_n = 10 + (n-1) \times (-4) = -4n + 14$
$a_{11} = -4 \times 11 + 14 = -30$

例 11.4　等差数列 $-5, -8, -11, \cdots$ 的第几项是 -32？

解　因为 $a_1 = -5, d = -8 - (-5) = -3$，
所以 $a_n = a_1 + (n-1)d = -5 + (n-1) \times (-3) = -3n - 2$
即 $-32 = -3n - 2$，解得 $n = 10$
由于 10 是正整数，所以 -32 是数列的第 10 项.

例 11.5　已知一个等差数列的第3项是5，第8项是20，求它的第25项．

解　因为 $a_3 = 5, a_8 = 20$，根据通项公式，得 $\begin{cases} a_1 + (3-1)d = 5 \\ a_1 + (8-1)d = 20 \end{cases}$

解此方程组，得
$$a_1 = -1, d = 3$$

所以 $a_{25} = -1 + (25-1) \times 3 = 71$

例 11.6　已知三个数成等差数列，它们的和为12，它们的积为60，求这三个数.

解 根据三个数成等差数列则可设这三个数为 $a-d, a, a+d$

因为 $(a-d)+a+(a+d)=12$

所以 $a=4$

又因为 $(4-d) \times 4 \times (4+d)=60$

所以 $d= \pm 1$

因此所求的三个数为 3,4,5 或 5,4,3.

第三节　等差中项

公式：

如果在 a 与 b 之间插入一个数 A 使 a, A, b 成等差数列,那么 A 叫做 a 与 b 的等差中项.
如果 A 是 a 与 b 的等差中项,那么 $A-a=b-A$,所以

$$A = \frac{a+b}{2}$$

例题巩固

例 11.7　在 8 与 20 之间插入一个数,使它与这两个数成等差数列,求插入的这个数.

解：设插入的这个数是 x,则

$$x = \frac{8+20}{2} = 14$$

所以,所求插入的数是 14.

例 11.8　在 -1 和 7 之间插入三个数,使它们与这两个数成等差数列,求这三个数.

解：设插入的三个数为 x, y, z,则 $-1, x, y, z, 7$ 成等差数列.

显然 $a_1 = -1, a_5 = 7$

因为 $a_5 = -1 + 4d$

所以 $d = \frac{7+1}{4} = 2$

所以 $x = -1+2 = 1, y = 1+2 = 3, z = 3+2 = 5$

所以所求的三个数为 1,3,5.

由以上内容可以看出,在一个等差数列中,从第 2 项起,每一项(有穷等差数列的末项除外)都是它的前一项与后一项的等差中项.

第四节　等差数列的前 n 项和

公式：等差数列的前 n 项的公式为

$$S_n = \frac{n(a_1+a_2)}{2}$$

讲解：

已知等差数列 $a_1, a_2, a_3, a_4, \cdots$ 它的前 n 项和记作 S_n,则

$$S_n = a_1 + a_2 + a_3 + \cdots + a_n$$

下面我们来研究:如何求出一个等差数列的前 n 项和,先看一个具体例子.

已知数列 $\{2n\}$,求它的前 100 项的和.

$$S_{100} = 2 + 4 + 6 + \cdots + 196 + 198 + 200 \qquad ①$$

把上式右边各项的次序反过来,S_{100} 又可写成

$$S_{100} = 200 + 198 + 196 + \cdots + 6 + 4 + 2 \qquad ②$$

把①、②两式上下对应项相加,我们发现其和都等于 202.所以把①、②两式的两边分别相加,得

$$2S_{100} = (2 + 200) \times 100$$

$$S_{100} = \frac{(2 + 200) \times 100}{2} = 10100$$

一般地,

$$S_n = a_1 + (a_1 + d) + (a_1 + 2d) + \cdots + [a_1 + (n-1)d]$$

再把各项次序反过来,S_n 又可写成

$$S_n = a_n + (a_n - d) + (a_n - 2d) + \cdots + [a_n - (n-1)d]$$

$$2S_n = \underbrace{(a_1 + a_n) + (a_1 + a_n) + (a_1 + a_n) + \cdots + (a_1 + a_n)}_{n\ \text{个}(a_1 + a_n)}$$

$$= n(a_1 + a_n)$$

由此得到等差数列的前 n 项和公式

$$S_n = \frac{n(a_1 + a_n)}{2} \qquad (11.1)$$

由于 $a_n = a_1 + (n-1)d$,所以 S_n 又可以用 a_1, d, n 表示成

$$S_n = na_1 + \frac{n(n-1)}{2}d \qquad (11.2)$$

式(11.1)和式(11.2)给出了等差数列的 a_1, a_n, d, n, S_n 之间的关系,并且知道其中的三个量就可通过前 n 项和公式求出另外两个量.

例题巩固

例 11.9 在等差数列 $\{a_n\}$ 中,

(1)已知:$a_1 = 1, a_{10} = 10$,求 S_{10}.

(2)已知:$a_1 = 3, d = -\frac{1}{2}$,求 S_{10}.

解 (1) $a_1 = 1, a_{10} = 10, n = 10$

所以,$S_{10} = \dfrac{n(a_1 + a_{10})}{2} = \dfrac{10 \times (1 + 10)}{2} = 55$

(2) $a_1 = 3, d = -\dfrac{1}{2}, n = 10$

所以,$S_{10} = na_1 + \dfrac{n(n-1)}{2}d$

$= 10 \times 3 + \dfrac{1}{2} \times 10 \times (10 - 1) \times \left(-\dfrac{1}{2}\right)$

$= 7\dfrac{1}{2}$

例 11.10 在等差数列 $\{a_n\}$ 中,$d = 2, a_n = 1, S_n = -8$,求 n.

解 把 $d=2, a_n=1, S_n=-8$，分别代入等差数列的通项公式和前 n 项和公式，得

$$\begin{cases} 1=a_1+2(n-1) & ① \\ -8=na_1+n(n-1) & ② \end{cases}$$

由①式得 $a_1=3-2n$ ③

把③式代入②式，并化简，得

$$n^2-2n-8=0$$

所以 $n=4, n=-2$

由于项数不能是负整数，所以应把 $n=-2$ 舍去．

所以 $n=4$

第五节　等比数列和等比中项

一、等比数列及其通项公式

通项公式：

$$a_n=a_1q^{n-1}$$

我们观察下面数列次序的特点：

(1) $2,4,8,16,32,\cdots$

(2) $1,-3,9,-27,81,\cdots$

可以看出，从第 2 项起数列(1)的每一项和它前一项的比都等于 2；数列(2)的每一项和它前一项的比都等于 -3．

总之每个数列从第 2 项起每一项与它前一项的比都等于同一个常数．

讲解：

一般地，如果一个数列 $a_1,a_2,a_3,\cdots,a_n,\cdots$，从第 2 项起每一项与它前一项的比都等于同一个常数 q，这个数列就叫做等比数列，常数 q 叫做等比数列的公比．

例如，下列数列为等比数列：

① $1,2,4,8,\cdots$

② $1,4,16,64,\cdots$

③ $1,8,64,512,\cdots$

④ $1,\dfrac{1}{2},\dfrac{1}{4},\dfrac{1}{8},\cdots$

如果一个数列 $a_1,a_2,a_3,\cdots,a_n$，是等比数列，它的公比是 q，那么

$$a_2=a_1q$$
$$a_3=a_2q=(a_1q)\cdot q=a_1q^2$$
$$a_4=a_3q=(a_1q^2)\cdot q=a_1q^3$$
$$a_5=a_4q=(a_1q^3)\cdot q=a_1q^4$$
$$\cdots$$

由此可知等比数列的通项公式是

$$a_n=a_1q^{n-1} \qquad (11.3)$$

通项公式(11.3)给出了等比数列中 a_1、a_n、q 和 n 之间的关系,知道其中的三个量,就可求出另一个量.

例题巩固

例 11.11 已知等比数列的首项是 -5,公比是 -2,求它的第 6 项.

解 因为 $a_1=-5, q=-2, n=6$

所以 $a_6=a_1 q^{6-1}=(-5)\times(-2)^5=160$

例 11.12 一个等比数列的第 3 项为 45,第 4 项为 -135,求它的首项.

解 因为 $a_3=45, a_4=-135$

所以 $q=\dfrac{a_4}{a_3}=-3$

因为 $a_3=a_1 q^{3-1}$,即 $45=a_1(-3)^2$

所以 $a_1=5$

二、等比中项

如果在 2 与 8 中间插入一个数 4,那么 2、4、8 这三个数成等比数列.

一般地,如果在 a 与 b 中间插入一个数 G,使 a、G、b 成等比例数,则 G 叫做 a 与 b 的等比中项. 例如,在上面的例子中,4 叫做 2 与 8 的等比中项.

如果 G 是 a 与 b 的等比例中项,那么 $\dfrac{G}{a}=\dfrac{b}{G}$,即

$$G^2=ab \text{ 或 } G=\pm\sqrt{ab}$$

容易看出,一个等比数列从第 2 项起,每一项(有穷等比数列的末项除外)是它的前一项与后一项的等比中项.

第六节 等比数列的前 n 项和

公式:等比数列的前 n 项和为

$$S_n=\dfrac{a_1(1-p_n)}{1-q}$$

讲解:

设等比数列为 $a_1, a_2, a_3, \cdots, a_n, \cdots$,它的前 n 项和为 S_n,则

$$S_n=a_1+a_2+a_3+\cdots+a_n$$

根据通项公式,等比数列前 n 项和可写成

$$S_n=a_1+a_1 q+a_1 q^2+\cdots+a_1 q^{n-2}+a_1 q^{n-1} \qquad (11.4)$$

将式(11.4)两边分别乘以公比 q,得

$$qS_n=a_1 q+a_1 q^2+a_1 q^3+\cdots+a_1 q^{n-1}+a_1 q^n \qquad (11.5)$$

观察式(11.4)和式(11.5),可以看出,式(11.4)的右边从第 2 项到最后一项与式(11.5)的右边从第 1 项到倒数第 2 项完全相同,于是式(11.4)的两边分别减去式(11.5)的两边,可以消去相同的项,得到

$$(1-q)S_n = a_1 - a_1q^n$$

由此得到,当 $q \neq 1$ 时,等比数列 $\{a_n\}$ 的前 n 项和公式为

$$S_n = \frac{a_1(1-q^n)}{1-q} \quad (11.6)$$

因为 $a_1q^n = (a_1q^{n-1})q = a_nq$,所以上面的公式还可写成

$$S_n = \frac{a_1 - a_nq}{1-q} \quad (11.7)$$

很显然,当 $q=1$ 时,$S_1 = na_1$.

求等比数列前 n 项之和,当已知 a_1, q, n 时,用公式(11.6);当已知 a_1, q, a_n 时,用公式(11.7).在这两个公式中,都涉及四个量的关系,只要知道其中任意三个,就可求出第四个.

例题巩固

例 11.13 求等比数列 $1, -\frac{1}{2}, \frac{1}{4}, \cdots$ 的前 8 项的和.

解 因为 $a_1 = 1, q = \frac{a_2}{a_1} = -\frac{1}{2}, n = 8$

所以 $S_8 = \frac{a_1(1-q^8)}{1-q} = \frac{1 \times [1-(-\frac{1}{2})^8]}{1-(-\frac{1}{2})} = \frac{85}{128}$

例 11.14 已知等比数列前 5 项的和是 242,公比是 3,求它的首项.

解 $S_5 = 242, q = 3, n = 5$

由 $S_5 = \frac{a_1(1-q^5)}{1-q}$,即 $242 = \frac{a_1(1-3^5)}{1-3}$

所以 $a_1 = 2$

所以这个数列的首项是 2.

每章一练

1. 已知下面数列 $\{a_n\}$ 的通项公式,写出它的前 5 项:
   (1) $a_n = n^3$; (2) $a_n = 5(-1)^{n-1}$.

2. 写出数列的一个通项公式,使它的前 4 项分别是下列 4 个数:
   (1) 2, 4, 6, 8; (2) $-\frac{1}{2}, \frac{1}{4}, -\frac{1}{8}, \frac{1}{16}$.

3. 观察下面数列的特点,用适当的数填空,并写出它的一个通项公式:
   (1) 1, 3, (　　), 7, 9, (　　), 13, $\cdots$. $a_n = $ _____;
   (2) (　　), 1, 4, 9, 16, (　　), 36, $\cdots$, $a_n = $ _____;
   (3) 1, $\sqrt[3]{2}$, (　　), $\sqrt[3]{4}, \sqrt[3]{5}, \sqrt[3]{6}, \sqrt[3]{7}$, (　　), $\cdots$, $a_n = $ _____;
   (4) 4, (　　), 2, 1, 0, -1, (　　), -3, $\cdots$, $a_n = $ _____;
   (5) 0, 1, 0, (　　), 0, 1, 0, 1, (　　), $\cdots$, $a_n = $ _____.

4. 根据下列数列 $\{a_n\}$ 的通项公式,写出它的第 7 项和第 10 项:

(1) $a_n = \dfrac{1}{n^2}$; (2) $a_n = n(n+2)$;

(3) $a_n = \dfrac{(-1)^{n+1}}{n}$; (4) $a_n = -2^n + 3$.

5. 观察下面数列的特点,用适当的数填空,并对每一数列各写出一个通项公式:

(1) 2, 4, (　　), 8, 10, (　　), 14;

(2) 2, 4, (　　), 16, 32, (　　), 128.

6. 求等差数列 3, 7, 11 … 的第 11 项.

7. 在 -32 和 2 之间插入 16 项,构成一个等差数列,求公差.

8. 已知:一个直角三角形的三边的长度成等差数列,求证它们的比是 3∶4∶5.

9. 求下列各组数的等差中项:

(1) 4 和 7;

(2) $-\dfrac{2}{3}$ 和 $\dfrac{3}{4}$;

(3) $\sqrt{3}+1$ 和 $\sqrt{3}-1$.

10. 若 $1\dfrac{1}{4}$ 和 x 的等差中项是 5,求 x.

11. 在 -2 和 22 之间插入 3 个数,使得它们与这两个数成等差数列,求这 3 个数.

12. 求下列各组数的等差中项:

(1) 732 与 -136;

(2) $\dfrac{49}{2}$ 与 42.

13. 两个数的等差中项为 a,这两个数的差为 $4a$,求这两个数.

14. 填空(根据下列等差数列 $\{a_n\}$ 的条件,写出相应的 S_n).

(1) $a_1 = 5, a_{10} = 95$,则 $S_{10} = $ _____;

(2) $a_1 = 100, d = -2$,则 $S_{50} = $ _____;

(3) $a_1 = 14.5, d = 0.7$,则 $S_{20} = $ _____.

15. 求正整数列中前 n 个数的和.

16. 等差数列 $\{a_n\}$ 中,$a_5 = 10, S_3 = 3$,求 S_{10}.

17. 求正整数列中前 n 个奇数的和.

18. 求等比数列 0.5, 2, 8, … 的第 5 项.

19. 一个等比数列的第 2 项是 10,第 3 项是 20,求它的第 1 项与第 4 项.

20. 已知等比数列 $\{a_n\}$ 的 $a_2 = 2, a_5 = 54$,求 q.

21. 求下列各组数的等比中项:

(1) -80 与 -45;

(2) $\sqrt{3}+\sqrt{2}$ 与 $\sqrt{3}-\sqrt{2}$.

22. 在 1 和 36 之间插入 3 个正数,使它们与这两个数成等比数列,求这三个数.

23. 2 和 x 的等比中项只有一个,是 -8,求 x.

24. 在 8 和 200 之间插入 3 个数,使这 5 个数成等比数列,求插入的 3 个数.

25. 根据下列各组条件,求相应的等比数列 $\{a_n\}$ 的 S_n.

(1) $a_1=3, q=2, n=6$;

(2) $a_1=2.4, q=-1.5, n=5$.

26. 求等比数列 $1,2,4,\cdots$,从第 5 项到第 10 项的和.

27. 已知等比数列 $\{a_n\}, a_n=1296, q=6, S_n=1554$,求 n 和 a_1.

28. 在 4 与 128 之间插入 4 个数,使它们和这两个数成等比数列,求这 4 个数.

29. 3 个数成等比数列,它们的和等于 14,积等于 64,求这 3 个数.

30. 有 3 个数成等差数列,它们的和为 45,如果把这 3 个数依次加上 2,3,7,则成等比数列,求这 3 个数.

31. 解方程:$\lg x+\lg x^2+\cdots+\lg x^n=n^2+n$.

32. 某林场计划今年造林 5 公顷,如果每年比上一年多造林 3 公顷,则 20 年后林场共造林多少公顷?